सर्व शिक्षा

भारत की प्रगति एवं भविष्य

Attention Authors

'We Convert Fighters into Writers'. That's the motto of Manas Publications since more than four decades. Our message to the world is that India can win the battle not only by the bullet but also by the pen. There is no dearth of intellectuals in our country, but their knowledge is confined to them only. No sincere effort has been made by any other publisher to channelise their knowledge towards national interest. That is why the talent of a large number of intellectuals remains latent. An author transforms his knowledge into a manuscript, and it is our job to spread his/her knowledge by converting it into a beautiful book. For over four decades, Manas has been motivating the intellectuals by publishing their manuscripts and would like to publish your manuscript too. So if you or your colleagues have any manuscript ready for publication or are working on it, kindly contact us with detailed synopsis and list of contents. We will transform your work into a valuable publication. If you wish, we can also suggest you the suitable subjects for writing the books related to your area of expertise. Manas is known for its publishing quality and commitments. We take utmost care in production and give wide publicity to the book as well as its author through our National and International distribution network.

सर्व शिक्षा

भारत की प्रगति एवं भविष्य

राम कुमार गर्ग

मानस पब्लिकेशंस
(We Convert Fighters into Writers)
नई दिल्ली - 110002

मानस पब्लिकेशंस

(We Convert Fighters into Writers)

(प्रकाशक, लाइब्रेरी सप्लायर्स, इम्पोर्टर और एक्सपोर्टर)

4402/5-ए, अंसारी रोड (एचडीएफसी बैंक के सामने)

दरियागंज, नई दिल्ली-110 002 (भारत)

ऑफिस ✆ 011-23260783, 23265523, फैक्स: 011-23272766

ई-मेल: manaspublications@gmail.com
manaspublications@yahoo.com

वैबसाइट: www. manaspublications.in

ISBN 978-81-7049-433-1
₹ 495/-

Designed at
Manas Publications

भारत में मुद्रित
राजधानी प्रिंटर्स, दिल्ली, द्वारा मुद्रित और
श्रीमती सुमन लता, मानस पब्लिकेशंस, द्वारा प्रकाशित
4402/5-ए, अंसारी रोड (एचडीएफसी बैंक के सामने)
दरियागंज, नई दिल्ली-110 002 (भारत)

अनुक्रम

प्राक्कथन

शिक्षा एक ऐसा साधन है जो राष्ट्र की सामाजिक व आर्थिक स्थिति में सुधार लाने में एक जीवंत भूमिका निभा सकता है। यह नागरिकों की विश्लेषण क्षमता सहित उनका सशक्तीकरण करता है, उनके आत्मविश्वास का स्तर बेहतर बनाता है और उन्हें शक्ति से परिपूर्ण करता है एवम् दक्षता बढ़ाने के लक्ष्य तय करता है।

शिक्षा में केवल पाठ्य पुस्तकें सीखना शामिल नहीं है बल्कि इसमें मूल्यों, कौशलों तथा क्षमताओं में भी वृद्धि की जाती है। शिक्षा से व्यक्ति को अपने कैरियर और साथ ही प्रगतिशील मूल्यों के साथ एक नए समाज के निर्माण में एक उपयोगी भूमिका निभाने में सहायता मिलती है। अतः शिक्षा व्यक्तिगत स्तर के साथ बेहतरी के लिए पूरे समाज में बदलाव ला सकती है।

शिक्षा का क्षेत्र भारत सरकार के लिए अत्यंत महत्वपूर्ण रहा है, जिसके द्वारा प्रारंभिक शिक्षा को प्रोत्साहन देने के लिए प्रावधानों तथा योजनाओं को नियमित रूप से तैयार किया जाता रहा है।

सर्वशिक्षा अभियान भारत सरकार द्वारा प्रारंभिक शिक्षा के सार्वभौमीकरण में एक महत्वपूर्ण प्रयास है जो नागरिकों को प्रारंभिक शिक्षा का महत्त्व समझाने में प्रयासरत है। सर्वशिक्षा अर्थात सबके लिए शिक्षा – यही

सर्वशिक्षा का शाब्दिक अर्थ है। सामाजिक न्याय और समानता सभी को मूलभूत शिक्षा प्रदान करने के लिए एक सशक्त तर्क हैं। मूलभूत शिक्षा के प्रावधान से जीवन स्तर में सुधार भी आता है, विशेष रूप से जीवन अपेक्षा, शिशु मृत्यु दर और बच्चों की पौषणिक स्थिति में।

सर्वशिक्षा पर यह पुस्तक इस विषय पर पुस्तकों की कमी को दूर करेगी और अब तक उपलब्ध सभी पुस्तकों की श्रेणी में सर्वाधिक प्रामाणिक सिद्ध होगी, ऐसी आशा है।

अध्याय–1

सर्व शिक्षा : एक परिचय

सर्व शिक्षा अर्थात सबके लिए शिक्षा – यही सर्व शिक्षा का शाब्दिक अर्थ है। शिक्षा एक ऐसा साधन है जो राष्ट्र की सामाजिक व आर्थिक स्थिति में सुधार लाने में एक जीवंत भूमिका निभा सकती है। यह नागरिकों की विश्लेषण क्षमता सहित उनका सशक्तीकरण करती है, उनके आत्मविश्वास का स्तर बेहतर बनाती है और उन्हें शक्ति से परिपूर्ण करती है एवम् दक्षता बढ़ाने के लक्ष्य तय करती है।

शिक्षा में केवल पाठ्य पुस्तकें सीखना शामिल नहीं है बल्कि इसमें मूल्यों, कौशलों तथा क्षमताओं में भी वृद्धि की जाती है। इससे व्यक्ति को अपने कैरियर और साथ ही प्रगतिशील मूल्यों के साथ एक नए समाज के निर्माण में एक उपयोगी भूमिका निभाने में सहायता मिलती है। अतः शिक्षा व्यक्तिगत स्तर के साथ बेहतरी के लिए पूरे समाज में बदलाव ला सकती है।

शिक्षा का क्षेत्र भारत सरकार के लिए अत्यंत महत्वपूर्ण रहा है, जिसके द्वारा प्रारंभिक शिक्षा को प्रोत्साहन देने के लिए प्रावधानों तथा योजनाओं को नियमित रूप से तैयार किया जाता रहा है।

महात्मा गाँधी ने भी कहा है निरक्षरता हमारे लिए पाप और शर्मनाक है और इसका नाश किया जाना चाहिए।

सभी व्यक्तियों को अपने जीवन की बेहतरी का अधिकार है। लेकिन दुनियाभर के बहुत सारे बच्चे इस अवसर के अभाव में ही जी रहे हैं क्योंकि उन्हें प्राथमिक शिक्षा जैसे अनिवार्य मूलभूत अधिकार भी मुहैया नहीं कराये जा रहे हैं।

जैसा कि हम सभी जानते हैं कि गरीबी को विश्व से स्थायी रूप से दूर करने और शांति एवं सुरक्षा का मार्ग प्रशस्त करने के लिए जरूरी है कि दुनिया के सभी देशों के नागरिकों एवम् उनके परिवारों को अपनी पसंद के जीवन जीने का विकल्प चुनने में सक्षम बनाया जाए। इस लक्ष्य को पाना तभी संभव है जब दुनियाभर के बच्चों को कम-से-कम प्राथमिक विद्यालय के माध्यम से उच्च स्तरीय स्कूली सुविधाएँ उपलब्ध कराई जाएँ।

प्रारंभिक शिक्षा को सर्वसुलभ बनाने के लिए यह आवश्यक है कि सभी बच्चों के लिए समुचित दूरी के अंतर्गत विद्यालयी सुविधायें सुलभ हों। यदि विद्यालय बस्तियों के निकट नहीं होंगे तो बच्चों द्वारा स्कूली शिक्षा के पूरे किये जाने की संभावना कम रहती है, भले ही उन्हें विद्यालय में औपचारिक रूप से दाखिला दे दिया जाए।

प्रारंभिक शिक्षा को सर्वसुलभ बनाने में सामाजिक पहुँच के महत्व की अनदेखी नहीं की जा सकती। भारत में विविध क्षेत्रीय तथा स्थानीय संस्कृतियों वाला एक बहुसांस्कृतिक समाज मौजूद है। जाति, आर्थिक स्थिति समूह तथा लैंगिक सम्बन्ध आदि कुछ ऐसे तत्व हैं जो भारतीय समाज में बच्चों के लिए शिक्षा की सुलभता को बहुत गहरे प्रभावित करते हैं। यह सुनिश्चित करना जरूरी है कि विद्यालय भारत की विविधता और बहुलता का आदर करें तथा असमान सामाजिक और आर्थिक उन्नति से उभरनेवाली विषमताओं को स्वीकार करें।

सभी को समान अवसर उपलब्ध कराकर लोकतंत्र के सामाजिक ढाँचे के सुदृढ़ीकरण के लिए सर्वसुलभ प्रारंभिक शिक्षा (यू ई ई) की भूमिका, गणराज्य की स्थापना किये जाने के समय से ही स्वीकार की गयी है। संविधान में राज्य के नीति – निर्देशक सिद्धांतों के मूल अनुच्छेद 45 में चौदह वर्ष की उम्र तक के सभी बच्चों को दस वर्ष के भीतर निःशुल्क और अनिवार्य शिक्षा प्रदान करने का प्रयास करने का अधिदेश दिया गया है। राष्ट्रीय शिक्षा नीति (एन पी ई), 1986-1992 में कहा गया है कि – हमारे राष्ट्रीय परिप्रेक्ष्य में, शिक्षा अनिवार्यतः सबके लिए है ...शिक्षा सुसंस्कृत बनाने

का माध्यम है। यह हमारी संवेदनशीलता और समझ को प्रखर बनाती है जो राष्ट्रीय एकता, वैज्ञानिक सोच तथा मस्तिष्क और आत्मा की स्वतन्त्रता में योगदान देती है – इस प्रकार हमारे संविधान में प्रतिष्ठित समाजवाद, धर्मनिरपेक्षता और लोकतंत्र के लक्ष्यों की पूर्ति में सहायता प्राप्त होती है।

एन पी ई के निर्माण के साथ ही भारत ने यू ई ई के लक्ष्यों की प्राप्ति के लिए बहुआयामी कार्यक्रमों की शुरुआत की। अनेक व्यवस्थागत तथा कार्यक्रम हस्तक्षेपणीय उपायों जैसे कि ऑपरेशन ब्लैकबोर्ड (ओ बी बी), शिक्षा कर्मी परियोजना (ए पी पी ई पी), बिहार शिक्षा परियोजना (बी ई पी), यू पी बुनियादी शिक्षा परियोजना (यू पी बी ई पी), महिला समाख्या (एम एस), लोक जुम्बिश परियोजना (एल जे पी) तथा अध्यापक शिक्षा जिन्होंने जिला शिक्षा प्रशिक्षण संस्थानों तथा जिला प्राथमिक शिक्षा कार्यक्रम (डी पी ई पी) के माध्यम से अध्यापक सहयोग की एक विकेंद्रीकृत प्रणाली की स्थापना की थी, के माध्यम से 1980 और 1990 के दशकों में इन प्रयासों में तेजी लाई गई।

संविधान (छियासिवां संशोधन) अधिनियम, 2002 ने भारत के संविधान में अनुच्छेद 21 ए को अन्तः स्थापित किया जिससे कि छह से चौदह वर्ष तक की आयु के बच्चों के लिए एक मूल अधिकार के रूप में निःशुल्क और अनिवार्य शिक्षा ऐसे ढंग से उपलब्ध कराई जा सके जैसा कि राज्य, विधि द्वारा निर्धारित करे। निःशुल्क और अनिवार्य शिक्षा बाल अधिकार अधिनियम (आर टी ई) 2009, जो कि अनुच्छेद 21 ए के अधीन परिकल्पित परिणामी कानून का परिचायक है, का अर्थ यह है कि हर बच्चा एक औपचारिक विद्यालय में सन्तोषजनक तथा समान स्तर की ऐसी पूर्णकालिक प्रारंभिक शिक्षा प्राप्त करने के योग्य है जोकि कतिपय अनिवार्य मानदंडों और मानकों की पूर्ति करती हो। बच्चों को शिक्षा में बनाये रखने में कमियों और गुणवत्ता से जुड़े प्रश्नों की ओर ध्यान देने की जरुरत, भारत के संविधान में अनुच्छेद 29 ए के शामिल करने तथा आर टी ई अधिनियम, 2009 पारित किये जाने के पीछे सबसे महत्वपूर्ण कारण हैं।

आर टी ई अधिनियम के शीर्षक में 'निःशुल्क शिक्षा' का अर्थ यह है कि ऐसे किसी बच्चे को छोड़कर जिसके माता–पिता उसका ऐसे विद्यालय में नामांकन करते हैं जोकि सरकार द्वारा समर्थित नहीं है, किसी भी बच्चे को किसी प्रकार का ऐसा कोई शुल्क या प्रभार अथवा खर्च वहन नहीं करना होगा जो उसे प्रारंभिक शिक्षा जारी रखने और पूरी करने से बाधित

करता हो। इस अधिनियम के अंतर्गत 6 से 14 वर्ष की आयु वर्ग के सभी बच्चों को प्रारंभिक शिक्षा की उपलब्धि की जिम्मेदारी सम्बंधित सरकार एवं स्थानीय प्राधिकरण की है। इसके साथ ही, भारत में बाल अधिकारों की पूर्ति एवं कार्यान्वयन के लिए यह अधिनियम केंद्रीय एवं राज्य सरकारों पर बराबर रूप से कानूनी जिम्मेदारी डालता है।

सर्व शिक्षा अभियान

सर्व शिक्षा अभियान भारत सरकार द्वारा प्रारंभिक शिक्षा के सार्वभौमीकरण में एक महत्वपूर्ण प्रयास है जो नागरिकों को प्रारंभिक शिक्षा का महत्व समझाने में प्रयासरत है। सामाजिक न्याय और समानता सभी को मूलभूत शिक्षा प्रदान करने के लिए एक सशक्त तर्क है। मूलभूत शिक्षा के प्रावधान से जीवन स्तर में सुधार भी आता है, विशेष रूप से जीवन अपेक्षा, शिशु मृत्यु दर और बच्चों की पौषणिक स्थिति में।

इस कार्यक्रम का उद्देश्य 2010 तक संतोषजनक गुणवत्ता वाली प्राथमिक शिक्षा के सार्वभौमीकरण को प्राप्त करना है। एस एस ए (SSA) में 8 मुख्य कार्यक्रम हैं। इसमें आई सी डी एस (ICDS) और आंगनबाड़ी आदि शामिल हैं। इसमें के जी बी वी वाई (KGBVY) भी शामिल है। कस्तूरबा गाँधी बालिका विद्यालय योजना की शुरुआत 2004 में हुई जिसमें सभी लड़कियों को प्राथमिक शिक्षा देने का सपना देखा गया, बाद में यह योजना एस एस ए में विलय हो गई।

सर्व शिक्षा अभियान प्रारंभिक क्रियाकलापों को सर्वाधिक महत्व प्रदान करता है क्योंकि इन क्रियाकलापों को कार्यक्रम के उत्तम कार्यान्वयन के लिए एक आवश्यक शर्त के रूप में समझा गया है। समुदाय का व्यवस्थित अभिप्रेरण और एक विकेंद्रीकृत निर्णय लेने की प्रभावी प्रणाली का निर्माण करना प्रारंभिक क्रियाकलापों का एक अंग होता है। कई राज्यों में अनेक उपाय पहले ही किये जा चुके हैं और आशा है जिन राज्यों, संघ शासित क्षेत्रों ने ग्राम शिक्षा समितियों, पंचायतों, शहरी, स्थानीय निकायों को अभी तक अधिकारों का विकेंद्रीकरण नहीं किया है, वे सर्व शिक्षा अभियान के कार्यान्वयन के उपक्रम के एक अंग के रूप में यह काम पूरा कर लेंगे।

सर्व शिक्षा अभियान के प्रमुख लक्ष्य हैं –

1. सार्वजनिक प्रारंभिक शिक्षा के लिए एक निश्चित समय–सीमा सहित एक कार्यक्रम

2. पूरे देश में आधारभूत शिक्षा की मांग की पूर्ति के लिए अपेक्षित कार्रवाई
3. आधारभूत शिक्षा के माध्यम से सामाजिक न्याय को बढ़ावा देना
4. प्रारंभिक विद्यालयों के प्रबंध में पंचायती राज्य संस्थानों, विद्यालय प्रबंध समितियों, ग्राम और शहरी मलिन बस्ती स्तर की शिक्षा समितियों, अभिभावक–अध्यापक संघों, माता–अध्यापक संघों, जनजातीय स्वायत्त परिषदों तथा अन्य जमीनी स्तर के तंत्रों को प्रभावी रूप से समन्वित करने का प्रयास करना
5. पूरे देश में सार्वजनिक प्रारंभिक शिक्षा के लिए राजनीतिक इच्छाशक्ति की अभिव्यक्ति
6. केंद्रीय, राज्य और स्थानीय सरकार के बीच एक भागीदारी
7. राज्यों को प्रारंभिक शिक्षा की स्व–परिकल्पना विकसित करने का एक अवसर प्रदान करना

सर्व शिक्षा अभियान कार्यक्रम के लिए कुछ महत्वपूर्ण प्रमुख कार्यनीतियाँ इस प्रकार हैं–

1. संस्थानगत सुधार
2. दीर्घकालिक वित्त–पोषण
3. सामुदायिक स्वामित्व
4. संस्थानगत क्षमता निर्माण
5. मुख्यधारा के शैक्षणिक प्रशासन में सुधार
6. पूर्ण पारदर्शिता सहित समुदाय आधारित अनुश्रवण
7. योजना की इकाई के रूप में बस्ती का चयन
8. समुदाय के प्रति जवाबदेही
9. बालिकाओं की शिक्षा को प्राथमिकता
10. विशेष समूहों पर बल
11. परियोजना–पूर्व चयन
12. गुणवत्ता पर बल
13. अध्यापकों की भूमिका रेखांकित करना
14. जिला प्रारंभिक शिक्षा योजनायें

सर्व शिक्षा अभियान इस सच्चाई को स्वीकार करता है कि प्रारंभिक शिक्षा की व्यवस्था अधिकांशतः सरकारी और सरकारी सहायताप्राप्त विद्यालयों द्वारा की जाती है। देश के कई भागों में निजी एवं गैर–सरकारी सहायताप्राप्त विद्यालय भी हैं जो प्रारंभिक शिक्षा प्रदान करते हैं। अधिकतर गरीब परिवारों के लोग निजी विद्यालयों द्वारा ली जाने वाली फीस देने की स्थिति में नहीं होते। परन्तु कुछ ऐसे निजी विद्यालय भी हैं जो अपेक्षतया साधारण फीस लेते हैं और जहाँ गरीब बच्चे भी पढ़ते हैं। कुछ विद्यालयों में असंतोषजनक आधारिक सुविधायें होती हैं और उनके अध्यापकों को कम वेतन दिया जाता है। इस अभियान के अंतर्गत सरकारी–निजी भागीदारी के क्षेत्रों एवं अवसरों का पता लगाने के प्रयास किये जायेंगे। मध्याह्न भोजन योजना और डी पी ई पी के प्रारूप पर सर्व शिक्षा अभियान में सरकारी, स्थानीय निकाय और सरकारी सहायताप्राप्त विद्यालय शामिल किये जायेंगे। यदि निजी क्षेत्र किसी सरकारी, स्थानीय निकाय अथवा निजी सहायताप्राप्त विद्यालय के निष्पादन में सुधार लाना चाहता है तो इस सम्बन्ध में राज्य नीति के विस्तृत प्रतिमानों के भीतर भागीदारी निर्धारित करने के प्रयास किये जायेंगे। प्रारंभिक शिक्षा में राज्य सरकारों को अपने निवेश का स्तर 1999-2000 के स्तर के बराबर रखना होगा। सर्व शिक्षा अभियान के लिए राज्य का योगदान इस निवेश के अतिरिक्त होगा। जहाँ तक केंद्रीय सरकार की वित्तीय भागीदारी का प्रश्न है, निधियां सीधे ही राज्य कार्यान्वयन सोसाइटी को प्रदान की जायेंगी।

राष्ट्रीय शिक्षा नीति (एन पी ई)

राष्ट्रीय शिक्षा नीति (एन पी ई) संसद द्वारा मई, 1986 में और इसके कार्यान्वयन के लिए कार्ययोजना (पी ओ ए) अगस्त, 1986 में मंजूर की गयी थी। ये दस्तावेज शैक्षिक उन्नति के तात्कालिक, मध्यावधिक और साथ ही दीर्घकालीन लक्ष्य तथा उसके साथ–साथ इन लक्ष्यों की पूर्ति के लिए अपनाई जाने वाली कार्यनीतियों का वर्णन करते हैं।

एन पी ई का लक्ष्य 1995 तक प्रारंभिक शिक्षा का सार्वजनीकरण (यू ई ई) करना है, 1995 तक के लक्ष्य औपचारिक विद्यालयी शिक्षा अथवा गैर–उपचारी धारा के माध्यम से सभी बच्चों को 5 साल की शिक्षा के प्रावधान तक सीमित है। यू ई ई के कार्यान्वयन के लिए कार्यनीति के 3 परस्पर सम्बद्ध संघटक हैं।

1. बाल केन्द्रित और क्रियाकलाप आधारित अधिगम प्रणाली अपनाना
2. एन पी ई के पैरा 3.4 में उल्लिखित मूल्यों पर बल देने सहित शिक्षा की अंतर्वस्तु और प्रक्रिया का व्यापक सुधार तथा
3. विद्यालयविहीन बस्तियों, कामकाजी बच्चों और ऐसी बालिकाओं के लिए जोकि पूर्ण दिवसीय विद्यालयों में उपस्थित नहीं रह सकतीं गैर–औपचारिक शिक्षा का एक विशाल और व्यवस्थित कार्यक्रम

जबकि पी ओ ए कार्ययोजना के कतिपय पक्षों के ब्योरे प्रस्तुत करती है। यह इस बात को भी स्पष्ट करती है कि विभिन्न स्थितियों और हालात में हालात के अनुकूल और आगे प्राचलों और तकनीकों की खोज करने के लिए बहुविध प्रायोगिक और नवाचारी कार्यक्रम प्रारंभ किये जाने होंगे। विशेष रूप से यू ई ई में सहयोगी प्रयोग और नवाचार के लिए तंत्रों के सृजन की बात एन पी ई तथा पी ओ ए में अन्तर्निहित है।

राष्ट्रीय मिशन की स्थापना

राष्ट्रीय शिक्षा नीति 1986 और इसकी कार्ययोजना 1992 के तहत प्रारंभिक शिक्षा के सार्वजनीकरण के लक्ष्य की पूर्ति के लिए राष्ट्रीय मिशन की स्थापना का प्रावधान किया गया था। इस मिशन का केंद्रीय लक्ष्य प्रारंभिक शिक्षा के सार्वजनीकरण के लक्ष्य की पूर्ति करने के लिए सभी जरूरी मानवीय, वित्तीय और संस्थागत साधन जुटाना था। अक्टूबर 1998 में आयोजित शिक्षा मंत्रियों के सम्मेलन ने सार्वजनीन प्रारंभिक शिक्षा के कार्य को मिशन पद्धति से किये जाने की सिफारिश की थी। सम्मेलन की सिफारिश पर मिशन पद्धति के ब्योरे को तैयार करने के उद्देश्य से तत्कालीन माननीय मानव संसाधन विकास मंत्री डॉ. मुरली मनोहर जोशी की अध्यक्षता में शिक्षा मंत्रियों की एक राष्ट्रीय समिति का गठन किया गया था। इस समिति ने 1999 में अपना प्रतिवेदन प्रस्तुत कर दिया। सर्व शिक्षा अभियान के लिए एक कार्यतंत्र को, मिशन पद्धति में यू ई ई के एक समग्र और अभिसारी दृष्टिकोण को राज्यों के परामर्श से अंतिम रूप दिया गया है। सर्व शिक्षा अभियान का प्रमुख बल निम्नानुसार है–

1. सभी 6-14 आयु वर्ग के बच्चों को 2003 तक विद्यालय/ई जी एस केंद्र/सेतु पाठ्यक्रम में शामिल करना
2. सभी 6-14 आयु के बच्चे 2007 तक 5 वर्षीय प्राथमिक शिक्षा पूरी कर लें

3. सभी 6-14 आयु के बच्चे 2010 तक 8 वर्षीय विद्यालयी शिक्षा पूरी कर लें.

यह दृष्टिकोण समुदाय के स्वामित्व का है और पंचायती राज संस्थानों के परामर्श से तैयार की गयी ग्राम शिक्षा योजनायें जिला प्रारंभिक शिक्षा योजनाओं के आधार का निर्माण करेंगी। राज्यों को निधियां राज्य स्तर पर पंजीकृत सोसाइटियों को प्रदान की जायेंगी. अनूसूचित जातियों तथा अनूसूचित जनजातियों के बीच न्यून महिला साक्षरता दर वाले जिलों पर मुख्य बल रहेगा। सर्व शिक्षा अभियान बालिकाओं, अनूसूचित जातियों और अनूसूचित जनजातियों की शैक्षिक जरूरतों पर विशेष बल देते हुए पूरे देश को कवर करेगा।

प्रारंभिक शिक्षा के सार्वजनीकरण को सरल बनाने के लिए भारत सरकार ने मानव संसाधन विकास मंत्रालय (प्रारंभिक शिक्षा और साक्षरता विभाग) में सर्व शिक्षा अभियान राष्ट्रीय मिशन स्थापित करने का निर्णय लिया है। सर्व शिक्षा अभियान राष्ट्रीय मिशन मानव संसाधन विकास मंत्रालय (प्रारंभिक शिक्षा और साक्षरता विभाग) का एक ऐसा स्वतंत्र और स्वायत्त स्कंध होगा जिसे कार्यक्षेत्र में सभी कार्यकारी और वित्तीय शक्तियां प्राप्त होंगी। राष्ट्रीय स्तर पर प्रारंभिक शिक्षा से जुड़े सभी मामलों में वह नोडल निकाय होगा।

संदर्श योजनाएं और वार्षिक योजनाएं

इसके अंतर्गत ऐसा प्रावधान किया गया है कि प्रत्येक जिला एक संदर्श योजना और एक वार्षिक योजना तैयार करेगा। संदर्श योजना बच्चों की उपस्थिति, बच्चों के शिक्षा में बने रहने, शिक्षा बीच में छोड़ने वाले बच्चों और अधिगम उपलब्धि को ले कर जो मौजूदा स्थिति है, उस पर आधारित होगी। यह योजना समग्र आवश्यकता को ध्यान में रखते हुए वार्षिक आधार पर क्रियाकलापों का विभाजन करती है। यह कोई अंतिम रूप – रेखा न प्रदान कर वास्तव में एक परिवर्तनात्मक दस्तावेज होगी जो समय – समय पर उपलब्धियों का मूल्यांकन भी कर सकेगी, साथ ही साथ यह इन योजनाओं में संशोधन भी समाहित कर सकेगी। उपर्युक्त मूल्यांकनों के आधार पर यह योजना स्कूल–आधारिक तंत्र और अध्यापन – अधिगम सामग्री की आवश्यकता का भी निर्धारण करती है। गैर–सरकारी क्षेत्र की उपस्थिति और प्रारंभिक शिक्षा के क्षेत्र में उनके योगदान को भी ध्यान

में रखा जायेगा एवं क्षेत्र अनुभवों के आधार पर वार्षिक कार्ययोजनाओं में संशोधनों की सम्भावना बनी रहेगी।

दूसरी तरफ, वार्षिक योजनाएं किसी वर्ष विशेष में किसी जिले के लिए संसाधनों की उपलब्धता के सामान्य संकेतों पर आधारित होती हैं। किसी जिले को प्रदान की जाने वाली पहली किश्त से कम से कम छः महीने पहले जिला विशेष को आबंटित किये जाने वाले संभावित संसाधनों के बारे में प्रयास करने और उन्हें अंतिम रूप देने का उत्तरदायित्व राष्ट्रीय और राज्य मिशन का होगा। जिला, संसाधनों की संभावित उपलब्धता के प्रकाश में प्राथमिकता को निर्धारित करेगा। वार्षिक योजना संसाधनों की संभावित उपलब्धता के सन्दर्भ में प्राथमिकता प्राप्त योजना होगी। राष्ट्रीय/राज्य मिशन इन वार्षिक योजनाओं का जायजा लेगा और संसाधन उपलब्धता को ध्यान में रखते हुए उनमें बदलाव ला सकेगा.

जबकि संदर्श योजना का लक्ष्य किसी जिला विशेष में प्रारंभिक शिक्षा के सार्वजनीकरण की अधूरी कार्यसूची का निर्धारण करना और उसके निमित्त योजना बनाना है, वार्षिक योजना प्राथमिकता निर्धारण की एक प्रक्रिया है। जिलों की संदर्श योजनाएं, प्रारंभिक शिक्षा के सार्वजनीकरण के निमित्त आने वाले वर्षों में अतिरिक्त वित्तीय संसाधनों की मांग प्रस्तुत करने का आधार होंगीं। ये योजनायें अनिवार्यतः सर्व शिक्षा अभियान के सामान्य मानदंडों के अनुरूप होनी चाहिए। मूल्यांकन दल यह सुनिश्चित करेंगे कि आयोजना राष्ट्रीय राज्य स्तर पर स्वीकृत मानदंडों के अनुरूप हों। संदर्श और वार्षिक योजनायें तैयार करने के लिए सभी स्तरों पर क्षमताओं का निर्माण किया जाना जरूरी है।

वार्षिक योजनायें शैक्षिक प्रबंध सूचना प्रणाली (ई एम आई एस) का प्रभावी प्रयोग करेंगी।

सर्व शिक्षा के प्रारंभिक परिचय के बाद पुस्तक के आगामी खण्डों में सर्व शिक्षा के उद्देश्यों एवं विशेषताओं, सम्मिलित कार्यक्रमों, नियोजन एवं निधि प्रवाह – तंत्र, प्रबंधन एवं सर्व शिक्षा में सिविल समाज की भागीदारी आदि विषयों की चर्चा की जायेगी। साथ ही, सर्व शिक्षा की उपलब्धियों का मूल्यांकन भी किया जाएगा।

अध्याय–2

उद्देश्य एवम् विशेषतायें

सर्व शिक्षा का मुख्य उद्देश्य प्रारंभिक शिक्षा की सर्वसुलभता एवम् उसका सार्वजनीकरण है। सर्व शिक्षा पूरे देश में आधारभूत शिक्षा की वकालत करती है। सर्व शिक्षा के उद्देश्यों पर निम्नांकित मुख्य बिन्दुओं के तहत विचार –विमर्श किया जा सकता है–

1. 6 से 14 वर्ष तक की आयु वर्ग के सभी बच्चों को 2010 तक उपयोगी और प्रासंगिक प्रारंभिक शिक्षा प्रदान करना
2. विद्यालयों के प्रबंध में समुदाय की सक्रिय सहभागिता सहित सामाजिक, क्षेत्रीय और लैंगिक विषमताओं को पाटना
3. 2005 तक सभी बच्चे विद्यालय, शिक्षा गारंटी केंद्र, वैकल्पिक विद्यालय, 'वापिस विद्यालय चलो' शिविर में दाखिल करना
4. प्राथमिक तथा अपर प्राथमिक स्तर पर बच्चों के अधिगम उपलब्धि स्तरों में महत्त्वपूर्ण सुधार सुनिश्चित करना
5. बच्चों को सामर्थ्यवान बनाना जिससे कि वे प्रबुद्ध समाज में सक्रिय भागीदार के रूप में अपनी भूमिका निभा सकें
6. सभी स्तरों पर निष्पादन और उपलब्धि के प्रति जवाबदेही सहित एक परिणामोन्मुखी दृष्टिकोण का विकास करना

7. सभी हितधारकों, विशेष रूप से अध्यापकों, अभिभावकों, समुदाय और पंचायती राज संस्थानों तथा स्वैच्छिक संगठनों के सहयोजन से शैक्षिक हस्तक्षेपकारी उपायों के कार्यान्वयन की जन–केन्द्रित पद्धति का विकास करना

8. एक समदृष्टि आधारित दृष्टिकोण का विकास करना जोकि विशेष आवश्यकताओं वाले बच्चों सहित शैक्षिक दृष्टि से पिछड़े क्षेत्रों और सुविधाविहीन सामाजिक वर्गों की जरूरतों के प्रति केन्द्रित हो

9. प्रारंभिक शिक्षा प्रणाली की कार्यकुशलता में सुधार के लिए निवेशों और पहलों का अभिसरण सुनिश्चित करने के लिए एक समग्र प्रयास करना

10. प्रारंभिक शिक्षा के सार्वजनीकरण के निमित्त एक सतत प्रयास सुनिश्चित करने के लिए संस्थानगत और क्षमता निर्माण करना

11. वैकल्पिक विद्यालयी सुविधाओं का स्तरोन्नयन करना

12. सर्वसुलभ पहुँच के लिए व्यवस्थागत मुद्दों पर ध्यान देना यथा, आर्थिक बाधाएं हटाना, क्रियाविधिक बाधाएं हटाना, विद्यालय में किसी भी समय नामांकन, प्रारंभिक शिक्षा का आठवर्षीय चक्र सुनिश्चित करना

13. आस – पास के विद्यालयों में बच्चों की पहुँच सुविधापूर्ण बनाने के लिए मानचित्रण करना

सर्व शिक्षा के उद्देश्यों के साथ–साथ सर्व शिक्षा की कुछ विशेषताएं भी हैं जो निम्नांकित हैं–

संस्थागत लचीलापन

यह शिक्षा की सर्वसुलभता के लिए अधिकार और समदृष्टि – उन्मुखी दृष्टिकोण पर बल दिए जाने से सीधे ही उभरने वाला आयोजन का एक महत्वपूर्ण पक्ष है। अधिकार आधारित दृष्टिकोण में शिक्षा की सर्वसुलभता के लिए आयोजन और कार्यान्वयन की दृष्टि से समुदाय की जरूरतों और परिस्थितियों को समझना और साथ ही बच्चों की वैविध्यपूर्ण जरूरतों को पूरा करने के उद्देश्य से विकेंद्रीकृत निर्णय लेना जरूरी है।

नमनशील शैक्षणिक चक्र

अनेक बच्चों की शिक्षा अक्सर समुदाय में शैक्षणिक कैलेण्डर तथा विद्यालय कार्यसमय के बीच बेमेल समय के कारण बाधित हो जाती है। बच्चों की उपस्थिति और सहभागिता पर समुदाय की आर्थिक और सामाजिक परिस्थितियों के प्रभावों में हो सकता है कि शैक्षणिक कैलेण्डर समुचित रूप से एक तत्त्व के रूप में काम न करें। एकसमान शैक्षणिक कैलेण्डर और विद्यालय कार्यसमय अधिदेशित करनेवाले केन्द्रीयकृत निर्णय जोकि त्योहारों, प्रमुख मौसमों में फसल की बुआई और कटाई जैसी सामाजिक और आर्थिक घटनाओं के तत्त्व नहीं होते, जो विद्यालयी प्रणाली में बच्चों की सहभागिता और उनकी अनियमित उपस्थिति के प्रमुख कारण होते हैं। प्रक्रियाओं और क्रियाविधियों का विकेंद्रीकरण किये जाने की जरुरत है ताकि स्थानीय – विशेष जरूरतों की ओर ध्यान दिया जा सके जिससे कि शैक्षणिक और सामुदायिक कैलेंडरों के बीच सामंजस्य स्थापित किया जा सके।

नमनशील विद्यालय समय

सर्व शिक्षा की विशेषताओं में एक यह भी शामिल है कि विद्यालय के लिए नमनशील समय का निर्धारण करना। विद्यालयी कार्यसमय की नमनशीलता के दो तत्व होते हैं–

1. ऐसी नमनशीलता जिससे कि समुदाय के व्यवसायों की प्रकृति तथा बच्चों के विद्यालय से बाहर के दायित्वों को विद्यालय कार्यसमय से मेल खाता रखा जाए तथा
2. कतिपय ऐसे बच्चों के लिए नमनशीलता जिनकी परिस्थितियां उन्हें समय की पूरी पाबंदी के साथ विद्यालय में उपस्थित होने को बाधित करती हो

उदाहरण के लिए शहरी क्षेत्रों के ऐसे बच्चे हो सकते हैं जिन्हें अपने परिवारों के लिए पानी ढोकर लाना पड़ता है, ईंधन की लकड़ी एकत्रित करनी होती है अथवा जो किसी ऐसे क्रियाकलाप में प्रवृत हैं जिसके फलस्वरूप उन्हें विद्यालय पहुँचने में थोड़ी देर हो सकती है अथवा कुछ ऐसे बच्चे भी हैं जिन्हें खेतों में काम करने वाले अपने परिवार के सदस्यों के लिए दोपहर का खाना पहुंचाने के लिए कुछ समय का अवकाश चाहिए होता है। शहरी क्षेत्रों के ऐसे बच्चे जिन्हें लम्बी दूरी तय करने के लिए सरकारी परिवहन व्यवस्था का प्रयोग करना होता है, उन्हें ऐसे कारणों

से विद्यालय पहुँचने में देर हो जाती है जिन पर उनका काबू नहीं होता। कुछ ऐसे बच्चे भी हो सकते हैं जिन्हें शुक्रवार को नमाज पढ़ने के लिए कुछ समय पहले जाना पड़ सकता है। ऐसे बच्चों को ध्यान में रखते हुए विद्यालय के समय में नमनशीलता का बरता जाना सर्व शिक्षा की विशेषताओं में से एक है।

विद्यालय मानचित्रण

विद्यालय मानचित्रण में निम्नांकित उपाय शामिल हैं

1. गाँव में शिक्षा का वातावरण तैयार करना
2. एक पारिवारिक सर्वेक्षण करना
3. विभिन्न परिवारों, प्रत्येक परिवार में बच्चों की संख्या और विद्यालय में उनकी सहभागिता स्थिति दर्शाने वाला एक मानचित्र तैयार करना
4. एक गाँव/विद्यालय शिक्षा रजिस्टर तैयार करना
5. मानचित्र और विश्लेषण को लोगों के सामने प्रस्तुत करना
6. गाँव में शिक्षा की बेहतर सुविधाओं के लिए एक प्रस्ताव तैयार करना जोकि आर टी ई अधिनियम के अधीन अधिदेशित विद्यालय विकास योजना का आधार होगा

वैकल्पिक विद्यालयी सुविधाओं के स्तरों को उन्नत बनाना

चूंकि वैकल्पिक विद्यालयी सुविधाओं के स्तरों को उन्नत बनाना भी सर्व शिक्षा का एक उद्देश्य है अतः पहले एस एस ए ने शिक्षा गारंटी स्कीम (ई जी एस) तथा वैकल्पिक और नवाचारी शिक्षा (ए आई ई) के अधीन केन्द्रों के रूप में वैकल्पिक विद्यालयी सुविधाओं के रूप में सहयोग प्रदान किया है। सारे देश के भीतर ई जी एस तथा ए आई ई केंद्र, सुविधावंचित वर्गों और दुर्बल वर्गों के बच्चों, विशेष रूप से असेवित बस्तियों के बच्चों तक शिक्षा पहुँचाने में बहुमूल्य पाए गए हैं। तथापि, अपनी स्थापना के समय से ही ई जी एस केन्द्रों की परिकल्पना सम्बंधित क्षेत्र में नियमित, पूर्णकालिक विद्यालयी सुविधाएं उपलब्ध कराने के अल्पकालीन उपायों के रूप में की गयी थी। ए आई ई केन्द्रों ने विद्यालय न जा सकने वाले बच्चों के लिए, जब तक उन्हें नियमित विद्यालयों में मुख्यधारा का अंग नहीं बना लिया

जाता, तब तक की जरूरतें पूरी की थी। निश्चय ही सभी बच्चों के लिए पूर्णकालिक विद्यालयी शिक्षा के लिए आर टी ई अधिदेश का अर्थ यह है कि अब ई जी एस केन्द्रों को नियमित प्राथमिक विद्यालयों के रूप में स्तरोन्नत किया जाना होगा तथा ए आई ई का लाभ उठाने वाले सभी बच्चों को एक समयबद्ध ढंग से पूर्णकालिक विद्यालयों में मुख्यधारा का अंग बनाना होगा। इसलिए आर टी ई के अधिदेश को दृष्टिगत रखते हुए–

1. ई जी एस केंद्र – मौजूदा ई जी एस केन्द्रों को 2 वर्ष की अवधि (2010-11, 2011-12) तक सहयोग देना जारी रखा जाएगा और इस अवधि के दौरान राज्य, ई जी एस केन्द्रों को नियमित प्राथमिक विद्यालयों के रूप में स्तरोन्नत करने की दिशा में कदम उठाएं। वित्तीय वर्ष 2010-11 से एस एस ए के अधीन कोई नया ई जी एस केंद्र नहीं खोला जाएगा। यदि मौजूदा ई जी एस केंद्र को निकटवर्ती विद्यालय होने के कारण नियमित विद्यालय में बदले जाने की जरुरत नहीं है, तो ई जी एस केंद्र बंद कर दिया जाएगा, बच्चों को आस–पास के विद्यालय में मुख्यधारा का अंग बना दिया जाएगा।
2. विद्यालय न जा सकने वाले बच्चों के लिए जिन्हें विद्यालय में दाखिला दिला दिया गया है ए आई ई केन्द्रों के स्थान पर विशेष प्रशिक्षण की सुविधाएं उपलब्ध कराई जाएंगी ताकि वे नियमित प्रारंभिक विद्यालयों में आयु के अनुरूप दाखिले के फलस्वरूप सहभागिता में साथ बने रहने की स्थिति में हो सकें।

शिक्षा को सर्वसुलभ बनाने के प्रयास

1. शिक्षा को सर्वसुलभ बनाने के प्रयासों में आस–पास की यथानिर्धारित सीमाओं के क्षेत्र के भीतर नए प्राथमिक और उच्च प्राथमिक विद्यालय खोलने का प्रावधान है। इन विद्यालयों में आधारभूत विद्यालयी सुविधाएं, अध्यापक और अध्यापन–अधिगम उपकरण उपलब्ध कराए जाएंगे। राज्यों के लिए समेकित प्रारंभिक विद्यालयों की तरफ बढ़ने के काम को सुविधापूर्ण बनाने के उद्देश्य से संशोधित मानदंडों में यह व्यवस्था है कि नए उच्च प्राथमिक विद्यालय/विभाग मौजूदा प्राथमिक विद्यालयों के परिसरों में खोले जाएंगे।
2. आस–पास के क्षेत्र/सीमाओं के भीतर विद्यालय खोलना समुचित सरकार की जिम्मेदारी है। इसलिए समुचित सरकार यह सुनिश्चित

करेगी कि नए विद्यालय खोलने और विद्यालयों के स्तर को उन्नत बनाने और उनके विस्तार के लिए भूमि उपलब्ध कराई जाए। समुचित सरकार के लिए विद्यालय खोलने के लिए ग्राम पंचायत/यू एल बी की भूमि के उपलब्ध न हो पाने के कारण उभरने वाली बाधाओं पर काबू पाना जरूरी होगा. अधिकार–आधारित दृष्टिकोण के अधीन विद्यालयों के लिए प्राथमिकता के आधार पर भूमि आबंटन से सम्बंधित अधिकारियों का संवेदीकरण किया जाना जरूरी है। जिन क्षेत्रों में विद्यालय खोलना आवश्यक नहीं है वहां परिवहन तथा छात्रावास जैसी सुविधाओं का प्रावधान अपवादस्वरूप है। शहरी सुविधावंचित बच्चों के लिए वयस्क की अभिरक्षा के बिना छात्रावास सुविधा उपलब्ध कराने का मुख्य उद्देश्य यह है कि उनकी दुर्बल स्थिति की ओर ध्यान देने के प्रयोजन से उन्हें संस्थानगत देखभाल और सहयोगी सुविधायें मुहैय्या कराई जाएँ।

3. विद्यालय न जा सकने वाले अधिकाँश बच्चे सुविधावंचित समुदायों से होते हैं– अनुसूचित जातियों, अनुसूचित जनजातियों, मुसलमानों, प्रवासियों के बच्चे, निःशक्त बच्चे, शहरी सुविधावंचित बच्चे, कामकाजी बच्चे, अन्य दुष्कर स्थितियों में गुजारा कर रहे बच्चे जैसे विस्थापित परिवारों तथा नागरिक संघर्ष आदि के कारण प्रभावित बच्चे, इन सभी को विशेष प्रशिक्षण की जरुरत रहती है। आर टी ई अधिनियम में विद्यालय न जा सकने वाले बच्चों के लिए आयु–उपयुक्त दाखिले के लिए विशेष प्रावधान किया गया है।

4. ऐसे बच्चों के लिए जो कभी भी विद्यालय नहीं गए अर्थात विद्यालय में दाखिला नहीं लिया अथवा जिन्होंने प्रारंभिक शिक्षा पूरी किये बिना शिक्षा बीच में ही छोड़ दी हो, के लिए विशेष प्रशिक्षण के अधीन ऐसे बच्चों की पहचान किये जाने की जरुरत होगी जिन्हें अवश्य ही दाखिल किया जाना चाहिए। इस उद्देश्य के लिए राज्य सरकार, स्थानीय प्राधिकरण तथा विद्यालय प्रबंध समिति को सामुदायिक स्तर की विद्यालय मानचित्रण कार्रवाई करनी होगी। आस–पास के तथा विद्यालय मानचित्रण कार्रवाई के बाद की जाने वाली कार्रवाईयाँ इस प्रकार हैं–

- विद्यालय में तत्काल नामांकन
- नमनशील अवधि के विशेष प्रशिक्षण की व्यवस्था ताकि बच्चे को अन्य बच्चों के बराबर बने रहने के लायक बनाया जा सके

- विशेष प्रशिक्षण के बाद बच्चे का आयु–उपयुक्त कक्षा में दाखिला तथा उसके द्वारा कक्षा का सभी क्रियाकलापों में भाग लेना
- बच्चे के एक बार नियमित विद्यालय में दाखिले के बाद उसे सतत सहयोग ताकि वह सामाजिक, भावनात्मक तथा शैक्षणिक दृष्टि से कक्षा का अंग बन सके

आर टी ई अधिनियम में यह व्यवस्था भी है कि ऐसे बच्चों को, 14 वर्ष की आयु लांघने पर भी निःशुल्क और अनिवार्य शिक्षा प्रदान की जाती रहेगी।

5. देश में कुछ ऐसे क्षेत्र हैं, जहाँ विद्यालय खोलना व्यवहार्य नहीं होगा। ऐसे क्षेत्रों में शामिल हैं– छितरी हुई आबादी वाला क्षेत्र अथवा पर्वतीय और दुर्गम भौगोलिक प्रदेशों वाले गहन वन–क्षेत्र, जहाँ विद्यालय खोलने के लिए भूमि प्राप्त करना कठिन होता है। साथ ही, शहरी क्षेत्रों में बड़ी संख्या में सुविधावंचित बच्चे भी होते हैं, कठिन परिस्थितियों में गुजारा कर रहे बेघर और आवारा बच्चे, जिन्हें किसी वयस्क का संरक्षण सुलभ नहीं होता, जिन्हें केवल दिन में स्कूली सुविधाओं की ही नहीं बल्कि भोजन और आवास सुविधाओं की जरुरत भी होती है। सर्व शिक्षा अभियान के तहत ऐसे बच्चों के लिए आवासीय सुविधायें सुलभ कराई जा सकती हैं। तथापि, सारे देश में ऐसे विद्यालय स्थापित करने में अन्तर्निहित कठिनाई हो सकती है इसलिए छितरी हुई आबादी वाले, पर्वतीय/वन प्रदेशों में तथा शहरी सुविधावंचित बच्चों, आवारा बच्चों और वयस्क के संरक्षण से वंचित बच्चों के लिए आवासीय विद्यालय खोलना एक 'अपवादात्मक' उपाय के रूप में होना चाहिए।
6. आवारा बच्चे अनेक वंचनाओं तथा दुर्बलताओं का शिकार हो सकते हैं जिनमें शामिल हैं–
   - जिम्मेदार वयस्क के संरक्षण का अभाव
   - प्रतिदिन पेट भरने के लिए काम करने की मजबूरी
   - अस्वास्थ्यकर हालात में काम करना जैसे कि कूड़ा बीनना, भीख माँगना और यौन कार्य
   - अत्यधिक अस्वच्छ स्थितियां

- भीख मांगने पर अपर्याप्त पोषण
- अनेक प्रकार के मनोसामाजिक दबाव
- शारीरिक शोषण और
- नशीली दवाओं का अत्यधिक दुरुपयोग

ऐसे बच्चों के लिए सर्व शिक्षा अभियान निम्न हस्तक्षेपणीय उपायों के अनुसार आवासीय सुविधाओं के लिए सहयोग प्रदान करेगा–

- सरकारी भवनों तथा आधारिक सुविधाओं का प्रयोग
- अप्रयुक्त पुराने भवनों का जीर्णोद्धार
- नई आवासीय सुविधाएँ

सर्व शिक्षा अभियान, जनजातीय, रेगिस्तानी अथवा पर्वतीय जिलों में जहाँ एक पूरा विद्यालय खोलना संभव नहीं है, छितरी आबादी वाले क्षेत्रों के बच्चों की सेवा करने के लिए बालकों और बालिकाओं के लिए आवासीय सुविधाओं के निर्माण में सहयोग देगा। इस तरह की सुविधायें किसी मौजूदा प्राथमिक, उच्च प्राथमिक विद्यालय के परिसर में एक छात्रावास के रूप में अथवा जहाँ कोई प्राथमिक विद्यालय मौजूद नहीं है वहां एक आवासीय विद्यालय के रूप में हो सकती हैं। तथापि, विद्यालय मानचित्रण करने वाले राज्यों के लिए ऐसी सुविधाओं के लिए एस एस ए की मंजूरी प्रासंगिक है ताकि यह सुनिश्चित किया जा सके कि क्षेत्र में कोई निकटवर्ती विद्याल्लय नहीं है तथा आस–पास के सर्वाधिक निकट विद्यालय तक पहुँचने तथा वहां से लौटने के लिए परिवहन सुविधा व्यावहारिक नहीं है और इस तरह के हस्तक्षेपणीय उपाय से लाभान्वित होने वाले सभी बच्चों की पहचान की जाए।

इस प्रकार सर्व शिक्षा निम्नांकित के लिए सहयोग प्रदान करेगा–

1. वयस्क देखभाल से वंचित आवारा बच्चों के लिए जिन मौजूदा विद्यालयों का प्रयोग आवासीय सुविधाओं के रूप में किये जाने का प्रस्ताव है उनमें टायलेट, स्नानागार, रसोई जैसी सुविधाओं के लिए स्थान का विस्तार
2. साथ ही, वयस्क संरक्षण से वंचित बेघर बच्चों के लिए आवासीय सुविधाओं के रूप में प्रयोग किये जाने के निमित्त अप्रयुक्त भवनों का जीर्णोद्धार तथा

3. दूरस्थ, छितरी आबादी वाले क्षेत्रों में जिनमें जनजातीय, रेगिस्तानी और पर्वतीय क्षेत्र शामिल हैं, के बच्चों और वयस्क संरक्षण से वंचित बच्चों की सेवा के लिए आवासीय सुविधाओं का निर्माण

इनका प्रारूप समावेशी होना चाहिए।

7. छितरी आबादी वाली दूरस्थ बस्तियों के अथवा ऐसे शहरी क्षेत्रों के बच्चे जहाँ भूमि की उपलब्धता एक समस्या होती है अथवा अत्यंत सुविधावंचित अथवा निःशक्त बच्चों के लिए स्केल सुलभ नहीं हो सकते ऐसे बच्चों को परिवहन अथवा संरक्षी सुविधाओं के लिए सहायता की जरुरत होती है। इस सुविधा के लिए निधियों की जरुरत राष्ट्रीय घटक के अधीन रखी जायेगी जिसका प्रयोग राज्यों से ऐसे जिला विशेष प्रस्तावों, जिनमें छितरी आबादी वाले क्षेत्रों, पर्वतीय, घने वन/रेगिस्तानी भू–प्रदेश के बच्चों के लिए परिवहन सुविधा उपलब्ध करने का औचित्य दिया गया हो और साथ ही शहरी क्षेत्रों में भूमि की अनुपलब्धता के कारण राज्य के निकटवर्ती मानदंडों के अनुसार विद्यालय स्थापित किया जाना अव्यवहार्य हो, की प्राप्ति के आकलन पर किया जाएगा।

8. सर्व शिक्षा के लिए सरकारी नीतियां कुछ इस प्रकार तय की गयी हैं जिससे इसकी सफलता में कोई बाधा न रह जाए। इसी कड़ी में वर्दी की भी अपनी एक खास जगह है। वर्दियों का खर्चा एक ऐसा खर्चा होता है जो अधिकतर गरीब परिवार वहन नहीं कर पाते हैं और यह उन परिवारों से आने वाले बच्चों के लिए एक रूकावट बन जाती है। ऐसे अभिभावक किसी न किसी बहाने बच्चों को स्कूल भेजने से कतराने लग जाते हैं। अतः इस समस्या से निपटने के लिए सरकार ने इस अभियान में सभी बालिकाओं, एस सी, एस टी, बच्चों और निर्धनता की रेखा से नीचे जीवन बिताने वाले (बी पी एल) बच्चों के लिए वर्दी के दो सेट उपलब्ध कराये जाने की व्यवस्था की है। इस वर्दी योजना के अंतर्गत राज्य सरकारों ने अपने राज्य (आर टी ई) नियमों में बाल – अधिकार के रूप में स्कूल की वर्दी का प्रावधान शामिल कर रखा है। स्कूली वर्दी का प्रयोजन यह है कि बच्चों के भीतर अपने स्कूल के लिए अपनत्व एवं स्वामित्व की भावना का विकास किया जाए, साथ ही साथ बच्चों में स्कूल जाने की ललक भी पैदा हो सके।

सर्वसुलभ पहुँच के लिए व्यवस्थागत मुद्दों की पहचान

1. सर्व शिक्षा का सर्वप्रमुख उद्देश्य है आर्थिक बाधाओं का निराकरण कर इसकी उपलब्धता को सर्वसुलभ बनाना। आर टी ई अधिनियम में ऐसे प्रावधान किये गए हैं कि किसी भी बच्चे को किसी भी प्रकार का कोई शुल्क अथवा फीस न देनी पड़े जो प्रारंभिक शिक्षा के मार्ग में बाधा बने। सर्व शिक्षा प्रारंभिक शिक्षा को आरम्भ से अंत तक शुल्क व प्रभार मुक्त बनाती है तथा बच्चों की प्रारंभिक शिक्षा को सुलभ बनाने की गारंटी देती है। एस एस ए के अंतर्गत किताबों, वर्दियों, तथा परिवहन जैसे कुछ खर्चों की पूर्ति की जा सकती है बशर्ते राज्य सरकारों द्वारा इन खर्चों के लिए अलग से कोई स्कीम पहले से ही नहीं चलाई जा रही हो। दोपहर का निःशुल्क भोजन यथावत जारी रखा जायेगा। राज्य सरकारों एवं स्थानीय प्राधिकरणों की अन्य योजनायें जैसे छात्रवृत्तियां, स्कूल बैग, लेखन सामग्री, बस के पास आदि शिक्षा – प्रच्छन्न लागतों की पूर्ति में योगदान दिया जाएगा। इस बात पर बल दिया गया है कि आर्थिक बाधाओं को हटाने के निमित्त प्रचलित योजनाओं के अलावा नयी एवं विशिष्ट योजनाओं का निर्माण व विस्तार किया जायेगा।

2. आर टी ई अधिनियम में विद्यालय की सुलभता के मार्ग में क्रियाविधिक बाधाओं के हटाये जाने का भी प्रावधान है। इसमें यह व्यवस्था है कि किसी भी बच्चे को जन्म या अंतरण प्रमाण –पत्र के अभाव में नामांकन से मना नहीं किया जाएगा। केंद्रीय आर टी ई नियमों में यह प्रावधान किया गया है कि यदि जन्म, मृत्यु और विवाह प्रमाण–पत्र अधिनियम, 1886 के अधीन जन्म प्रमाण–पत्र उपलब्ध नहीं है तो आंगनबाड़ी का रिकार्ड अथवा माता–पिता या अभिभावक द्वारा बच्चे की आयु सम्बन्धी घोषणा को आयु का प्रमाण मान लिया जाएगा। इसी प्रकार राज्य आर टी ई नियम ऐसे दस्तावेजों की घोषणा कर सकते हैं जोकि जन्म प्रमाण–पत्र के अभाव में पर्याप्त समझे जाएँ। अंतरण प्रमाण–पत्र जारी किये जाने में होने वाले विलम्ब के आधार पर नए स्कूल में बच्चे का नामांकन नहीं रोका जा सकता। सभी मुख्याध्यापकों को इस आशय के कार्यकारी अनुदेश जारी किए जाएँ कि जब कभी बच्चे को जरुरत हो, अंतरण प्रमाण–पत्र प्राथमिकता के आधार पर जारी किया जाए।

3. विद्यालय में बच्चे का नामांकन एक मूल अधिकार है और उसे किसी भी समय इस अधिकार से वंचित नहीं किया जा सकता. आदर्श रूप में सभी बच्चों को विद्यालय में शैक्षणिक सत्र के आरम्भ में नामांकित किया जाना चाहिए। तथापि, दुष्कर स्थितियों में जी रहे बच्चों के मामले में जिनमें प्रवास, विस्थापन अथवा खराब स्वास्थ्य आदि से प्रभावित बच्चे शामिल हैं, विद्यालयों को इतना नमनशील होना पड़ेगा कि सत्र में किसी भी समय नामांकन की अनुमति दी जा सके। केंद्रीय आर टी ई नियमों में यह व्यवस्था है कि शैक्षणिक सत्र आरम्भ होने के छह महीने बाद नामांकित किये गए बच्चों को विद्यालय के मुख्य अध्यापक द्वारा यथानिर्धारित अवधि का विशेष प्रशिक्षण प्रदान किया जाएगा ताकि उसे पढ़ाई पूरा करने लायक बनाया जा सके।

4. राष्ट्रीय शिक्षा प्रणाली में एक सामान्य शैक्षिक तंत्र की परिकल्पना की गयी है। प्रारंभिक स्तर पर राष्ट्रीय शिक्षा प्रणाली में प्राथमिक शिक्षा के पांच वर्ष तथा उच्च प्राथमिक शिक्षा के तीन वर्ष शामिल होते हैं। पूरे देश में प्रारंभिक शिक्षा के आठ वर्षीय शिक्षा चक्र का अनुपालन करने के प्रयास किये गए हैं तथापि अनेक राज्य प्रारंभिक शिक्षा के सात वर्षीय चक्र का अनुपालन करते हैं। मौजूदा सर्व शिक्षा अभियान मानदंडों में उच्च प्राथमिक स्तर पर कक्षा आठ के लिए अतिरिक्त अध्यापकों और वर्गों/कक्षाओं की व्यवस्था के माध्यम से प्रारंभिक शिक्षा के आठ वर्षीय चक्र की तरफ बढ़ने में राज्यों को सहयोग दिए जाने का प्रावधान है। इसके अलावा सर्व शिक्षा अभियान कक्षा पांच तथा आठ के लिए अध्यापन–अधिगम उपकरण के लिए सहयोग प्रदान करेगा जिससे कि प्रारंभिक शिक्षा का आठ वर्षीय चक्र अपनाने का राज्यों का काम आसान बनाया जा सके।

प्रारंभिक शिक्षा में समदृष्टि के मुद्दों की पहचान

प्रारंभिक शिक्षा में लैंगिक और सामाजिक श्रेणी अंतरालों को पाटना सर्व शिक्षा अभियान के चार उद्देश्यों में से तो एक है ही, साथ ही इसकी मुख्य विशेषताओं में से भी एक है। फलतः सर्व शिक्षा अभियान बालिकाओं तथा अनुसूचित जाति, अनुसूचित जनजाति और मुस्लिम अल्पसंख्यक समुदायों के बच्चों तक पहुँचने का प्रयास करता है। सर्व शिक्षा अभियान ने शहरी सुविधावंचित बच्चों, बारम्बार प्रवास से प्रभावित बच्चों तथा दूरस्थ और

छितरी बस्तियों में रहने वाले बच्चों की ओर भी ध्यान दिया है। सर्व शिक्षा अभियान ने नामांकन, बच्चों को शिक्षा में बनाये रखने और लैंगिक बराबरी जैसे संकेतकों की दृष्टि से घटिया निष्पादन और साथ ही अनुसूचित जाति, अनुसूचित जनजाति और अल्पसंख्यक समुदायों की बहुलता के आधार पर विशेष ध्यातव्य जिलों की पहचान की है। देश के शैक्षिक दृष्टि से पिछड़े प्रखंडों में बालिकाओं की शिक्षा के लक्ष्य की पूर्ति की दिशा में के जी बी वी (कस्तूरबा गाँधी बालिका विद्यालय) तथा एन पी ई जी ई एल (प्रारंभिक स्तर पर बालिकाओं की शिक्षा के राष्ट्रीय कार्यक्रम) ने महत्वपूर्ण भूमिका का निर्वाह किया है। इनके अलावा सर्व शिक्षा अभियान निःशक्त बच्चों की समावेशी शिक्षा में योगदान दे रहा है।

तथापि, असमानता और अपवर्जन की जटिल और चिरकालिक प्रकृति को देखते हुए, अभी तक जो कार्यनीतियाँ अपनाई गयी हैं, वे किंचित अलग–थलग, विखंडित और संस्थानगत सहयोग से वंचित बनी रही हैं। फलतः पहुँच, सहभागिता, बच्चों को शिक्षा में बनाये रखने, उपलब्धि तथा प्रारंभिक शिक्षा की पूर्ति के घटकों के बीच अपवर्जन जिन अनेक रूपों में होता है तथा जिन विभिन्न तरीकों से व्यक्त होता है, उनकी तरफ समुचित ध्यान नहीं दिया जा सका। इस कारण प्रारंभिक शिक्षा के सर्वसुलभीकरण के मार्ग में अपवर्जन अकेली सबसे अधिक चुनौती बन जाता है। आर टी ई के लागू हो जाने पर इस चुनौती की ओर तात्कालिक ढंग से ध्यान दिया जाना जरूरी है।

आर टी ई अधिनियम में यह घोषणा की गयी है कि समुचित सरकार और प्रत्येक स्थानीय प्राधिकरण यह सुनिश्चित करेगा कि 'दुर्बल वर्ग का बालक और सुविधावंचित समूह के बालक के प्रति पक्षपात न किया जाए तथा किसी आधार पर प्रारंभिक शिक्षा लेने और पूरी करने में वे निवारित न हों।' ऐसा कहकर आर टी ई अधिनियम उन परिस्थितियों का सारा क्षेत्र खोल देता है जो विद्यालय में बच्चे के नामांकन और उसकी सहभागिता को, उसके द्वारा प्रारंभिक शिक्षा पूरी करने के मार्ग को अवरुद्ध करता है। आर टी ई अधिनियम, 2009 में सुविधावंचित समूहों तथा दुर्बल वर्गों के बच्चों को निम्नानुसार परिभाषित किया गया है–

'सुविधावंचित समूहों को इस प्रकार परिभाषित किया गया है' 'अनुसूचित जाति, अनुसूचित जनजाति, सामाजिक रूप से शैक्षिक रूप से पिछड़े वर्ग या सामाजिक, सांस्कृतिक, आर्थिक, भौगोलिक, भाषाई, लिंग या ऐसी अन्य बात के कारण, जो समुचित सरकार द्वारा विनिर्दिष्ट किए जायें।' दुर्बल

वर्गों को इस प्रकार परिभाषित किया गया है 'ऐसे माता–पिता या संरक्षक का बालक जिसकी आर्थिक आय समुचित सरकार द्वारा, अधिसूचना द्वारा विनिर्दिष्ट न्यूनतम से कम है।'

लैंगिक स्थिति सुविधावंचित समूहों और साथ ही दुर्बल वर्गों की श्रेणियों को पार कर जाती है। आर टी ई अधिनियम के अनेक खण्डों में स्पष्टतः तथा अन्तर्निहित – दोनों ढंग से लैंगिक स्थिति और बालिका शिक्षा का उल्लेख किया गया है। कुछेक संगत प्रावधान इस प्रकार हैं–

- सुविधावंचित समूहों तथा दुर्बल वर्गों के बच्चों के साथ किसी भी कारण (लिंग सहित) कोई भेदभाव नहीं करना
- विद्यालय मानीटरन समितियों में महिलाओं को शामिल करना
- उत्तम स्तर की शिक्षा प्रदान करना जिसमें संवैधानिक उपबंधों के अनुरूप समदृष्टि मुद्दे यथा पाठ्यचर्या विकास, आयु–उपयुक्त कक्षाओं में प्रशिक्षण, नामांकन शामिल हैं (जो आमतौर पर, विशेष रूप से सुविधावंचित समुदायों की बालिकाओं के मामले में लागू होंगे)

लिंग एवं सामाजिक समदृष्टि के मद्देनजर एक समग्र और व्यवस्थागत तंत्र के भीतर ध्यान दिए जाने की आवश्यकता है, ऐसा आर टी ई अधिनियम की दृष्टि है तथा इसमें ऐसी अपेक्षा की गयी है। इस दृष्टिकोण का अंदाजा इस बात से लगाया जा सकता है कि यह आर टी ई अधिनियम के कार्यान्वयन तथा उसके फलस्वरूप एस एस ए की सुधार संबंधी समिति की रिपोर्ट द्वारा निर्धारित सिद्धांतों के अनुरूप हैं –

- समदृष्टि का अर्थ सिर्फ समान अवसर से ही नहीं है बल्कि ऐसी स्थितियों के निर्माण से भी है जिसमें समाज के सुविधावंचित वर्ग – अनुसूचित जाति, अनुसूचित जनजाति, मुस्लिम अल्पसंख्यक, भूमिहीन कृषि मजदूरों तथा निःशक्त आदि बच्चे अवसरों का लाभ उठा सकें।
- पहुँच केवल इतना सुनिश्चित करने तक ही सीमित नहीं होगी कि निर्धारित दूरी के भीतर सभी बच्चों के लिए स्कूल सुलभ हो सके बल्कि उसमें परंपरागत रूप से अपवर्जित श्रेणियों, आमतौर पर बालिकाओं और निःशक्त बच्चों की शैक्षिक जरूरतों तथा दुर्दशा की समझ भी शामिल होगी।

- लिंग समदृष्टि का अर्थ सिर्फ बालिकाओं को बालकों के बराबर खड़ा कर देने मात्र से नहीं है बल्कि इसका तात्पर्य राष्ट्रीय शिक्षा नीति 1986-92 में प्रतिपादित सन्दर्भों में महिलाओं की स्थिति में बदलाव लाने के लिए एक मौलिक सुधार निर्णायक हस्तक्षेपणीय उपाय के रूप से भी होगा।
- क्लासरूम परिपाटियों और प्रक्रियाओं की केन्द्रीयता बच्चों के लिए, विशेष रूप से दलित एवं सीमान्त पृष्ठभूमि वाली बालिकाओं के लिए एक समावेशी और भेदभाव मुक्त वातावरण का निर्माण करेगी।
- समदृष्टि, गुणवत्ता में सुधार लाने की कार्यसूची का एक अभिन्न अंग होगी और इसके लिए उसमें केवल शिक्षा, पाठ्यचर्या, भाषा, शैक्षिक आयोजना तथा प्रबंध से जुड़े मुद्दों पर ही ध्यान नहीं होगा बल्कि इसका दायरा और भी व्यापक बनाया जाएगा।

अतः सर्व शिक्षा अभियान में समदृष्टि का आशय यह हुआ कि बालिकाओं तथा अनुसूचित जातियों, अनुसूचित जनजातियों तथा मुस्लिम समुदाय के बच्चों, जिनका देश के भीतर अपवर्जित बच्चों में बड़ा हिस्सा है, उनके अपवर्जन की तरफ ध्यान देने पर बल देना होगा। इसके साथ ही अपवर्जित बच्चों की एक नयी श्रेणी – नागरिक संघर्ष से प्रभावित क्षेत्रों में रहने वाले बच्चों– की ओर भी ध्यान देना होगा। इसके अलावा यह दूसरी तरह से प्रभावित बच्चों जैसे -- प्रवासी बच्चे, शहरी सुविधावंचित एवं बेघर बच्चे, दूरस्थ और छितरी आबादी वाली बस्तियों के बच्चों और सी डब्लू एस एन आदि को भी ध्यान में रखेगा। इन कार्यों के अलावा, गुणवत्ता के उद्देश्य के अंतर्गत लिंग और अन्य समदृष्टि मुद्दों को भी शामिल करना होगा।

लिंग और बालिका शिक्षा – हमारे देश की जनसांख्यिकी को देखते हुए यह उचित ही है कि सर्व शिक्षा अभियान के तत्वाधान में बालिका शिक्षा, खासकर प्रारंभिक शिक्षा, पर विशेष बल दिया जाए। अतः बालिका प्रारंभिक शिक्षा सर्व शिक्षा अभियान के केंद्रीय संघटकों में एक है। साथ ही साथ, लैंगिक समानता पर जो बल दिया गया है, वह राष्ट्रीय शिक्षा नीति तथा पी ओ ए (1986-92) है तथा जिसने लिंग और बालिका शिक्षा के मुद्दे को केंद्रीय महत्व का मुद्दा बना दिया है। एक और भी महत्वपूर्ण बात यह है कि इसमें बालिकाओं एवं महिलाओं की शिक्षा को उनकी

अधिकारिता से जोड़ा गया है। इसी प्रकार राष्ट्रीय शिक्षा नीति (एन पी ई) में महिलाओं के सशक्तिकरण के निमित्त उनकी शिक्षा को रेखांकित किया गया है। शिक्षा को एक रूपांतकारी एवं युगांतकारी ताकत के रूप में देखा गया है जिससे महिलाओं के आत्मसम्मान एवम् आत्मविश्वास में वृद्धि हो सके तथा वे अपने दम पर समाज की चुनौतियों का सामना कर सकें।

लिंग और बालिका शिक्षा के प्रति दृष्टिकोण आर टी ई अधिनियम के कार्यान्वयन संबंधी समिति की रिपोर्ट और उसके परिणामस्वरूप सर्व शिक्षा अभियान के सुधार पर आधारित होगी जिसमें यह कहा गया है कि हालाँकि लिंग नीति और कार्यक्रम निर्माण में एक स्वीकृत श्रेणी बन गया है फिर भी इसे सीमित ढंग से समझा जाता है। इसे अधिकांशतः एक जीववैज्ञानिक श्रेणी (केवल बालिकाओं और महिलाओं से सम्बंधित) के रूप में, जो अपने आप में अकेली श्रेणी है (अन्य मुद्दों अथवा भेदभाव के अन्य रूपों से सम्बंधित नहीं) तथा अवसर उपलब्ध कराये जाने के अर्थों में देखा जाता है ताकि वे 'बालकों' के बराबर बनी रह सकें और 'अंतराल' खत्म कर दिया जाए। इसलिए लैंगिक समानता की पूर्ति करना शिक्षा प्रणाली की प्रमुख चिंता बन गयी है। जबकि यह अत्यधिक महत्वपूर्ण है और इसके फलस्वरूप बालिकाओं के नामांकन, उन्हें शिक्षा में बने रहने और शिक्षा पूर्ति करने की स्थिति में प्रभावी सुधार हुआ है लेकिन इस कारण लिंग को मुख्यतः परिमाणात्मक अर्थों में समझा जा सकता है।

सर्व शिक्षा अभियान कार्यान्वयन के दूसरे चरण में लिंग और सामाजिक वंचना अवश्य ही गुणवत्ता और समदृष्टि की अनिवार्य चिंताएं बन जानी चाहिए। एक पारगामी मुद्दे के रूप में लिंग को गुणवत्ता कार्यसूची के एक अनिवार्य और दृश्य अंग के रूप में देखा जाना चाहिए। बालिकाएं सजातीय अथवा एकल श्रेणी नहीं होती और लिंग अलग–थलग रूप में नहीं बल्कि अन्य सामाजिक श्रेणियों के साथ मिलकर कार्य करता है जिसके फलस्वरूप बालिकाओं को अनेक प्रकार की वंचनाएँ सहन करनी पड़ती हैं। स्थान के आयाम (शहरी–ग्रामीण) जाति, वर्ग, धर्म, पंथ, विकलांगताएं आदि लिंग के आर–पार जाती हैं जिस कारण एक जटिल यथार्थ की उत्पत्ति होती है। पाठ्यचर्या, पाठ्यपुस्तकें, शिक्षाशास्त्रीय परिपाटियों को सामाजिक और आर्थिक संबंधों के समूचे तंत्र को समाहित करना चाहिए जोकि एक सामाजिक यथार्थ में व्यक्ति की स्थिति निर्धारित करते हैं और उसके जीवंत अनुभवों को आकार प्रदान करते हैं। क्लासरूम परिपाटियों, पाठ्यचर्या, प्रशिक्षण तथा विद्यालय न जा सकने वाले बाकी बच्चों तक

पहुँचाने की कार्यनीतियों में सुधार लाने के लिए इस तरह की समझ पैदा करना जरूरी है। लिंग संबंधी आंकड़ों को प्रतिकूल परिस्थितियों की अन्य कुठारों द्वारा और आगे अलग किया जाना चाहिए, इसका विश्लेषण तथा आयोजना प्रक्रिया के लिए प्रयोग अवश्य किया जाना चाहिए।

हालांकि लिंग और बालिका शिक्षा के क्षेत्र में सुधार और नवाचार किए गए हैं अनेक हस्तक्षेपणीय उपाय जैसे लैंगिक प्रशिक्षण अधिकतर 'इक्के–दुक्के' रहे और उन्हें 'अलग से जोड़े गए' उपायों के रूप में देखा जाता रहा है। आर टी ई लागू होने से अब उत्तम परिपाटियों और प्रक्रियाओं को शिक्षा प्रणाली की मुख्यधारा का अंग बनाए जाने पर बल दिया जाएगा।

लिंग संबंधी प्रयास मुख्यतः महिलाओं पर केन्द्रित रहे हैं। फलतः अनेक महिलाओं को सामर्थ्यवान बनाया गया है तथा बालिका शिक्षा के मार्ग में लैंगिक समस्याएं उठाने तथा संरचनात्मक और सामाजिक बाधाओं की बेहतर समझ पैदा करने के लिए अवसर उत्पन्न किए गए हैं। तथापि, चूंकि दीर्घकालीन उद्देश्य असमान लैंगिक संबंधों में बदलाव तथा व्यवस्थागत बदलाव लाना है, इसलिए इन उपलब्धियों का लाभ उठाना तथा इस प्रक्रिया में बालकों और पुरुषों को और अधिक सार्थक रूप से शामिल करना समान रूप से महत्वपूर्ण होगा।

अतः लैंगिक मुद्दों पर ध्यान देने की दृष्टि से यह जरूरी है कि विशेष नीतियों और प्रावधानों से आगे बढ़ा जाए और इसे एक व्यवस्थागत मुद्दा समझा जाए।

बालिकाओं के नामांकन में उल्लेखनीय सुधार के बावजूद विद्यालय न जा सकने वाले बच्चों में सुविधावंचित समुदायों की बालिकाओं का एक बड़ा हिस्सा बैठता है। इसलिए बालिकाओं के मामले में पहुँच समदृष्टि का एक बड़ा मुद्दा बना हुआ है। इसके अतिरिक्त बालिकाओं के शिक्षा में बने रहने को एक समदृष्टि मुद्दा समझे जाने की जरुरत है क्योंकि अनुसूचित जाति, अनुसूचित जनजाति एवं मुस्लिम बालिकाएं दुर्बल होती हैं और उनके द्वारा शिक्षा बीच में छोड़े जाने की सर्वाधिक संभावना होती है। ऐसे समुदायों के माता–पिता के पास प्रायः सीमित साधन होते हैं और कोई भी प्रतिकूल परिस्थिति ऐसे समुदायों की बालिकाओं को उस शिक्षा प्रणाली को, जिसमें प्रवेश करने में शुरू में उन्हें कठिनाई पेश आई थी, छोड़ने को विवश कर देती है। विद्यालयी वातावरण (क्लास रूम तथा उससे आगे)

में समाहित भेदभाव के प्रत्यक्ष और प्रछन्न रूप विद्यालयी शिक्षा को एक दुष्कर अनुभव बना देते हैं। इस चुनौती की ओर ध्यान देना सर्व शिक्षा अभियान का प्रमुख बल होगा।

पहुँच और शिक्षा में बने रहने के सम्बन्ध में बड़ी आयु की बालिकाओं की ओर केन्द्रित बल दिया जाएगा क्योंकि उन्हें इसकी सबसे अधिक जरुरत है। जिन आर्थिक, शैक्षणिक और सामाजिक आयामों के फलस्वरूप शिक्षा बीच में छोड़ने की स्थिति उत्पन्न होती है, उनकी ओर ध्यान देने के लिए सहयोगात्मक उपायों की योजना एक अधिक सुसंबद्ध हस्तक्षेपणीय उपाय के रूप में बनाई जानी होगी। इन उपायों में निम्नांकित शामिल होंगे–

- परिवहन
- संरक्षी
- परामर्श
- घरेलू काम के भार का इंतजाम करने में उनकी मदद करना
- सामुदायिक सहयोग तंत्र तथा
- शैक्षणिक सहयोग जोकि समस्या की प्रकृति पर निर्भर करेगा

इसके अलावा चूंकि किशोरावस्था जीवन की एक महत्वपूर्ण और जटिल अवस्था होती है जबकि युवा वर्ग का लैंगिकता से जड़े मुद्दों से सामना होता है और उनमें व्यक्तिगत की भावना जन्म ले लेती है, बालिकाओं के आत्मगौरव और विश्वास (नियमित पाठ्यचर्यात्मक सामग्री की शिक्षा देने के अलावा) को बढ़ावा देने वाले नवाचारी उपाय शामिल किये जायेंगे। अन्य सुविधावंचित समूहों की बालिकाओं अथवा दुष्कर स्थितियों (आवारा बच्चे, प्रवासी बच्चे तथा संघर्षपूर्ण स्थितियों में जकड़ी हुई बालिकाएं) में रहने वाली बालिकाओं की विशेष जरूरतों की ओर ध्यान दिया जाएगा। ऐसी परिस्थितियों में जकड़ी हुई बालिकाएं विशेष रूप से दुर्बल होती हैं और उन्हें अनेक सुरक्षा समस्याओं का सामना करना होता है। एन पी ई जी ई एल स्कीम (जहाँ कहीं चल रही है) के एक अंग के रूप में पहले से आयोजित क्रियाकलापों तथा सर्व शिक्षा अभियान की नवाचारी निधि का प्रयोग ऐसे हस्तक्षेपणीय उपायों के समर्थन के लिए किया जाएगा जिन्हें किसी भी अन्य मानदंड के अधीन सहयोग नहीं दिया जा सकता है।

गुणवत्ता और समदृष्टि के मुद्दे विकट रूप से एक–दूसरे से सम्बद्ध हैं। यह उल्लेखनीय है कि घटिया स्तर समदृष्टि को प्रभावित करता है और घटिया समदृष्टि घटिया स्तर का सुदृढ़ीकरण करती है। इसलिए एक पक्ष के प्रति लक्षित प्रयासों में दूसरा भी अवश्य शामिल किया जाना चाहिए। सर्व शिक्षा अभियान के भीतर गुणवत्ता संबंधी चिंताओं की तरफ अधिकाधिक रूप से विशेष ध्यान दिया जा रहा है तथा गुणवत्तात्मक सुधार के प्रति दृष्टिकोण में भारी बदलाव लाया जा रहा है ताकि वह एकीकृत, व्यापक और महत्त्वपूर्ण बन सके। आर टी ई अधिनियम के कार्यान्वयन के सन्दर्भ में दृष्टिकोण में गुणवत्ता के पक्ष में बदलाव लाया गया है, उसका संवर्धन किया जाना होगा जिसके लिए पाठ्यचर्या, पाठ्यपुस्तकों, अध्यापन – अधिगम सामग्री, कक्षाओं में स्थान के प्रयोग, आधारिक सुविधाओं, मूल्यांकन और अध्यापक प्रशिक्षण को समग्र रूप से देखा जाए और वे एक–दूसरे का सुदृढ़ीकरण करें। इनमें से प्रत्येक मुद्दे की ओर लैंगिक परिप्रेक्ष्य से ध्यान दिए जाने की जरुरत है।

सर्व शिक्षा अभियान के तहत बालिकाओं के लिए विशेष स्कीमें चलाई गई हैं जिनमें प्रमुख हैं–

- प्रारंभिक स्तर पर बालिकाओं की शिक्षा के लिए राष्ट्रीय कार्यक्रम (एन पी ई जी ई एल)
- कस्तूरबा गांधी बालिका विद्यालय (के जी बी वी)
- महिला समाख्या

प्रारंभिक स्तर पर बालिकाओं की शिक्षा के लिए राष्ट्रीय कार्यक्रम (एन पी ई जी ई एल)

प्रारंभिक स्तर पर बालिकाओं की शिक्षा के लिए राष्ट्रीय कार्यक्रम (एन पी ई जी ई एल) 'सर्वाधिक दुष्कर' बालिकाओं, विशेष रूप से विद्यालय में दाखिल न हुई बालिकाओं तक पहुँचने का भारत सरकार का एक केन्द्रित हस्तक्षेपणीय उपाय है। एन पी ई जी ई एल एक अलग लिंग–विशेष किन्तु सर्व शिक्षा अभियान का एक अविभाज्य घटक है जोकि सर्व शिक्षा अभियान के सामान्य हस्तक्षेपणीय उपायों के माध्यम से, बालिकाओं की शिक्षा के लिए किये गए निवेशों से अलग बालिकाओं की शिक्षा के संवर्धन के लिए एक अतिरिक्त सहयोग उपलब्ध करता है।

कस्तूरबा गांधी बालिका विद्यालय (के जी बी वी)

कस्तूरबा गांधी बालिका विद्यालय (के जी बी वी) अधिकतर अनुसूचित जाति, अनुसूचित जनजाति, अन्य पिछड़ा वर्ग और अल्पसंख्यक समुदायों की बालिकाओं के लिए उच्च प्राथमिक स्तर पर आवासीय विद्यालयों की स्थापना की व्यवस्था करता है।

महिला समाख्या (एम एस)

महिला समाख्या (एम एस) कार्यक्रम लगभग 20 वर्ष पहले शुरू किया गया था और इसे बालिका शिक्षा तथा उनकी अधिकारिता के लिए अनुकूल हालात तैयार करने के लिए एक प्रभावी कार्यनीति माना गया है। इस कार्यक्रम में महत्वपूर्ण बात यह है कि इसकी कार्यसूची और प्राथमिकताएं स्वयं महिला समूहों द्वारा, जिन्हें महिला संघ कहा जाता है, तय की जाती हैं।

स्कूली सुविधाओं में सुधार

- स्कूली सुविधाओं में सुधार के लिए कोई भी सिविल निर्माण करने का एकमात्र साधन सामुदायिक सहभागिता होनी चाहिए। अनेक राज्यों में लोक जुम्बिश और डी पी ई पी के अधीन सामुदायिक सहभागिता के प्रयोग अत्यंत उत्साहवर्धक रहे हैं और ऐसे प्रयोग जारी रखे जाएंगे। विद्यालय भवनों का निर्माण करने के लिए सर्व शिक्षा अभियान पहले ग्रामीण रोजगार कार्यक्रम तथा अन्य विकास योजनाओं के अधीन संसाधन जुटाने का प्रयास करेगा।
- विद्यालय भवनों की मरम्मत और रखरखाव के लिए प्रत्येक राज्य को एक कार्यनीति तैयार करनी होगी। यदि गाँव में किसी प्रकार के निवेश का प्रस्ताव है तो स्कूली सुविधाओं की देखभाल करने के लिए समुदाय को आगे आना होगा। सर्व शिक्षा अभियान में मरम्मत और रखरखाव के लिए समुदाय को वार्षिक सहायता दिए जाने का प्रावधान है। ऊपरी सीमा वास्तविक जरूरत और योगदान देने में समुदाय की तत्परता पर आधारित है। यह राशि वी ई सी के नाम जमा कर दी जाएगी। यदि विद्यालय–आधारिक तंत्र को दुरुस्त रखना है तो सामुदायिक सहभागिता अनिवार्य है। इस प्रक्रिया को अपनाने से लोक जुम्बिश परियोजना को उल्लेखनीय सफलता प्राप्त हुई है। इस तरह का खर्च सिविल निर्माण कार्यों के लिए

स्वीकृत 33% की ऊपरी सीमा की गणना में शामिल नहीं किया जाएगा।

- सिविल निर्माण कार्यों के निमित्त आबंटन अनुमोदित संदर्श योजना के 33% से अधिक नहीं होगा। 33% की ऊपरी सीमा 2010 तक की अवधि के लिए तैयार की गई संदर्श योजना पर आधारित समूचे परियोजना व्यय के मामले में लागू होगी। तथापि, किसी वर्ष विशेष की योजना तैयार करते समय कार्यक्रम के विभिन्न घटकों को प्रदान की गई प्राथमिकता के आधार पर सिविल निर्माण कार्यों के लिए उच्चतर प्रावधान किया जा सकता है। तथापि, किसी वर्ष विशेष की वार्षिक योजना में सिविल निर्माण कार्यों के लिए वार्षिक योजना व्यय के 50% तक के हिस्से पर विचार किया जा सकता है किन्तु वह परियोजना की 33% की समग्र ऊपरी सीमा के भीतर होगा।
- ऐसे विद्यालयों की संख्या विशाल है जिनकी मरम्मत उपलब्ध अनुरक्षण अनुदान के बल पर नहीं की जा सकती। बड़े पैमाने पर मरम्मत के लिए निधियों की उपलब्धता को सरल बनाने के वास्ते सिविल निर्माण कार्य घटक सर्व शिक्षा अभियान के अधीन मानदंड संख्या 7 (ख) में निर्धारित शर्तों के अधीन प्रतिवर्ष 150 करोड़ रूपये तक की बड़ी मरम्मतों की अनुमति देता है।
- अपर प्राथमिक विद्यालयों के लिए फर्नीचर – विद्यालयी बच्चों के वास्ते और अधिक अनुकूल अधिगम वातावरण उपलब्ध कराने के लिए विशेष रूप से अपर प्राथमिक स्तर पर ज्यामिति, भूगोल, विज्ञान की अधिगम जरूरतों की ओर ध्यान देने के लिए जहाँ फर्श पर बैठकर काम करने के कारण बच्चों के सामने गंभीर चुनौतियां पेश आती हैं, फर्नीचर उपलब्ध कराने की मांग बराबर बनी रहती है। सर्व शिक्षा अभियान कार्यतंत्र विद्यालय उपकरण की स्थापना के लिए प्रत्येक नए अपर प्राथमिक विद्यालय के वास्ते 50,000/- रूपये का प्रावधान करता है। इसलिए नए विद्यालयों को कुछ फर्नीचर खरीदने का मौका मिल जाता है। तथापि, मौजूदा राजकीय अपर प्राथमिक विद्यालय अधिकांशतः फर्नीचर की सुविधा से महरूम होते हैं, सर्व शिक्षा अभियान के अधीन कुल आबंटन में से 33% सिविल निर्माण कार्यों के लिए नियत होता है। पिछले तीन वर्षों के दौरान और 2007-08 के लिए स्वीकृत राशि के अनुसार सिविल निर्माण

कार्यों के लिए औसत उपयोग सिविल निर्माण कार्य लागतों में एक ह्रासशील प्रवृति का परिचय देता है और आने वाले वर्षों में जबकि अधिकाधिक राज्यों की विद्यालय–आधारिक–तंत्र जरूरतों की संतृप्ति हो जाएगी इस ह्रासशील प्रवृति के जारी रहने की संभावना है। विश्लेषण यह दर्शाता है कि ए डब्ल पी तथा बी 2007-08 में अनेक राज्यों में आबंटन 33% से कम था। अतः जहाँ कहीं राज्यों/संघ राज्य क्षेत्रों ने आधारिक तंत्र की कमियों को पूरा करने में काफी प्रगति कर ली है और सिविल निर्माण कार्य की जरूरतें समग्र जिला परिव्यय के 33% से कम हैं, उनमें राजकीय अपर प्राथमिक विद्यालयों में 500/- रूपये प्रति बच्चे की दर से एकबारगी अनुदान के रूप में फर्नीचर प्रदान किया जा सकता है बशर्ते कि बच्चों के लिए फर्नीचर सहित सिविल निर्माण कार्य की ऊपरी सीमा परिव्यय के 33% से बढ़ न जाए। यह भी जरूरी है कि निधियां संचित न की जाएँ और अधिप्राप्ति ग्राम शिक्षा समिति (वीईसी) विद्यालय विकास और प्रबंध समिति अथवा ग्रामीण शहरी क्षेत्रों के लिए समतुल्य निकायों द्वारा की जाएगी।

- सभी सिविल निर्माण क्रियाकलापों में समुदाय की सहभागिता अनिवार्य है जिससे कि स्वामित्व की भावना और ठेकेदार चालित प्रणाली से हटकर चलना सुनिश्चित हो सके। सर्व शिक्षा अभियान में ठेकेदारों की नियुक्ति की अनुमति नहीं होगी। विद्यालय प्रबंध समितियों/ग्राम शिक्षा समितियों/शिक्षा संबंधी ग्राम पंचायत को लेखांकन की एक पारदर्शी प्रणाली के माध्यम से सिविल निर्माण कार्य के क्रियाकलाप करने होंगे। सिविल निर्माण कार्यों के लिए डी पी ई पी और लोक जुम्बिश परियोजना ने पर्याप्त समुदाय–आधारित प्रणालियाँ विकसित कर ली हैं और ये प्रणालियाँ सर्व शिक्षा अभियान के सभी जिलों के लिए अनिवार्य होंगी।
- छिटपुट मरम्मत के लिए सामाजिक लेखा – परीक्षा का सिद्धांत स्वीकार किया जा सकता है। विद्यालय प्रबंध समिति/ग्राम शिक्षा समिति विद्यालय के रखरखाव और उसमें की गई मरम्मत का प्रमाण–पत्र दे सकती हैं। मरम्मत तथा रखरखाव और साथ ही निर्माण कार्य के लिए भी तकनीकी प्रावधान का पालन किया जाएगा। तथापि, तकनीकी प्रावधान की जटिलता पूरी तरह समाप्त करनी होगी (जैसा कि लोक जुम्बिश परियोजना के अधीन

किया गया है) और व्यय मानदंडों की बाबत जानने के समुदाय के अधिकार को आदर देना होगा।

- कुछेक सस्ते और आतंरिक बाहरी तत्व जोड़कर विद्यालय वातावरण में सुधार लाने के प्रयास किये जायेंगे। बाल–केन्द्रित अधिगम को बढ़ावा देने के लिए लोक जुम्बिश और डी पी ई पी में विकसित किये गए भवनों के नए अभिकल्प अपनाए जाएंगे। स्थानीय सामग्री और लागत प्रभावी प्रौद्योगिकियों के प्रयोग को बढ़ावा दिया जाएगा। अभिकल्प को लेकर प्रयोग करने के लिए प्रत्येक राज्य/संघ शासित क्षेत्र में एक सिविल निर्माण कार्य नवाचार निधि स्थापित की जाएगी। भवनों की मरम्मत और रखरखाव को सर्वोच्च प्राथमिकता दी जाएगी।

- डी पी ई पी जिलों में विद्यालय भवनों के लिए बहुत बड़ी संख्या (100 से अधिक) में प्रारूप तैयार किये गए हैं जो आकर्षक होने के साथ–साथ बाल–केन्द्रित और कार्यात्मक हैं तथा नयी शिक्षा – शास्त्रीय अवधारणाओं के अनुरूप हैं। सभी राज्यों/जिलों द्वारा अपनी सिविल निर्माण कार्ययोजना तैयार करने में एडसिल द्वारा प्रकाशित 'ग्रामीण प्राथमिक विद्यालयों का निर्माण' नामक पुस्तिका तथा लोक जुम्बिश परियोजना द्वारा तैयार की गई 'भवन निर्माण नियम पुस्तिकाओं' का प्रयोग किया जा सकता है। राज्य अपनी विशेष स्थानीय स्थितियों में डी पी ई पी लोक जुम्बिश परियोजना के अधीन पहले से ही विकसित प्रारूपों का प्रयोग कर सकते हैं। सभी नवनिर्माण कार्यों और मरम्मत के काम में बाल–अनुकूल आतंरिक तथा बाह्य तत्वों का शामिल किया जाना जरूरी है।

- सर्व शिक्षा अभियान, निर्माण की स्थानीय सामग्री तथा कम लागत की प्रौद्योगिकियों के प्रयोग को बढ़ावा देगा। इसके लिए इन प्रौद्योगिकियों में अभियंताओं और राज मिस्त्रियों को प्रशिक्षित करने के अलावा बड़े पैमाने पर क्षमता निर्माण करना होगा। इस प्रयोजन के लिए डी पी ई पी के तकनीकी संसाधन समूह के अलावा हुडको जैसे संसाधन संस्थानों की सहायता भी ली जा सकती है।

- प्रत्येक राज्य द्वारा पचास लाख रूपये तक की सिविल निर्माण कार्य नवाचार निधि स्थापित की जा सकती है। यह निधि राज्य निधियों अथवा अनुसंधान, मूल्यांकन, पर्यवेक्षण और अनुश्रवण के लिए उपलब्ध कराई गई निधियों में से जुटाई जा सकती है।

- सर्व शिक्षा अभियान के अधीन सिविल निर्माण कार्य प्रत्येक जिले की आधारिक आवश्यकताओं का समुचित जायजा लेने के बाद शुरू किये जायेंगे। भौतिक और वित्तीय आवश्यकताओं का एक विद्यालय–वार संकलन किए जाने की जरुरत है। प्रत्येक विद्यालय के लिए मरम्मत, शौचालयों, पेयजल, चारदीवारी आदि सहित समुचित आधारिक–तंत्र उपलब्ध कराने के लिए आवश्यक न्यूनतम राशि का पता लगाने के प्रयास किए जाने चाहिए। अतिरिक्त कक्षाओं की व्यवस्था के बारे में मरम्मत और दोहरी पारी की संभावना का पता लगाने के बाद ही यह सोचा जाना चाहिए। किसी जिले की कुल आवश्यकता के बारे में एक बार जान लेने के बाद यह पता लगाना होगा कि इनमें से कितने अंश का वित्तपोषण पहले से चली आ रही योजनाओं में से किया जा सकता है और कितना काम बाकी बचा रहता है जिसका वित्तपोषण सर्व शिक्षा अभियान के माध्यम से किए जाने की आवश्यकता है।

- प्राथमिक और अपर प्राथमिक विद्यालयों की पाठ्यचर्या में शारीरिक शिक्षा के महत्व पर अधिक बल दिए जाने की जरूरत नहीं है। यह बात स्वीकार की गई है कि 6-14 वर्ष के आयु वर्ग के बच्चों के समग्र शारीरिक और सामाजिक विकास में व्यायाम और खेल महत्वपूर्ण इनपुट होते हैं।

- परंपरागत रूप से कई राज्यों में राज्य शिक्षा विभाग अथवा जिला स्तरीय खेलकूद कार्यालयों द्वारा अन्तः विद्यालय, ब्लाक और जिला स्तरीय खेलकूद प्रतियोगिताएं नियमित रूप से आयोजित की जाती रही हैं। इस परंपरा को बनाये रखे जाने और देश के सभी विद्यालयों और सभी जिलों में इसका संवर्धन अथवा इसकी शुरुआत किये जाने की जरुरत है।

- सर्व शिक्षा अभियान बच्चों के समग्र विकास में खेलों, योग और खेलकूद की महत्वपूर्ण भूमिका पर पुनः बल देने का एक अवसर उपलब्ध कराता है। मंत्रालय ने दिनांक 29.9.2005 के अर्द्ध–शासकीय पत्र संख्या फा 2-3/2005-ईई3 के तहत इस आशय के अनुदेश जारी किये हैं कि जहाँ कहीं संभव हो, वहां विद्यालय के अहातों में झूलों, झूमाझूमी आदि जैसी खेलकूद सुविधाओं का प्रावधान करके बाल–अनुकूल तत्त्व अपनाने

के वास्ते सिविल निर्माण कार्यों/अनुरक्षण अनुदान के अधीन निधियों का, स्काउट और गाईड क्रियाकलापों तथा पंचायत, ब्लाक और जिला स्तरीय प्रतियोगिताओं के प्रोत्साहन के लिए नवाचारी क्रियाकलापों के अधीन निधियों का तथा विद्यालय स्तर पर खेलकूद उपकरणों की खरीद अथवा प्रतिस्थापन के लिए और साथ ही खेलकूद पुरस्कारों के लिए यदि जरूरी हों तो विद्यालय अनुदान के अधीन निधियों का प्रयोग किया जाना चाहिए।

- पेयजल और टायलेट सुविधाओं की व्यवस्था विद्यालय में एक आधारभूत जरूरत होती है। अब इस आशय के अनेक अध्ययन उपलब्ध हैं जो यह प्रगाणित करते हैं कि बच्चों के लिए सुलभता और उन्हें शिक्षा में बनाये रखने की दृष्टि से इन सुविधाओं का योगदान होता है। अपर प्राथमिक स्तर पर बालिकाओं द्वारा शिक्षा बीच में छोड़ने और विद्यालय के भीतर स्वच्छता सुविधाओं की उपलब्धता के बीच प्रायः एक सीधा सह–सम्बन्ध है। तथापि, पिछले दशक के दौरान इस तरह की विद्यालयी सुविधाओं का बड़े पैमाने पर प्रावधान किए जाने के बावजूद टायलेट और पेयजल सुविधाओं को लेकर बड़ी कमी बनी हुई है और ऐसा लगता है कि टायलेट और पेयजल संबंधी कमियों की सर्व शिक्षा अभियान निधियों के माध्यम से पूरी तरह पूर्ति नहीं की जा सकती। इसलिए इस तरह की सुविधाओं की शत–प्रतिशत पूर्ति का लक्ष्य प्राप्त करने की दृष्टि से अन्य योजनाओं, विशेष रूप से भारत सरकार के ग्रामीण विकास मंत्रालय के साथ अभिसरण महत्वपूर्ण है।

- भारत सरकार के ग्रामीण विकास मंत्रालय में पेयजल आपूर्ति विभाग में ग्रामीण विद्यालयों को पेयजल सुविधा से कवर करने के उद्देश्य से त्वरित ग्रामीण जल आपूर्ति कार्यक्रम (ए आर डब्लू एस पी) का प्रावधान है। समग्र स्वच्छता अभियान (टी एस सी) ग्रामीण विद्यालयों के लिए टायलेट और पेशाबघरों की व्यवस्था करता है। इस सम्बन्ध में राज्य, जिला और ग्राम पंचायत स्तरों पर कवर किए जाने वाले विद्यालयों की कुल संख्या का यथार्थ आकलन किए जाने की जरूरत है। डी पी ई पी और सर्व शिक्षा अभियान तथा पेयजल और स्वच्छता कार्यक्रमों को कार्यान्वित करने के लिए जिम्मेदार एजेंसियाँ सभी विद्यालयों को कवर करना सुनिश्चित करने की दिशा में अपने प्रयासों को समन्वित करेंगी।

जहाँ तक संभव होगा सर्व शिक्षा अभियान के मुख्यधारा प्रावधान सम्बद्ध तरीके से लागू किए जायेंगे जिससे कि समदृष्टि के मुद्दों, व्यवस्थागत मुद्दों तथा इसी प्रकार के अन्य मुद्दों पर समग्र रूप से और सतत् रूप से ध्यान दिया जा सके। नवाचारी तथा अन्य पूरक प्रावधान जैसे कि आवासीय सुविधा, परिवहन आदि को सुपरिभाषित उपलब्धि योग्य तथा समय–सीमाओं सहित सन्दर्भ विशेष तरीके में 'अपवादात्मक' उपाय के रूप में देखा जाना चाहिए। चूंकि गुणवत्ता और समदृष्टि के मुद्दे एक–दूसरे से सम्बद्ध हैं इसलिए एक के प्रति लक्षित प्रयासों में दूसरा भी शामिल होगा। आर टी ई के कार्यान्वयन के सन्दर्भ में गुणवत्तात्मक समस्याएं -- पाठ्यचर्या, पाठ्यपुस्तकें, अध्यापन–अधिगम सामग्री, कक्षा में स्थान के प्रयोग, आधारिक संरचना, मूल्यांकन तथा अध्यापक–प्रशिक्षण आदि का विशेष उल्लेख किया जाएगा। इसके अलावा इस तरह के प्रत्येक मुद्दे की ओर लैंगिक परिप्रेक्ष्य द्वारा ध्यान दिए जाने की जरूरत है। सर्व शिक्षा अभियान पाठ्यचर्या, शिक्षाशास्त्र और मूल्यांकन पर बल देने वाले हस्तक्षेपणीय उपायों की परिकल्पना और उनका सख्ती से कार्यान्वयन जारी रखेगा जिससे कि भेदभाव और पक्षपात की गहरी जमी हुई परिपाटियों की ओर ध्यान दिया जा सके।

जिन समुदायों से बच्चे आते हैं, उन समुदायों तक पहुँचना समदृष्टि और समावेश के लिए सर्व शिक्षा अभियान के हस्तक्षेपणीय उपायों का प्रमुख क्षेत्र होगा। समदृष्टि और समावेशन के लिए हस्तक्षेपणीय उपायों में सामुदायिक सहभागिता और स्वामित्व जरूरी होगा। इसके अलावा अन्य विभागों तथा गैर–सरकारी और सिविल समाज संगठनों के साथ गहरा सहयोजन अपवर्जित बच्चों की सर्वसुलभ सहभागिता सुनिश्चित करने में एक महत्वपूर्ण तत्व होगा।

सहभागितापूर्ण आवश्यकता आकलन, कार्यान्वयन और मानीटरन के रूप में सर्व शिक्षा अभियान, एन जी ओ तथा सिविल समाज संगठनों की सहभागिता को प्रोत्साहित करेगा। इसके अतिरिक्त इन एजेंसियों से शिक्षा के अधिकार पर बल देते हुए बाल–अधिकारों के लिए पक्षपोषण में एक सक्रिय भूमिका निभाने और किसी तरह के उल्लंघनों की सूचना देने की अपेक्षा की जाती है।

वयस्क की देखरेख से विहीन बच्चों के मामले में सामुदायिक सहयोग और स्वामित्व की कमी एक बड़ी चुनौती रही है। जिस पर काबू पाने के लिए बच्चों के अपने समुदाय को 'समूह' अथवा 'सहयोगी समूहों' के रूप

में अभिप्रेरित किए जाने के लिए प्रोत्साहित किया जाना चाहिए और इन समूहों तथा सहयोगी समूहों को अपनी चिंताएं व्यक्त करने तथा उनकी शिक्षा के लिए हस्तक्षेपणीय उपायों की योजना बनाने, कार्यान्वयन और मानीटरन के लिए समुचित अवसर प्रदान किया जाना चाहिए। सर्व शिक्षा अभियान राज्यों/संघ राज्य क्षेत्रों को ऐसे एन जी ओ के साथ भागीदारी करने को प्रोत्साहित करेगा, जिन्हें इन पहलुओं को सुविधापूर्ण बनाने का संगत अनुभव प्राप्त है।

अध्याय–3

सर्व शिक्षा में सम्मिलित कार्यक्रम

सर्व शिक्षा के अंतर्गत शिक्षा को सर्वव्यापी बनाने के लिए कई कार्यक्रम चलाए गए हैं जिनमें प्रारंभिक स्तर पर बालिकाओं की शिक्षा के लिए राष्ट्रीय कार्यक्रम (एन पी ई जी ई एल), कस्तूरबा गाँधी बालिका विद्यालय (के जी बी वी), मदरसा में उत्तम शिक्षा प्रदान करने के लिए केंद्र–प्रायोजित स्कीम (एस पी क्यू ई एम), निजी सहायता/गैर सहायताप्राप्त अल्पसंख्यक संस्थानों (प्रारंभिक, माध्यमिक/उच्च माध्यमिक विद्यालय) में आधारिक सुविधाओं के विकास के लिए स्कीम (आई डी एम आई), ऑपरेशन ब्लैक बोर्ड, अध्यापक शिक्षा, गैर–औपचारिक शिक्षा, महिला समाख्या, प्राथमिक शिक्षा के लिए पोषणिक सहायता का राष्ट्रीय कार्यक्रम, बिहार, राजस्थान, उत्तर प्रदेश तथा आंध्र प्रदेश में राज्य विशिष्ट शिक्षा परियोजनाएं और 18 राज्यों के 248 जिलों में डी पी ई पी। ये सभी योजनाएँ सर्व शिक्षा में सम्मिलित हैं। इनके अतिरिक्त सर्व शिक्षा में सम्मिलित अन्य कई योजनाओं का विस्तारपूर्वक अध्ययन इस अध्याय में किया जाएगा।

प्रारंभिक स्तर पर बालिकाओं की शिक्षा के लिए राष्ट्रीय कार्यक्रम (एन पी ई जी ई एल)

प्रारंभिक स्तर पर बालिकाओं की शिक्षा के लिए राष्ट्रीय कार्यक्रम (एन पी ई जी ई एल) प्रारंभिक स्तर पर बालिकाओं की शिक्षा के लिए अतिरिक्त

घटक उपलब्ध कराने के लिए सर्व शिक्षा अभियान की योजना के एक संशोधन के रूप में 2003 में लागू किया गया था। प्रारंभिक स्तर पर बालिकाओं की शिक्षा के लिए राष्ट्रीय कार्यक्रम (एन पी ई जी ई एल) अल्पसुविधाप्राप्त/सुविधावंचित बालिकाओं की कक्षा 1 से 8 तक की शिक्षा के लिए सर्व शिक्षा अभियान की एक स्वतंत्र और पृथक लैंगिक घटक योजना के रूप में तैयार किया गया था। शैक्षिक दृष्टि से पिछड़े क्षेत्रों में बालिकाओं के लिए प्रारंभिक शिक्षा के सर्वसुलभीकरण के लक्ष्य की पूर्ति के निमित्त लैंगिक घटक जरूरी है।

बाद के वर्षों में एन पी ई जी ई एल हस्तक्षेपणीय उपायों में अनेक बदलाव लाये गए। 1 अप्रैल, 2010 से आर टी ई अधिनियम, 2009 लागू किए जाने तथा कार्यान्वयन के सर्व शिक्षा अभियान तंत्र के आर टी ई अधिनियम के अनुरूप संशोधित किए जाने के फलस्वरूप सर्व शिक्षा अभियान का एन पी ई जी ई एल घटक भी बाल–अधिकारों और बाल–हकदारियों के समग्र सन्दर्भ में तथा अधिनियम की भावना और अपेक्षाओं के अनुरूप कार्यान्वित किया जाएगा।

प्रारंभिक स्तर पर नामांकन में महत्त्वपूर्ण लैंगिक अंतराल बना हुआ है जोकि अनुसूचित जातियों, अनुसूचित जनजातियों तथा अन्य सुविधावंचित समूहों की बालिकाओं के मामले में अत्यधिक है। लैंगिक अंतराल को कम करने के लिए जिन समूहों तक पहुंचना कठिन है, उन तक पहुंचने के लिए एकजुट ध्यान दिया जाना होगा। इसलिए बालिकाओं की विशिष्ट शिक्षा जरूरतों की ओर ध्यान देने के लिए कतिपय हस्तक्षेपणीय उपाय शामिल करने होंगे। एन पी ई जी ई एल के लक्ष्य इस प्रकार हैं–

- जोखिमपूर्ण बालिकाओं और कष्टप्रद स्थितियों में रहने वाली बालिकाओं के लिए स्पष्टतः परिभाषित परिणामों सहित ब्लाक–केन्द्रित परियोजनाएं उपलब्ध कराना
- बालिकाओं के लिए पहुँच, उनके शिक्षा में बने रहने को सुविधापूर्ण बनाने तथा प्रारंभिक शिक्षा में महिलाओं और बालिकाओं की अपेक्षतया अधिक सहभागिता सुनिश्चित करने के लिए सुविधायें निर्मित करना और उन्हें बढ़ावा देना
- लिंग–विशिष्ट हस्तक्षेपणीय उपायों के माध्यम से तथा बालिकाओं की अधिकारिता के उद्देश्य से उनकी शिक्षा की प्रासंगिकता और गुणवत्ता पर बल देकर प्रारंभिक शिक्षा के स्तर में सुधार लाना

एन पी ई जी ई एल निम्न क्षेत्रों में प्रयोज्य है–

1. शैक्षिक दृष्टि से पिछड़े ब्लाक (ईबीबी)– पूर्व में जो राष्ट्रीय औसत (46.13% जनगणना 2001) से नीचे की ग्रामीण महिला साक्षरता–दर तथा साक्षरता में राष्ट्रीय औसत (21.59 जनगणना 2001) से उच्चतर लैंगिक अंतराल ब्लाकों के लिए संयुक्त मानदंड के रूप में परिभाषित किए गए थे।
2. जिलों के ऐसे ब्लाक जिनमें कम–से–कम 5% आबादी अनुसूचित जाति/अनुसूचित जनजाति समुदायों की है और अनुसूचित जाति/अनुसूचित जनजाति महिला साक्षरता दर 10% से कम है।
3. चुनिन्दा शहरी मलिन बस्तियां।

एन पी ई जी ई एल का बल निम्न कार्यों को करने पर है–

- प्रारंभिक स्तर पर बालिकाओं की शिक्षा के लिए नियोजन, प्रबंध तथा मूल्यांकन के लिए राष्ट्रीय, राज्य और जिला संस्थानों तथा संगठनों की क्षमता का सुदृढ़ीकरण तथा एक ऐसे गतिशील प्रबंध कार्यतंत्र का सृजन जोकि बालिकाओं की शिक्षा की चुनौतियों पर जवाबी कार्यवाई करने में समर्थ होगा
- सम्बंधित संगठनों और महिला समूहों की सहायता से अध्यापकों और प्रशासकों के लिए नवाचारी लैंगिक संवेदीकरण/प्रशिक्षण कार्यक्रम तैयार करना और एक ऐसा वातावरण तैयार करना जहाँ शिक्षा–क्षेत्र के सभी खंड लैंगिक विषमताएं दूर करने में शिक्षा की भूमिका के लिए जागरूक और संवेदी बन जाएंगे
- लैंगिक संवेदी, विशेष रूप से क्षेत्रीय भाषाओं में उत्तम अध्यापन–अधिगम सामग्री तथा हस्तक्षेपणीय उपाय के विकेन्द्रीकृत क्षेत्र–विशिष्ट प्रारूपों की उपलब्धि बढ़ने के लिए अनुसंधान, विस्तार तथा जानकारी के प्रसार के लिए विभिन्न संस्थानों के बीच नेटवर्क निर्माण शुरू करना
- पूरी शिक्षा प्रणाली को इस तरह चुस्त बनाना कि वह महिलाओं और बालिकाओं के आत्मगौरव और आत्मविश्वास को बढ़ावा देने, समाज, शासन व्यवस्था तथा अर्थव्यवस्था में महिलाओं के योगदान को मान्यता देकर उनकी एक सकारात्मक छवि का निर्माण करने के लिए एक सकारात्मक हस्तक्षेपणीय उपाय की भूमिका निभा सके

- लैंगिक रूढ़ियों को नष्ट करना जिससे कि प्रारंभिक शिक्षा में बालिकाओं की सहभागिता और निष्पादन को बढ़ावा देने के लिए आवश्यक सहयोगात्मक सेवाएं सुनिश्चित की जा सकें
- प्रारंभिक शिक्षा में बालिकाओं की सहभागिता और निष्पादन में संवर्धन के लिए सहयोगी सेवाएं सुनिश्चित करने के लिए समुचित प्रयास उपलब्ध कराना
- बालिका शिक्षा के लिए सामुदायिक सहयोग का निर्माण करना तथा विद्यालय, समुदाय और घर में बालिकाओं की शिक्षा के लिए एक अनुकूल वातावरण उपलब्ध कराना तथा
- यह सुनिश्चित करना कि बालिकाओं को प्रारंभिक स्तर पर एक उत्तम कोटि की शिक्षा प्राप्त हो

एन पी ई जी ई एल की कार्यनीतियाँ निम्नांकित हैं–

1. समुदाय, अध्यापकों, एन जी ओ आदि को सहयोजित करके बालिका शिक्षा के लिए अभिप्रेरण – यह एक प्रक्रिया–उन्मुखी कार्यक्रम होना चाहिए जहाँ पर समुदाय का स्वामित्व और घटकों की टोकरी स्थानीय सहभागिता से तैयार हो
2. नियोजन, कार्यान्वयन और मानीटरन के लिए ब्लाक को एक यूनिट के रूप में नामित किया जाए
3. योजना में बहुत सारे घटकों की उपलब्धता है। तथापि, यह जरूरी नहीं है कि सभी ब्लाक सभी क्रियाकलाप आयोजित करें। परियोजनाएं स्थानीय परिस्थितियों तथा ब्लाक की जरुरत पर आधारित होनी चाहिए, प्रारंभिक शिक्षा के सर्वसुलभीकरण (यू ई ई) के लिए सभी कार्यनीतियाँ और हस्तक्षेपणीय उपाय कष्टप्रद स्थितियों में रहनेवाली बालिकाओं पर विशेष बल देते हुए 6-14 वर्ष के आयु–वर्ग की सभी बालिकाओं के प्रति लक्षित होनी चाहिए। कष्टप्रद स्थितियों में रहनेवाली बालिकाएं अर्थात–
    - विद्यालय न जा सकने वाली बालिकाएं जिनमें विद्यालय में कभी दाखिल न हुई बालिकाएं और बीच में ही शिक्षा छोड़ने वाली बालिकाएं शामिल हैं।
    - अधिक आयु की बालिकाएं जिन्होंने प्रारंभिक शिक्षा पूरी नहीं की है।

- कामकाजी बालिकाएं
- सीमान्त सामाजिक समूहों की बालिकाएं
- कम हाजिरी वाली बालिकाएं
- काम से छुड़ाई गई बालिकाएं, अवैध व्यापार से लाये गए बच्चे, सेक्सकर्मियों की बालिकाएं, विस्थापित बालिकाएं जिनमें उपद्रवग्रस्त तथा शहरी हालात में रहनेवाली बालिकाएं शामिल हैं।

4. पाठ्यचर्या और शिक्षाशास्त्र में लैंगिक सरोकार शामिल करने के लिए मार्गनिर्देश तैयार करना, अध्यापन–अधिगम सामग्री, श्रव्य–दृश्य तथा अन्य सामग्री सहित सामग्री तैयार करना, पाठ्यचर्या और पाठ्यपुस्तकों के संवर्धन में मदद करना, बालिकाओं के लिए जीवनकौशलों सहित पूरक पाठन सामग्री तैयार करना जोकि बालिकाओं की शिक्षा के लिए अपेक्षित सहयोग उपलब्ध कराए।

5. हस्तक्षेपणीय उपायों का बल बालिकाओं की शिक्षा में बने रहने और अधिगम की गुणवत्ता में सुधार पर होना चाहिए। बालिकाओं की शिक्षा की गुणवत्ता का अर्थ निम्न में सुधार लाना है–

- विद्यालयी शिक्षा में सहभागिता जिसके लिए बीच में शिक्षा छोड़ने वाली बालिकाओं की घटी हुई दर एक आवश्यक पूर्वापेक्षा होगी
- पूर्ति दर जोकि प्रणाली को प्रभावी बनाएगी
- शिक्षा के अगले स्तर तक कक्षोन्नति की दरें
- छात्र–केन्द्रित और क्रियाकलाप आधारित अधिगम में सहभागिता के माध्यम से बालिकाओं की अधिकारिता जिससे कि उनका ज्ञान, उनका आत्मगौरव और आत्मविश्वास, कौशल तथा क्षमताएं बढ़ सकें ताकि वे जीवन में विभिन्न स्थितियों से मुकाबला करने के योग्य हो सकें, सुविचारित निर्णय लेने की प्रक्रिया में भाग ले सकें, ऐसे संसाधनों तक पहुँच सकें जो उन्हें उत्तम जीवन स्तर सुनिश्चित कराएँगे।

बालिकाओं के लक्षित समूह के लिए विस्तृत कार्ययोजनाएं तथा ब्लाक में अपनाई जाने वाली विशिष्ट कार्यनीतियाँ परिभाषित और मापे जाने योग्य परिणामों सहित वर्णित किये जाने की जरुरत

है। सर्व शिक्षा अभियान के अधीन तैयार किये जाने वाले जिलों की वार्षिक कार्ययोजना और बजट (ए डब्लू पी तथा बी) में एन पी ई जी ई एल ब्लाक विशिष्ट परियोजनाएं तदनुसार परिलक्षित होनी चाहिए।

6. एन पी ई जी ई एल के घटकों में सर्व शिक्षा अभियान के कार्यतंत्र में पहले से उपबंधित किसी घटक का दोहराव नहीं होना चाहिए। किसी ब्लाक के लिए तैयार की जा रही विशेष परियोजना में प्रत्येक घटक के लिए यूनिट लागत को राज्य स्तर की कार्यकारी समिति अथवा सर्व शिक्षा अभियान की राज्य सलाहकार परिषद द्वारा अंतिम रूप दिया जाएगा।

एन पी ई जी ई एल के घटक इस प्रकार हैं–

- **जोखिमपूर्ण व कठिन परिस्थितियों में रहनेवाली बालिकाओं के लिए ब्लाक–केन्द्रित परियोजनाएं**– बालिकाओं के लक्षित समूह के लिए विस्तृत कार्ययोजनाएं तथा ब्लाक में अपनाई जाने वाली विशिष्ट कार्यनीतियाँ परिभाषित और मापे जाने योग्य परिणामों सहित वर्णित किये जाने की जरूरत है। सर्व शिक्षा अभियान के अधीन तैयार किए जाने वाले जिलों की वार्षिक कार्ययोजना और बजट (ए डब्लू पी तथा बी) में एन पी ई जी ई एल ब्लाक विशिष्ट परियोजनाएं परिलक्षित होनी चाहिए।
- **माडल संकुल स्कूल (एम सी एस)** – ऐसे सभी चुनिन्दा जिलों/ब्लाकों में जहाँ यह स्कीम चल रही है, संकुल स्तर पर एक माडल बालिका–अनुकूल स्कूल के रूप में बालिकाओं के लिए एक माडल संकुल स्कूल खोला जाएगा। एक संकुल लगभग 5-10 गाँवों के लिए होगा और प्रत्येक ब्लाक में लगभग 8-10 संकुल होंगे। इस बालिका–अनुकूल आधारिक सुविधा तंत्र का प्रयोग संकुल के सभी स्कूलों द्वारा बारी–बारी से किया जाएगा। इसमें अध्यापन–अधिगम उपकरण, पुस्तकों, उपकरण, खेलकूद आदि के अर्थों में सुविधायें उपलब्ध होंगी। पुस्तकों जैसी उपलब्ध सुविधाओं का परिचालन संकुलों के सभी स्कूलों में किया जाएगा। कम्प्यूटरों, फिल्म शो, पठन सामग्री, आत्मरक्षा, जीवनकौशल, साइकिल चालन, पठन, खेलों आदि के माध्यम से अधिगम के लिए सुविधाओं का प्रयोग किया जाएगा। व्यावसायिक तथा अन्य प्रशिक्षण प्रदान

करने के लिए अनुदेशकों की सेवाएं दिहाड़ी पर अथवा संविदा पर प्राप्त की जाएंगी। इनका उद्देश्य बालिकाओं की उपलब्धि में सुधार लाना, बालिकाओं के बीच शिक्षा में रूचि को बढ़ावा देना तथा समुदाय के भीतर बालिकाओं की शिक्षा का महत्व बढ़ाना होगा। सुविधाओं का प्रयोग संकुल में अध्यापक प्रशिक्षण के लिए भी किया जाएगा। संकुलों को चरणबद्ध रूप में लिया जाएगा और ऐसे स्कूलों का चयन किया जाएगा जिन्होंने बालिकाओं के नामांकन में बेसलाइन से बढ़कर सर्वोत्तम निष्पादन का परिचय दिया है और जो लगभग 10 गाँवों/स्कूलों के लिए सुलभ हैं जिनकी बालिकाएं इन आधारिक सुविधाओं का प्रयोग कर सकती हैं और जिनके पास अतिरिक्त सिविल निर्माण कार्यों तथा खेलकूद मैदानों के लिए जमीन उपलब्ध है। माडल संकुल स्कूलों के स्थान का चयन करते समय अनुसूचित जाति/अनुसूचित जनजाति आबादी के घनत्व को भी दृष्टिगत रखा जाएगा।

- अनुसूचित जाति/अनुसूचित जनजाति/अन्य पिछड़ा वर्ग/अल्पसंख्यक बालिकाओं के घनत्व वाले मौजूदा स्कूल को 'बालिकाओं के लिए माडल संकुल स्कूल' खोलने के लिए अभिज्ञात किया जाएगा। इस प्रयोजन के लिए जरूरत होने पर अतिरिक्त क्लासरूमों की लागत सर्व शिक्षा अभियान सिविल निर्माण कार्यों से ली जायेगी और ए डब्लू पी तथा बी में शामिल की जाएगी।

एन पी ई जी ई एल के कार्यक्रम संबंधी मापदंड इस प्रकार हैं–

- एन पी ई जी ई एल हस्तक्षेपणीय उपाय सर्व शिक्षा अभियान हस्तक्षेपणीय उपायों के माध्यम से बालिकाओं की शिक्षा के लिए निवेश से आगे बढ़कर बालिकाओं की शिक्षा पूर्ति करेंगे और सहयोग देंगे।
- सभी कार्यनीतियाँ और हस्तक्षेपणीय उपाय ब्लाक के भीतर 6-14 वर्ष की आयु की बालिकाओं के प्रति लक्षित होने चाहिए।
- हस्तक्षेपणीय उपायों का बल बालिकाओं को शिक्षा में बनाये रखने और अधिगम स्तर में सुधार लाने पर होना चाहिए। बालिकाओं के लक्षित समूह के लिए विस्तृत कार्ययोजनाएं तथा ब्लाक स्तर पर अपनाई जाने वाली विशिष्ट कार्यनीतियाँ परिभाषित और मापे जाने योग्य परिणामों सहित वर्णित की जानी चाहिए।

- आवर्ती एन पी ई जी ई एल अनुदान के अधीन क्रियाकलाप प्रत्येक ब्लाक के लिए मांग–आधारित होंगे जिनमें निम्न शामिल होंगे–
- उस संकुल में बालिकाओं की शिक्षा को बढ़ावा देने के लिए ब्लाक में माडल संकुल स्कूलों के लिए आवर्ती अनुदान जिसमें उस स्कूल का अनुरक्षण तथा अतिरिक्त विशिष्ट विषयों के लिए अंशकालिक अनुदेशकों की नियुक्ति शामिल होगी।
- छात्राओं के नामांकन, उन्हें शिक्षा में बनाये रखने और अधिगम उपलब्धियों में असाधारण योगदान देने के लिए स्कूलों/अध्यापकों को पुरस्कार।
- मुक्त विद्यालयों के माध्यम से अधिगम कार्यान्वयन एजेंसियां एन आई ओ एस, राज्य मुक्त विद्यालयों तथा ऐसे अन्य संगठनों के साथ मिलकर इस प्रयोजन के लिए उपयुक्त प्रणाली तैयार करेगी। संकुल स्कूल आवासीय उच्च प्राथमिक स्कूल/एन जी ओ केंद्र के स्थल का निर्माण करेगा। ऐसा करने से उन बालिकाओं को लाने में मदद मिलेगी जिन्होंने शिक्षा प्रणाली बीच में छोड़ दी थी। अल्पकालीन आवासीय पाठ्यक्रमों का आयोजन भी किया जा सकता है।
- बाल–देखभाल केंद्र एन पी ई जी ई एल, आई सी डी एस स्कीम के अंतराल को पाटने के लिए तथा बालिकाओं को छोटे भाई–बहनों की देखभाल के दायित्व से मुक्त करने के लिए अतिरिक्त प्रारंभिक शैशवावस्था देखभाल और शिक्षा (ई सी सी ई) केंद्र खोलने की व्यवस्था करता है। ऐसे क्षेत्रों में जहाँ महिला और बाल विकास मंत्रालय तथा/अथवा सम्बंधित राज्य सरकार की किसी स्कीम के अधीन कोई आई सी डी एस केंद्र नहीं है, वहां प्रत्येक संकुल में समुदाय द्वारा संचालित दो ई सी सी ई केंद्र खोले जा सकते हैं। इन निधियों का प्रयोग मौजूदा आई सी डी एस केन्द्रों का सुदृढ़ीकरण करने के लिए विशेष रूप से स्कूल–पूर्व घटक, खेल किटों, प्राथमिक स्कूल अध्यापकों के साथ संयुक्त प्रशिक्षणों और आंगनबाड़ी केन्द्रों के कार्यसमय को स्कूल के समय से मिलाने के प्रयोजन से बढ़ाने के फलस्वरूप आंगनबाड़ी केन्द्रों के कार्यसमय को स्कूल के समय से मिलाने के प्रयोजन से बढ़ने के फलस्वरूप आंगनबाड़ी कार्मिकों के मानदेय के आनुपातिक भुगतान को बढ़ावा देने के लिए भी किया जा सकता है।

- दुष्कर क्षेत्रों में लेखन सामग्री, स्लेटों, कार्यपुस्तिकाओं, वर्दियों, मार्गरक्षी उपलब्ध कराने जैसी मदें।
- उपर्युक्त आबंटित निधियों के भीतर जो कुछ अन्य निर्देशात्मक क्रियाकलाप हाथ में लिए जा सकते हैं, उनमें निम्न शामिल हैं–
- विशेष रूप से उच्च प्राथमिक स्तर पर कम्प्यूटर के माध्यम से अधिगम।
- जीवनकौशल शिक्षा जिससे कि जीवन में कठिन परिस्थितियों पर काबू पाने के लिए कौशल और क्षमताएं अर्जित की जा सकें, उन्हें विवेकपूर्ण निर्णय लेने में, निर्णय लेने की प्रक्रियाओं में तथा ऐसे संसाधनों तक पहुँचने में समर्थ बनाना जोकि उन्हें उत्तम जीवन स्तर का आश्वासन दे सकेंगे।
- शैक्षिक दौरे/ज्ञानार्जन दौरे जिससे कि उनके ज्ञान, आत्मगौरव और आत्मविश्वास का संवर्धन हो सके।
- क्षेत्र के महत्वपूर्ण व्यक्तियों के साथ वैचारिक आदान–प्रदान।
- बड़ी आयु की बालिकाओं के लिए विशेष प्रशिक्षण तैयार करना तथा ऐसी बड़ी आयु की बालिकाओं के लिए, जिन्होंने शिक्षा बीच में छोड़ दी है तथा कभी भी दाखिला नहीं लिया है, आवासीय तथा गैर–आवासीय विशेष प्रशिक्षण के लिए प्रासंगिक सामग्री तैयार करना।
- सेतु पाठ्यक्रमों और विशेष प्रशिक्षण केन्द्रों से स्कूलों की मुख्यधारा में शामिल की गई बालिकाओं को पहले से दिए जा रहे सहयोग के लिए अनुवर्ती कार्यनीतियाँ।
- ऐसे स्थानों पर स्कूल जाने वाली बालिकाओं के लिए जहाँ स्कूल दूरी पर स्थित है, अथवा स्कूल जाने का मार्ग खतरनाक अथवा असुरक्षित है मार्गरक्षियों के रूप में काम करने के लिए बड़ी आयु की महिलाओं की नियुक्ति।
- बालिकाओं की नियमित उपस्थिति और विद्यालयों में उनके शिक्षा में बने रहने को सुविधापूर्ण बनाने के लिए बालिकाओं की उपस्थिति और सहयोगी कार्यनीतियों का मानीटरन और उन पर निगाह रखना जिससे कि अधिगम–उपलब्धि, शिक्षा की पूर्ति तथा शिक्षा के अगले स्तर में उन्नति का संवर्धन किया जा सके।

- ब्लाक–विशिष्ट योजनाएं तैयार करते समय इन क्रियाकलापों को मानदंड में सूचीबद्ध समुचित क्रियाकलापों में से किसी के भी आगे दर्शाए जाने की जरुरत है।

1. **पोषण और स्कूल स्वास्थ्य**–बालिकाओं की शिक्षा के मामले में स्वास्थ्य एक महत्वपूर्ण मुद्दा बना हुआ है। बालिकाओं के बीच अधिक मात्रा में कुपोषण तथा उनके स्वास्थ्य के प्रति परिवार की न्यून प्राथमिकता उनकी अधिगम क्षमता को प्रभावित करती है। स्कूल स्वास्थ्य के भीतर जिन बालिकाओं के स्वास्थ्य की तरफ ध्यान दिए जाने की जरूरत है, उनके मामले में अधिक गहन अनुवर्ती कार्रवाई सहित सामान्य स्वास्थ्य जांच शामिल है। 'बालिका के लिए माडल संकुल स्कूल' मंजूर करने पर ऐसे स्कूलों की एक सूची जिसमें स्कूल के निकटतम सरकारी अस्पताल अथवा रेफरल अस्पताल अथवा पी एच सी केंद्र का उल्लेख किया होगा, सम्बंधित राज्य स्वास्थ्य विभाग को उपलब्ध कराई जाएगी। प्रारंभिक शिक्षा और साक्षरता विभाग को सूचित करते हुए, जो स्वास्थ्य और परिवार कल्याण मंत्रालय को माडल संकुल स्कूलों के लिए आवश्यक सेवाएं उपलब्ध करने का अनुरोध करेगा। प्रारंभिक शिक्षा और साक्षरता विभाग द्वारा संचालित 'मध्याह्न भोजन योजना' के अभिसरण के लिए इसी प्रकार की सहक्रिया तैयार की जाएगी।

2. **सामुदायिक अभिप्रेरण** (नामांकन, बच्चों को शिक्षा में बनाए रखने और अधिगम के लिए अभिप्रेरण) जिला और संकुल (लगभग 10 गाँवों का एक समूह) स्तर पर अभिप्रेरण क्रियाकलाप किये जायेंगे जिनमें अध्यापकों और शैक्षिक प्रशासकों का प्रशिक्षण, समुदाय का अभिप्रेरण शामिल होगा जिसमें संसाधन व्यक्तियों, माता अध्यापक संघों (एम टी ए), महिला प्रेरण समूहों (डब्ल्यू एम जी), महिला समाख्या (एम एस) संसाधन व्यक्तियों का गठन और प्रशिक्षण शामिल होगा। संसाधन समूह द्वारा नामांकन, बच्चों को शिक्षा में बनाए रखने, माता–पिता आदि के साथ बातचीत करने, संसाधन समूह के प्रशिक्षण और समीक्षा, नामांकन उपस्थिति उपलब्धि आदि की सामुदायिक अनुवर्ती कार्रवाई जैसे क्रियाकलाप किये जाएंगे।

बालिकाओं की शिक्षा की कुंजी सामुदायिक अभिप्रेरण है। सर्व शिक्षा अभियान कार्यक्रम में पहले ही बस्ती/गाँव/शहरी मलिन बस्ती स्तर

पर अभिप्रेरण का उल्लेख किया गया है। इस प्रयोजन के लिए संकुल समन्वयकर्ता संकुल स्तर पर महिला कार्यकर्ताओं, स्वयंसेवकों और माताओं/माता–पिता आदि से युक्त एक कोर समूह के साथ मिलकर गाँवों से बालिकाओं को लाने में और साथ ही उनकी उपलब्धि, उपस्थिति, उनके शिक्षा में बने रहने आदि का मानीटरन करने में सहायता करेगा। समुदाय/माता अध्यापक संघ, माता प्रबंध समूह, संघ आदि से युक्त संसाधन समूहों को भी इस घटक के अधीन लिया जाएगा।

संकुल स्तर पर एक समन्वयकर्ता (प्रत्येक 5-25 गाँवों के लिए एक) होगा जोकि अवैतनिक महिला कार्यकर्ता के रूप में काम करेगा। उसे टी ए/डी ए आदि का भुगतान किया जाएगा। ब्लाक स्तर पर एक कोर समूह होगा जोकि जिला लैंगिक यूनिट (डी जी यू) तथा मौजूदा कार्यक्रमों के साथ समन्वय करने और अभिसरण करने के लिए जिम्मेदार होगा। यह कोर ग्रुप नियोजन, अभिप्रेरण और क्रियाकलापों के कार्यक्रम पैकेज के कार्यान्वयन के अर्थों में कार्यक्रम में सबसे प्रमुख भूमिका का निर्वाह करेगा।

सर्व शिक्षा अभियान के अधीन आने वाले इस कार्यक्रम के लिए दो प्रकार के वित्तीय अनुदान निर्धारित किये गए हैं–

- अनावर्ती अनुदान
- आवर्ती अनुदान

अनावर्ती अनुदान

1. नए एम सी एस के लिए अध्यापन–अधिगम उपकरण, पुस्तकालय, खेलकूद, व्यावसायिक प्रशिक्षण आदि के वास्ते 30,000 रूपये का एकबारगी अनावर्ती अनुदान।
2. बालिकाओं के लिए कौशल निर्माण क्रियाकलापों (अतिरिक्त क्लासरूम के एवज में) के लिए आवर्ती अनुदान के रूप में 2 लाख रूपये की राशि उपलब्ध रहेगी जिसे नए एम सी एस के लिए 3 वर्षों की अवधि तक प्रयोग में लाया जा सकता है।

आवर्ती अनुदान

1. प्रत्येक ब्लाक के लिए निधियां आवर्ती अनुदान के लिए प्रतिवर्ष 60,000 रूपये की सीमा तक उप–घटकों का कुल योग होंगी।

2. आवर्ती अनुदान के अधीन क्रियाकलाप निम्न सहित प्रत्येक ब्लाक के लिए जरूरत–आधारित होंगे–

- संकुल में बालिकाओं की शिक्षा जिसमें स्कूल का अनुरक्षण तथा विशिष्ट विषयों के लिए अंशकालिक अनुदेशक की नियुक्ति शामिल है, संबंधी खर्च के लिए माडल संकुल स्कूलों को आवर्ती अनुदान बशर्ते कि किसी भी अनुदेशक की सेवाएं किसी एक शैक्षणिक वर्ष में तीन महीने से अधिक की अवधि के लिए नहीं ली जायेंगी और उसे प्रति माह 1000 रूपये से बढ़कर पारिश्रमिक नहीं दिया जाना चाहिए।
- स्कूलों/अध्यापकों को पुरस्कार– प्रारंभिक स्तर पर बालिकाओं की शिक्षा के लिए उत्कृष्ट योगदान के वास्ते संकुल स्तर पर स्कूल/अध्यापक को 5000 रूपये की दर से (वस्तु रूप में) एक पुरस्कार प्रदान किया जाएगा।
- मुक्त स्कूलों के माध्यम से अधिगम– प्रत्येक संकुल को राष्ट्रीय मुक्त स्कूल अथवा राज्य मुक्त स्कूल की सहायता से किये जाने वाले पूरक शिक्षण के लिए फीस तथा व्यवस्था के भुगतान के लिए प्रति वर्ष अधिक–से–अधिक 50,000 रूपये की राशि प्रदान की जाएगी।
- बाल–देखभाल केंद्र– अतिरिक्त प्रारंभिक शैशवावस्था देखभाल और शिक्षण (ई सी सी ई) केंद्र खोलना– सर्व शिक्षा अभियान के 'बालिका शिक्षा घटक' के अधीन खोले गए प्रत्येक केंद्र को प्रति वर्ष 5000 रूपये का आवर्ती तथा 1000 रूपये का अनावर्ती अनुदान प्रदान किया जाएगा।
- अतिरिक्त मदें– सर्व शिक्षा अभियान प्राथमिक स्तर पर सभी बालिकाओं के लिए 150 रूपये प्रति बच्चे की ऊपरी सीमा के भीतर और उच्च प्राथमिक स्तर पर 250 रूपये प्रत्येक बच्चे की ऊपरी सीमा के भीतर निःशुल्क पाठ्यपुस्तकें उपलब्ध कराता है। तथापि, यदि बालिकाओं को निःशुल्क पाठ्यपुस्तकें उपलब्ध करा देने के बाद कुछ राशि बची रहती है तो इस बकाया राशि का प्रयोग लेखन सामग्री, स्लेटों, कार्यपुस्तिकाओं आदि जैसी अतिरिक्त मदें उपलब्ध कराने के लिए किया जा सकता है।

- प्रबंध लागत (सामुदायिक अभिप्रेरण सहित)– सर्व शिक्षा अभियान के अधीन पहले से उपलब्ध प्रावधानों के अलावा एन पी ई जी ई एल पर समग्र जिला परिव्यय का 6% हिस्सा प्रबंध लागत के लिए आबंटित किया जाएगा।
- बालिकाओं की शिक्षा के अनुकूल वातावरण का निर्माण करने तथा उनके नामांकन, उनके शिक्षा में बने रहने और अधिगम स्तरों में सुधार लाने के लिए प्रबंध लागत के अधीन उपलब्ध निधियों में से तीव्र सामुदायिक अभिप्रेरण हाथ में लिया जाएगा।
- प्रबंध लागत के अधीन उपलब्ध निधियों का प्रयोग अन्य बातों के साथ–साथ एम आई एस तथा प्रलेखन, संकुल समन्वयकर्ताओं के लिए मानदेय तथा टी ए/डी ए, संकुल स्तर पर बैठकों आदि जैसे क्रियाकलापों के लिए किया जा सकता है।

इस योजना के कार्यान्वयन प्राधिकारी चार होंगे–

1. राज्य स्तरीय तंत्र
2. जिला तंत्र
3. उप–जिला यूनिट
4. राष्ट्रीय सहयोग समूह

राज्य स्तरीय तंत्र

राज्य स्तर पर एन पी ई जी ई एल की कार्यान्वयन एजेंसी सर्व शिक्षा अभियान राज्य कार्यान्वयन सोसाइटी होगी। इसलिए इस कार्यक्रम के लिए निधियां राज्य की सर्व शिक्षा सोसाइटी के माध्यम से भेजी जाएंगी। राज्य स्तर पर एक 'लैंगिक समन्वयकर्ता' की नियुक्ति की जाएगी जोकि एन पी ई जी ई एल की देखरेख करेगा। जिन राज्यों में महिला समाख्या (एम एस) कार्यक्रम प्रचालित है वहां एम एस प्रचालनों के ब्लाकों में एन पी ई जी ई एल कार्यान्वित करने के लिए सर्व शिक्षा अभियान सोसाइटी महिला समाख्या सोसाइटी को वरीयता दे सकती है बशर्ते कि राज्य में महिला समाख्या सोसाइटी इस कार्यक्रम का कार्यान्वयन हाथ में लेने की इच्छुक हो। ऐसे राज्यों में सर्व शिक्षा सोसाइटी कार्यक्रम के कार्यान्वयन के लिए निधियां महिला समाख्या सोसाइटी को अंतरित कर देगी। घटक का

मानीटरन और मूल्यांकन राज्य सर्व शिक्षा अभियान सोसाइटी द्वारा किया जाएगा। जिन ब्लाकों में महिला समाख्या कार्यान्वित नहीं किया जा रहा है, अथवा एम एस स्कीम के कार्यान्वयन को हाथ में लेने को इच्छुक नहीं है उनमें इस घटक का कार्यान्वयन सर्व शिक्षा अभियान के कार्यान्वयन के लिए मौजूदा प्रयुक्त तंत्र के माध्यम से किया जाएगा।

जहाँ कहीं भारत सरकार के निर्देशों के अंतर्गत राज्य महिला समाख्या सोसाइटीज स्थापित हैं, वे इस कार्यक्रम को दिशा और सहयोग प्रदान करेंगी। महिला समाख्या सोसाइटी सर्व शिक्षा अभियान में अनुसूचित जाति/अनुसूचित जनजाति का प्रतिनिधित्व सुनिश्चित करेगी। जिन राज्यों में महिला समाख्या सोसाइटी नहीं है, उनमें राज्य सरकारों के सम्बंधित विभागों के नामजद व्यक्तियों, बालिका शिक्षा में विशेषज्ञों, अनुसूचित जाति/अनुसूचित जनजाति महिला संगठनों के प्रतिनिधियों सहित सर्व शिक्षा अभियान के अधीन लिंग/बालिका शिक्षा के लिए राज्य स्तरीय तंत्र इस प्रयोजन के लिए काम करेगा।

जिला तंत्र

क्रियाकलापों में प्रारंभिक क्रियाकलाप एम टी ए शामिल होंगे जिनमें बालिकाओं की शिक्षा के लिए कोर दलों का गठन, कोर दलों का प्रशिक्षण, बेसलाइन मूल्यांकन तथा ब्लाक और ग्राम मानचित्रण तथा सामाजिक मूल्यांकन, गाँव तथा ब्लाक योजनाएं तैयार करना और सुविधाकरण शामिल होगा। इसके साथ–साथ ब्लाक योजनाओं के कार्यान्वयन के अलावा पक्षपोषण और संचार क्रियाकलाप जिनमें गाँवों में एम टी ए, पी टी ए तथा अन्य कोर समूहों का गठन/अभिप्रेरण शामिल है, सम्मिलित किए जाएंगे।

सर्व शिक्षा अभियान का लैंगिक यूनिट महिला समाख्या (जहाँ कहीं महिला समाख्या एन पी ई जी ई एल का कार्यान्वयन कर रहा है) के सहयोग से जिला स्तर पर एन पी ई जी ई एल संचालित करेगा। प्रत्येक जिले के लिए एक 'जिला लैंगिक समन्वयकर्ता' नियुक्त किया जाएगा। जिला लैंगिक यूनिट में जिला लैंगिक समन्वयकर्ता, संसाधन व्यक्ति और सहयोगी स्टाफ शामिल होंगे। यह यूनिट जिला स्तर पर इस घटक के सभी पक्षों का समन्वयन और पर्यवेक्षण करेगा तथा संसाधन और प्रशिक्षण सहयोग उपलब्ध कराएगा। साथ ही यह यूनिट जिले में स्थानीय प्रशासन, अन्य संस्थानों और एन जी ओ के साथ नेटवर्क निर्माण करेगा।

विश्वविद्यालयों/महाविद्यालयों आदि में महिला अध्ययन केन्द्रों जैसे संस्थानों से उपयुक्त सहायता प्राप्त की जा सकती है। राज्य स्तर पर महिला समाख्या कार्यक्रम के अधीन संसाधन केंद्र सामग्री के निर्माण आदि के लिए व्यक्तियों, सरकार तथा अन्य संगठनों के साथ तालमेल स्थापित करने के लिए नोडल संस्थान होगा।

उप–जिला यूनिट

ब्लाक स्तर पर समन्वयकर्ता राष्ट्रीय, राज्य और जिला स्तर की सहायता से अध्यापकों और शैक्षिक प्रशासकों के प्रशिक्षण, समुदाय के अभिप्रेरण, बालिकाओं के नामांकन, उनके शिक्षा में बने रहने तथा उपलब्धि के नियमित मानीटरन का समन्वय करेगा और कार्यनीतियाँ तैयार करने के लिए समुदायों के साथ मिलकर काम करेगा।

ब्लाक स्तर पर एक कोर समूह होगा जोकि डी जी यू तथा मौजूदा कार्यक्रमों के साथ तालमेल स्थापित करने और अभिसरण के लिए जिम्मेदार होगा। कोर समूहों का चयन दो स्तरों पर किया जाएगा–

1. समन्वयकर्ता – एक (अध्यापकों के बीच में से चुना जाएगा)
2. संसाधन व्यक्ति – एक (अध्यापकों के बीच में से चुना जाएगा)
3. क्षेत्रीय स्तर पर संसाधन सहयोग समूह के अन्य सदस्य। सामुदायिक अभिप्रेरण, स्थानीय स्तरीय मानीटरन तथा तत्स्थाने संसाधन सहयोग के लिए समुदाय स्तर के इन कार्यकर्ताओं का चयन युवा समूहों और महिला छात्रों के बीच में से किया जाएगा।

छात्रों, अध्यापकों और स्वयंसेवकों की सहायता से यह कोर समूह सर्वेक्षण करेगा तथा ग्राम योजनाएं तैयार करने में मदद करेगा। साथ ही ये समूह इन योजनाओं के कार्यान्वयन का मानीटरन करेंगे और निगाह रखेंगे। ये कोर समूह सामुदायिक अभिप्रेरण, गाँव में नामांकन, शिक्षा बीच में छोड़ने वाली बालिकाओं की दर, बालिकाओं की उपलब्धि की दिशा, प्रगति का मानीटरन करने, गाँवों में इस तरह के क्रियाकलापों के लिए हस्तक्षेपणीय उपाय तैयार करने के लिए वी ई सी/एम टी ए/ग्राम समुदाय का कार्य सुविधापूर्ण बनाने और बालिकाओं की शिक्षा के लिए वातावरण का निर्माण करने के वास्ते एक प्रमुख वाहन का काम करेंगे। इनका चयन उनकी अभिवृत्ति के आधार पर किया जाएगा।

संकुल स्तर पर समन्वयकर्ता (प्रत्येक 5-25 गाँवों के लिए एक) होंगे जोकि अवैतनिक महिला कार्यकर्ताओं के रूप में काम करेंगे और जिन्हें कोर समूह की सहायता प्राप्त होगी। संकुल समन्वयकर्ता को टी ए/डी ए आदि का भुगतान किया जाएगा। कोर समूह जिला लैंगिक यूनिट और मौजूदा कार्यक्रम के साथ तालमेल स्थापित करने और अभिसरण के लिए जिम्मेदार होगा। यह कोर समूह नियोजन, अभिप्रेरण और क्रियाकलापों के कार्यक्रम पैकेज के कार्यान्वयन के अर्थों में कार्यक्रम में सबसे प्रमुख भूमिका का निर्वाह करेगा।

पुराने महिला समाख्या क्षेत्रों में फेडरेशन अथवा संघ यह भूमिका अपना लेंगे। सभी परियोजना क्षेत्रों में ऐसे प्रयास किए जाएंगे जिससे कि अंततः यह कार्य कार्यकर्ताओं के ऐसे समूहों को सौंपा जा सके। समन्वयकर्ता माडल संकुल स्कूल के साथ–साथ काम करेगा। संकुल स्तर पर समन्वयकर्ता समुदाय के अभिप्रेरण, बालिकाओं के नामांकन, उनके शिक्षा में बने रहने और उपलब्धि के नियमित मानीटरन का समन्वय करेगा तथा परियोजना लक्ष्यों की प्राप्ति के लिए कार्यनीतियाँ तैयार करने के लिए कोर समूह तथा समुदायों के साथ मिलकर काम करेगा।

ग्राम स्तरीय प्रयासों का समन्वय स्थिति अनुसार महिला समाख्या संघों, कोर समूहों, वीईसी, मातृ समितियों अथवा अभिभावक अध्यापक संघों द्वारा किया जाएगा। जिला यूनिट, संकुल समन्वयकर्ता और ग्राम संघ क्रमशः संकुल/गाँव के स्तर पर किये जाने वाले क्रियाकलापों और प्रोत्साहनों के लिए प्राथमिकताओं के निर्धारण के सम्बन्ध में निर्णय लेंगे। यह स्वायत्तता कार्यक्रम क्रियाकलापों/कार्यनीतियों में वास्तविक स्थानीय जरूरतों समाधानों को परिलक्षित किये जाने के लिए महत्त्वपूर्ण है।

संकुल स्तरीय समिति का गठन संकुल स्तरीय क्रियाकलापों का मानीटरन करने के लिए किया जाएगा और उसमें संकुल में स्थित गाँव में मौजूद स्कूलों के एस एम सी के अध्यक्ष शामिल होंगे। संकुल स्तरीय समिति का अध्यक्ष प्रत्येक तिमाही में उसके सदस्यों द्वारा बारी–बारी से चुना जाएगा। 'बालिकाओं के लिए माडल संकुल स्कूल' का मुख्याध्यापक सदस्य सचिव होगा। यदि महिला सदस्यों की संख्या चार से कम है तो एस एम सी से अतिरिक्त सदस्यों को सहयोजित किया जा सकता है जिससे कि कम से कम चार महिला सदस्यों की मौजूदगी सुनिश्चित की जा सके।

राष्ट्रीय सहयोग समूह

राष्ट्रीय स्तर पर महिला समाख्या कार्यक्रम के अधीन एन आर जी के सहयोग से सर्व शिक्षा अभियान के तहत पहले से गठित राष्ट्रीय संसाधन समूह (एन आर जी) कार्यक्रम से उभरने वाले अवधारणात्मक मुद्दों और समस्याओं के बारे में इनपुट प्रदान करेगा तथा बालिकाओं की शिक्षा से सम्बंधित नीतिगत विषयों पर भारत सरकार को सलाह देगा। यह समूह अनुसंधान और प्रशिक्षण संस्थानों, महिला आन्दोलन, शिक्षाविदों तथा सरकारी संस्थानों के साथ सम्बन्ध स्थापित करेगा और साथ ही बालिकाओं को शिक्षित करने के अन्य अनुभव लेकर आएगा।

उपरोक्त चारों तंत्रों में से राज्य और जिला स्तर पर जो क्रियाकलाप होंगे, उनमें निम्नांकित भी शामिल होंगे–

- नियोजन
- प्रशिक्षण
- बैठक, कार्यशालाएं, मूल्यांकन तथा एम आई एस
- अध्यापन–अधिगम सामग्री सहित दृश्य–श्रव्य सामग्री तथा अन्य प्रशिक्षण सामग्री का निर्माण, फीस तथा मानदेय
- पाठ्यपुस्तकों की समीक्षा/निर्माण में सहायता देना, लैंगिक चिंताओं को शामिल करने के लिए मार्गनिर्देश तैयार करना
- बालिकाओं के लिए जीवनकौशलों सहित पूरक पठन सामग्री का निर्माण संकलन जोकि बालिकाओं की शिक्षा आदि के लिए अपेक्षित सहयोग प्रदान करेगा तथा
- राज्यों के बीच आदान–प्रदान, प्रलेखन, प्रकाशन, नेटवर्क निर्माण, पुस्तकालय, पत्रिकाएँ आदि
- प्रशिक्षण प्रारूपों, पाठ्यचर्या तथा शिक्षाशास्त्रीय क्रियाकलापों के निर्माण के लिए सर्व शिक्षा के प्रावधान जारी रहेंगे तथापि राज्य स्तर पर लिंग–आधारित सामग्री ऐसे क्रियाकलापों के केंद्र में होगी

इस योजना के कार्यान्वयन के लिए जो भी विधि अपनाई जाएगी, उसके लिए एन पी ई जी ई एल के जिला कार्यान्वयन यूनिट द्वारा बालिका शिक्षा घटक के लिए एक अलग उप–योजना तैयार की जाएगी।

मूल्यांकन के लिए राष्ट्रीय स्तर पर भेजे जाने से पूर्व इन योजनाओं की संसाधन समूह द्वारा राज्य स्तर पर छानबीन की जाएगी।

एन पी ई जी ई एल के अंतर्गत वित्तीय सहायता सर्व शिक्षा अभियान के नियमों के अनुरूप होगी अर्थात 11वीं योजना के पहले दो वर्षों के लिए अर्थात 2007-08 तथा 2008-09 के लिए 65 रू 35 के अनुपात में, तीसरे वर्ष अर्थात 3 के लिए 60 रू 40 के अनुपात में और 2010-2011 के बाद से 65 रू 35 के अनुपात में। पूर्वोत्तर राज्यों के मामले में केंद्र और राज्यों के बीच निधि की हिस्सेदारी की पद्धति कार्यक्रम के अधीन 90 रू 10 के अनुपात में होगी जिसमें सर्व शिक्षा अभियान केंद्रीय बजट में एन ई क्षेत्र के लिए आबंटित निधियों का 10% भाग संसाधनों के केंद्रीय भाग के रूप में होगा।

एन पी ई जी ई एल के लिए प्रावधान सर्व शिक्षा अभियान के अधीन पहले से किये गए प्रावधानों के अतिरिक्त होंगे। सर्व शिक्षा अभियान सोसाइटी यह सुनिश्चित करेगी कि कार्यक्रम के अधीन प्रस्तावित क्रियाकलापों में कोई दोहराव न हो।

भारत सरकार सर्व शिक्षा अभियान राज्य कार्यान्वयन सोसाइटी को सीधे ही निधियां प्रदान करेगी। राज्य सरकार भी अपना हिस्सा राज्य कार्यान्वयन सोसाइटी को प्रदान करेगी। जहाँ कहीं भी लागू होगा, वहां महिला समाख्या सोसाइटी को निधियां प्रदान की जाएंगी।

एन पी ई जी ई एल की निधियां प्रचालित करने के लिए राज्य सोसाइटी एक अलग बचत बैंक खाता खोलेगी। राज्य सरकार को भी अपना बराबर का हिस्सा एक अलग बजट शीर्ष के माध्यम से राज्य सर्व शिक्षा अभियान सोसाइटी को प्रदान करना चाहिए। तदनुसार जिला और उप–जिला तंत्रों में अलग–अलग खाते रखे जाने होंगे।

कस्तूरबा गाँधी बालिका विद्यालय योजना (के जी बी वी)

भारत सरकार द्वारा यह योजना अगस्त 2004 में प्रारंभ की गई थी जिसका मुख्य उद्देश्य था – अनुसूचित जाति, अनुसूचित जनजाति, अन्य पिछड़ा वर्ग तथा अल्पसंख्यकों की बहुलता वाले दुष्कर क्षेत्रों की बालिकाओं के लिए उच्च प्राथमिक स्तर पर आवासीय विद्यालय खोलना। प्रारंभ में यह योजना एक स्वतंत्र योजना के रूप में चलती रही लेकिन बाद में 1 अप्रैल, 2007 से इसे सर्व शिक्षा अभियान का एक अंग बना दिया गया। 1 अप्रैल,

2010 से आर टी ई अधिनियम, 2009 लागू होने तथा सर्व शिक्षा अभियान के कार्यान्वयन का कार्यतंत्र आर टी ई अधिनियम के अनुरूप बनाये जाने के लिए संशोधित किये जाने के फलस्वरूप सर्व शिक्षा अभियान का के जी बी वी घटक भी बाल–अधिकारों तथा बाल–हकदारियों के समग्र सन्दर्भ में तथा अधिनियम की भावना और शर्तों के साथ संगति रखते हुए कार्यान्वित किया जाएगा।

के जी बी वी शैक्षिक दृष्टि से पिछड़े ब्लाकों में खोले जा सकते हैं जहाँ जनजातीय आबादी, अनुसूचित जाति, अनुसूचित जनजाति, अन्य पिछड़ा वर्ग तथा अल्पसंख्यक आबादी की बहुलता हो तथा विद्यालय न जा सकने वाली बालिकाओं की बहुत बड़ी संख्या हो। साथ ही इन क्षेत्रों में महिला साक्षरता की दर न्यून हो तथा इन क्षेत्रों में ऐसे क्षेत्र भी शामिल हों, जहाँ बहुत बड़ी संख्या में छोटी, छितरी हुई जनसंख्या वाले क्षेत्र हों जो विद्यालय खोले जाने के उपयुक्त नहीं होते। ऐसे क्षेत्र जिनमें ग्रामीण महिला साक्षरता दर 30% से कम है तथा ऐसे कस्बे शहर जिनमें ऐसे अल्पसंख्यक समुदायों की बहुलता है जिनमें महिला साक्षरता दर

राष्ट्रीय औसत से कम है, भी इन पिछड़े ब्लाकों में शामिल किये जा सकते हैं।

के जी बी वी का मुख्य उद्देश्य उच्च प्राथमिक स्तर पर आवासीय विद्यालय खोलकर सुविधावंचित वर्गों की बालिकाओं के लिए पहुँच और उत्तम शिक्षा को सुनिश्चित करना है।

के जी बी वी निम्नांकित कार्यनीतियों का अनुसरण करेगा –

- प्रारंभ में के जी बी वी किराये के भवनों अथवा अन्य उपलब्ध सरकारी भवनों में खोले जायेंगे।
- ऐसे आवासीय विद्यालय केवल ऐसे पिछड़े ब्लाकों में खोले जायेंगे जिनमें सामाजिक न्याय और अधिकारिता मंत्रालय तथा जनजातीय कार्य मंत्रालय की किसी अन्य योजना के अधीन उच्च प्राथमिक स्तर पर बालिकाओं के लिए कोई आवासीय विद्यालय नहीं है। यह स्थिति सर्व शिक्षा अभियान के जिला स्तरीय प्राधिकारी द्वारा अन्य विभागों/मंत्रालयों के साथ समन्वय स्थापित करके के जी बी वी योजना द्वारा उठाये गए प्राथमिक चरणों के समय वास्तविक जिला स्तरीय नियोजन द्वारा सुनिश्चित की जाएगी।

इस योजना के घटक निम्नांकित हैं–

1. ऐसे स्थानों पर आवासीय विद्यालय खोलना जहाँ प्राथमिक स्तर पर विद्यालय में पढ़ने के लिए अधिकांशतः अनुसूचित जाति, अनुसूचित जनजाति तथा अल्पसंख्यक समुदायों की कम–से–कम 50 बालिकाएं उपलब्ध हों। यह संख्या पात्र बालिकाओं की संख्या के आधार पर 50 से अधिक भी हो सकती है। ऐसे विद्यालयों के लिए 3 संभावित माडल निर्धारित किये गए हैं और उनके लिए संशोधित वित्तीय मानदंड निम्न प्रकार हैं–

माडल 1:100 बालिकाओं के लिए छात्रावासों सहित विद्यालय

आवर्ती लागत 32.07 लाख रूपए

अतिरिक्त बालिकाओं के लिए आवर्ती लागत– अतिरिक्त बालिकाओं के नामांकन की संख्या के आधार पर अनुपातिक रूप से निकाली जाएगी।

- यदि 100 बच्चों से अधिक बच्चों का नामांकन हो जाता है तो आर टी ई मानदंडों के अनुसार 20,000/–रूपए प्रतिमाह की यूनिट लागत पर एक मुख्य अध्यापक की व्यवस्था की जाएगी।
- यदि नामांकन 105 बच्चों से बढ़कर हो जाता है तो आर टी ई अधिनियम के अनुसार 1-35 के आधार पर 15000 रूपए प्रति माह के वेतन पर एक अतिरिक्त अध्यापक की व्यवस्था की जाएगी।
- प्रत्येक 50 बालिकाओं के अतिरिक्त नामांकन होने पर 4500 रूपए प्रतिमाह के वेतन पर एक अतिरिक्त सहायक रसोईये की व्यवस्था की जाएगी।

अनावर्ती लागत (भवन, चारदीवारी, पेयजल तथा स्वछता और बिजली स्थापना को छोड़कर) – 7.25 लाख रूपए

अतिरिक्त बालिकाओं के नामांकन के लिए अनावर्ती लागत (भवन, चारदीवारी, पेयजल तथा स्वच्छता और बिजली स्थापना को छोड़कर) लागत नामांकित की जाने वाली अतिरिक्त बालिकाओं की संख्या के आधार पर आनुपातिक दृष्टि से निकाली जाए।

माडल 2:50 बालिकाओं के लिए छात्रावास सहित विद्यालय

आवर्ती लागत – 23.95 लाख रुपये प्रति वर्ष अतिरिक्त बालिकाओं

के नामांकन के लिए आवर्ती लागत नामांकित की जानेवाली अतिरिक्त बालिकाओं की संख्या के आधार पर आनुपातिक दृष्टि से निकाली जाए।

अनावर्ती लागत– (भवन, चारदीवारी, पेयजल तथा स्वच्छता और बिजली स्थापना को छोड़कर) 5.375 लाख रूपए

अतिरिक्त बालिकाओं के नामांकन के लिए अनावर्ती लागत (भवन, चारदीवारी, पेयजल तथा स्वच्छता और बिजली स्थापना को छोड़कर) नामांकित की जानेवाली अतिरिक्त बालिकाओं की संख्या के आधार पर आनुपातिक दृष्टि से निकाली जाए।

माडल 3 : मौजूदा विद्यालयों में 50 बालिकाओं के लिए छात्रावास

आवर्ती लागत – 17.95 लाख रूपए प्रति वर्ष

अतिरिक्त बालिकाओं के नामांकन के लिए आवर्ती लागत– नामांकित की जानेवाली अतिरिक्त बालिकाओं की संख्या के आधार पर आनुपातिक दृष्टि से निकाली जाए।

अनावर्ती लागत– (भवन, चारदीवारी, पेयजल तथा स्वच्छता और बिजली स्थापना को छोड़कर) – 5.375 लाख रूपए

अतिरिक्त बालिकाओं के नामांकन के लिए अनावर्ती लागत (भवन, चारदीवारी, पेयजल तथा स्वच्छता और बिजली स्थापना को छोड़कर) नामांकित की जाने वाली अतिरिक्त बालिकाओं की संख्या के आधार पर आनुपातिक दृष्टि से निकाली जाए।

अतिरिक्त नामांकन 50 से अधिक किन्तु 100 बालिकाओं तक होने की स्थिति में अंशकालिक अध्यापक, सहायक रसोईया आदि उपलब्ध करने के लिए 3 लाख रुपये प्रति वर्ष की दर से अतिरिक्त वेतन।

1. जिन ब्लाकों में विद्यालय में दाखिला न लेने वाली/शिक्षा बीच में छोड़ने वाली बालिकाओं की संख्या अधिक है, उनमें बालिकाओं का दाखिला 50 के मौजूदा स्तर से बढ़ाकर 100 किया जा सकता है जिसके लिए आवर्ती तथा अनावर्ती अनुदान में बालिकाओं के अतिरिक्त नामांकन के अनुरूप वृद्धि की जाएगी।
2. इन विद्यालयों के लिए आवश्यक आधारिक सुविधाएं उपलब्ध कराना।

3. इन विद्यालयों के लिए आवश्यक अध्यापन–अधिगम सामग्री और सहायक सामग्री तैयार करना और उसकी अधिप्राप्ति।
4. आवश्यक शैक्षणिक सहयोग तथा मूल्यांकन और मानीटरन उपलब्ध करने के लिए उपयुक्त प्रणालियों की स्थापना करना।
5. बालिकाओं और उनके परिवारों को आवासीय विद्यालय में भेजने के लिए प्रेरित और तैयार करना।
6. प्राथमिक स्तर पर के जी बी वी का बल अधिक आयु की ऐसी बालिकाओं पर रहेगा जो विद्यालय नहीं जा सकी हैं तथा जो प्राथमिक विद्यालय 10 की शिक्षा पूरी करने में असमर्थ रही हैं। तथापि, दुष्कर क्षेत्रों में (प्रवासी आबादी, छितरी बस्तियां जोकि प्राथमिक/उच्च प्राथमिक विद्यालय खोले जाने योग्य नहीं हैं) छोटी आयु की बालिकाओं को भी लक्षित किया जा सकता है।
7. उच्च प्राथमिक स्तर पर बालिकाओं पर, विशेष रूप से ऐसी किशोर बालिकाओं पर बल रहेगा जोकि नियमित विद्यालय जाने में असमर्थ हैं।
8. योजना की लक्षित प्रकृति को ध्यान में रखते हुए ऐसे आवासीय विद्यालयों में नामांकन के लिए अनुसूचित जाति, अनुसूचित जनजाति, अन्य पिछड़ा वर्ग अथवा अल्पसंख्यक समुदायों की 75% बालिकाओं को और उसके बाद गरीबी रेखा से नीचे का जीवन बिता रहे परिवारों की 25% बालिकाओं को प्राथमिकता दी जाएगी।
9. जहाँ कहीं संभव होगा ऐसे विद्यालयों को चलने में सुस्थापित एन जी ओ तथा अन्य अलाभकारी निकायों को शामिल किया जाएगा। ऐसे आवासीय विद्यालयों को निगमित समूहों द्वारा अपनाया जा सकता है।

कार्यान्वयन, मानीटरन और मूल्यांकन – के जी बी वी योजना का कार्यान्वयन राज्य स्तर पर एस एस ए राज्य कार्यान्वयन सोसायटी द्वारा किया जाना है। इसलिए इस योजना के निमित्त धनराशि राज्य के एस एस ए सोसायटी के माध्यम से भेजी जाएगी। राज्य स्तर पर ही एन पी ई जी ई एल की देख – रेख के लिए एक 'लैंगिक समन्वयकर्ता' की नियुक्ति का भी प्रावधान किया गया है। जिन राज्यों ने महिला समाख्या को अपनाया है उन राज्यों में एम् एस सोसायटी को वरीयता दी जा

सकती है, अगर एस एस ए सोसायटी को इसपर आपत्ति न हो तथा इनके माध्यम से ही के जी बी वी योजना का कार्यान्वयन भी किया जा सकता है। ऐसी स्थिति में एस एस ए सोसायटी निधियों का अंतरण एम् एस सोसायटी को कर देगी, परन्तु इसके कार्यों का मानीटरन और मूल्यांकन राज्य एस एस ए सोसायटी द्वारा ही किया जाएगा। वैसे ब्लाकों जिनमें एम् एस कार्यक्रम को नहीं अपनाया गया है अथवा इसे स्वीकृति नहीं दी गयी है, इस घटक का कार्यान्वयन के जी बी वी सोसायटी द्वारा ही किया जायेगा। आवासीय स्कूलों में अध्यापकों और अन्य स्टाफ के प्रशिक्षण का समन्वय जिला शैक्षिक प्रशिक्षण संस्थानों, ब्लाक संसाधन केन्द्रों तथा महिला समाख्या संसाधन समूहों द्वारा किया जायेगा।

सहयोगी समूह– के जी बी वी को दिशा और सहयोग प्रदान करने के लिए एक राज्य स्तरीय समन्वय समिति होगी। इस समूह में भारत सरकार एवं राज्य सरकार के सम्बंधित विभागों के नामित सदस्यों के अतिरिक्त बालिका शिक्षा के क्षेत्र के विशेषज्ञ, शिक्षाविद् इत्यादि शामिल होंगे। विद्यालय के उपयुक्त माडल और इसके स्थान का चयन के जी बी वी के लिए प्रस्तावित एक नयी योजना के तहत गठित जिला स्तरीय कार्यान्वयन एजेंसी की सिफारिशों के आधार पर किया जाएगा।

महिला समाख्या कार्यक्रम के अधीन राष्ट्रीय स्तर पर गठित राष्ट्रीय संसाधन समूह कार्यक्रम में उभरने वाले अवधारणात्मक मुद्दों और समस्याओं के लिए इनपुट प्रदान करेगा और बालिकाओं की शिक्षा से सम्बंधित नीतिगत विषयों पर भारत सरकार को सलाह देगा। यह समूह अनुसंधान तथा प्रशिक्षण संस्थानों, महिला आन्दोलन, शिक्षाविदों तथा गैर–सरकारी संस्थानों के साथ सम्बन्ध उपलब्ध कराएगा और साथ ही बालिकाओं को शिक्षित करने के अन्य अनुभव भी उपलब्ध कराएगा।

चूंकि राष्ट्रीय संसाधन समूह में व्यक्तियों की संख्या कम होती है और उसकी बैठकें वर्ष में केवल 2 से 3 बार होती हैं इसलिए अध्यापकों का लैंगिक प्रशिक्षण, लिंग–आधारित अध्यापन–अधिगम सामग्री का निर्माण, श्रव्य–दृश्य कार्यक्रमों आदि का निर्माण जैसे विशिष्ट इनपुटों के लिए गठित राष्ट्रीय संसाधन समूह की छोटी उप–समितियां इस प्रयोजन के लिए सांगत संस्थानों से अतिरिक्त व्यक्तियों अथवा विशेषज्ञों को सहयोजित करेंगी।

प्रविधि– बालिकाओं की संख्या और जिस प्रकार का आवासीय विद्यालय उपलब्ध कराया जाना है, उसके आधार पर राज्य स्तरीय समिति द्वारा इस प्रयोजन के लिए जिला समिति की सिफारिशों के आधार पर

चुने जाने वाले विद्यालय का चयन किया जाएगा। इस आशय का प्रस्ताव राष्ट्रीय स्तर के सेल को भेजा जाएगा जो जहाँ कहीं जरूरी होगा, बाह्य एजेंसियों/परामर्शदाताओं की सहायता से उनका मूल्यांकन करेगा। अंततः सर्व शिक्षा अभियान का परियोजना अनुमोदन बोर्ड ऐसी योजनाओं का अनुमोदन करेगा।

वित्तपोशण पद्धति अथवा निधियां प्रदान करना

- के जी बी वी योजना के लिए केंद्रीय सरकार तथा राज्यों/संघ राज्य क्षेत्रों की वित्तपोषण पद्धति सर्व शिक्षा अभियान के अनुरूप होगी क्योंकि 1 अप्रैल, 2007 से यह सर्व शिक्षा अभियान का एक घटक बन गया है।
- के जी बी वी के लिए प्रावधान सर्व शिक्षा अभियान के अन्य घटकों तथा एन पी ई जी ई एल के लिए पहले से किए गए प्रावधानों के अलावा होंगे। सर्व शिक्षा अभियान सोसाइटी एन पी ई जी ई एल तथा महिला समाख्या कार्यक्रम के साथ के जी बी वी का अभिसरण सुनिश्चित करेगी। यह सुनिश्चित करेगी कि आबंटित निधियां सही ढंग से इस्तेमाल की जाएँ और क्रियाकलापों में कोई दोहराव न हो।
- भारत सरकार सर्व शिक्षा अभियान राज्य कार्यान्वयन सोसाइटी को सीधे ही निधियां प्रदान करेंगी। राज्य सरकार भी अपना हिस्सा राज्य कार्यान्वयन सोसाइटी को प्रदान करेगी। यह जहाँ भी लागू होगा, वहां महिला समाख्या सोसाइटी को निधियां प्रदान की जाएंगी। जिन राज्यों में महिला समाख्या कार्यान्वित नहीं किया जा रहा, उनमें कार्यान्वयन सर्व शिक्षा अभियान सोसाइटी के माध्यम से होगा।
- के जी बी वी की निधियां प्रचालित करने के लिए राज्य सोसाइटी एक अलग बचत बैंक खाता खोलेगी। राज्य सरकार को भी अपना बराबर का हिस्सा एक अलग बजट शीर्ष के माध्यम से राज्य रार्व शिक्षा सोसाइटी को प्रदान करना चाहिए। तदनुसार जिला और उप-जिला तंत्रों में अलग-अलग खाते रखे जाने होंगे।

मदरसों में उत्तम शिक्षा प्रदान करने के लिए केंद्र-प्रायोजित स्कीम (एस पी क्यू ई एम)

राष्ट्रीय शिक्षा नीति (एन पी ई) ने शिक्षा की राष्ट्रीय प्रणाली की अवधारणा स्वीकार की है जिसका अर्थ यह है कि एक स्तर तक के सभी छात्रों को

चाहे उनकी जाति, पंथ, भाषा अथवा लिंग चाहे वह कोई भी हो, समतुल्य स्तर की शिक्षा सुलभ होनी चाहिए। राष्ट्रीय शिक्षा नीति शैक्षिक दृष्टि से पिछड़े अल्पसंख्यकों के उत्थान के लिए सभी संभव उपाय उपलब्ध करने के लिए प्रतिबद्ध है। शैक्षिक दृष्टि से पिछड़े मुस्लिम अल्पसंख्यकों के बच्चे मकतबों/मदरसों/दारुलउलूम में उपस्थित होते हैं जिस कारण राष्ट्रीय मुख्यधारा की शिक्षा प्रणाली में उनकी सहभागिता अत्यंत कम रहती है। ऐसे संस्थान कुल मिलाकर धार्मिक शिक्षा प्रदान करते हैं। उन्हें आधुनिक विषयों में शिक्षा उपलब्ध कराने के उद्देश्य से केंद्रीय सरकार क्षेत्र और मदरसा आधुनिकीकरण योजना कार्यान्वित करती रही है। दसवीं योजना के दौरान कार्यान्वित स्कीम के दो घटक थे अर्थात शैक्षिक दृष्टि से पिछड़ी आबादी को सेवा उपलब्ध कराने वाले शैक्षिक संस्थानों के लिए आधारिक सुविधा सहयोग तथा मदरसों के परंपरागत स्थानों में आधुनिक विषयों की शुरुआत।

अल्पसंख्यकों की शिक्षा के सभी पक्षों पर विचार करने तथा अल्पसंख्यकों की शैक्षिक अधिकारिता के लिए स्थितियों में सुधार लाने के लिए 2004 में अल्पसंख्यक शिक्षा के लिए राष्ट्रीय मानीटरन समिति (एन एम सी एम ई) की स्थापना की गयी और इस समिति ने अनेक राज्यों का दौरा किया तथा मुस्लिम अल्पसंख्यक समुदाय के नेताओं, शिक्षाविदों और मदरसा प्रबंधनों के साथ वैचारिक आदान–प्रदान किया। मदरसों के आधुनिकीकरण के कार्यक्रम को संशोधित करने के लिए इनपुट प्रदान करने के लिए एन एम सी एम ई की एक विशेष समिति का गठन किया गया और उसने अपनी रिपोर्ट प्रस्तुत की। विशेषज्ञ समिति ने यह सुझाव दिया है कि मदरसों को राष्ट्रीय मुक्त स्कूली शिक्षा संस्थान (एन आ:ई ओ एस) के साथ जोड़ा जाए जिससे कि शैक्षणिक स्तरों का प्रमाणन, व्यावसायिक शिक्षा के साथ संपर्क उपलब्ध कराया जा सके, आधुनिक विषयों में शिक्षा के स्तर में सुधार लाया जा सके, अध्यापक शिक्षा लागू की जा सके, अध्यापकों के वेतन में वृद्धि की जा सके, मुस्लिम समुदाय के लिए शिक्षा कार्यक्रमों के सम्बन्ध में मानीटरन और जागरूकता बढ़ाने के लिए राज्य मदरसा बोर्डों का सुदृढ़ीकरण किया जा सके।

एन एम सी एम ई की विशेषज्ञ समिति के इनपुटों को ध्यान में रखने के बाद मदरसों में उत्तम शिक्षा प्रदान करने की स्कीम को नया रूप दिया गया है।

योजना आयोग द्वारा 11वीं पंचवर्षीय योजना में इस स्कीम के लिए बजट प्रावधान के रूप में 32.5 करोड़ रूपये की राशि का प्रावधान किया गया है।

उद्देश्य

इस योजना का उद्देश्य मदरसों और मकतबों जैसे परंपरागत संस्थानों को अपनी पाठ्यचर्या में विज्ञान, गणित, सामाजिक अध्ययन, हिंदी तथा अंग्रेजी जैसे विषय लागू करने का लिए प्रोत्साहित करना है जिससे कि इन संस्थानों में पढ़ने वाले छात्रों के लिए वर्ग 1-12 के लिए शैक्षणिक प्रवीणता प्राप्त की जा सके। तथापि, परम्परागत मदरसों और मकतबों के आधुनिकीकरण की प्रक्रिया स्वैच्छिक होगी।

यह योजना ऐसे संस्थानों के उन छात्रों को विशेष रूप से माध्यमिक और उच्च माध्यमिक स्तरों के लिए राष्ट्रीय शिक्षा प्रणाली के समतुल्य शिक्षा प्राप्त करने के अवसर उपलब्ध कराएगी। ऐसा करने से इन संस्थानों में पढने वाले बच्चे अधिगम के उच्चतर स्तर तक प्रगति कर सकेंगे और साथ ही उनके लिए रोजगार के बेहतर अवसर उपलब्ध कराये जा सकेंगे। मकतब/मदरसे/दारुलउलूम शिक्षा के प्राथमिक तथा माध्यमिक स्तरों के लिए अथवा/तथा साथ ही माध्यमिक और उच्च माध्यमिक स्तरों के लिए भी राष्ट्रीय मुक्त स्कूली शिक्षा संस्थानों (एन आई ओ एस) के साथ प्रत्यायित अध्ययन केंद्र बनने का विकल्प दे सकते हैं। इन उद्देश्यों की पूर्ति में योगदान देने वाले क्रियाकलापों के लिए मकतबों, मदरसों और दारुलउलूमों को सहायता प्रदान की जाएगी।

मदरसों में पढ़ने वाले बच्चों के मामले में 14 वर्ष से कम आयु के बच्चों द्वारा सहायताके लिए विकल्प दिए जाने पर यह योजना उनके लिए व्यावसायिक प्रशिक्षण के अवसर उपलब्ध कराएगी जिससे कि रोजगार के बाजार में प्रवेश करने के उनके अवसर बेहतर बनाए जा सकें और उद्यमशीलता को बढ़ावा दिया जा सके।

यह योजना सहायता के लिए विकल्प देने ताले राज्य मदरसा बोर्डों को उन्हें मदरसा आधुनिकीकरण कार्यक्रम का मानीटरन करने तथा मुस्लिम समुदाय के बीच शिक्षा के सम्बन्ध में जागरूकता बढ़ाने में समर्थ बनाकर सुदृढ़ीकरण भी करेगी।

यह योजना इसके अधीन नियुक्त किए गए अध्यापकों के सेवाकालीन प्रशिक्षण की ओर ध्यान देगी जिससे कि विज्ञान, गणित, सामाजिक अध्ययन, हिंदी तथा अंग्रेजी जैसे आधुनिक विषयों को पढाया जा सके, उनके शिक्षाशास्त्रीय कौशलों में सुधार लाया जा सके।

व्याप्ति

एस पी क्यू ई एम एक मांग चालित योजना है। यह योजना ग्यारहवीं योजना अवधि के दौरान कुल 4500-6000 मदरसों को शामिल करने और समूचे देश के भीतर मदरसों में लगभग 13500-18000 अध्यापकों को मानदेय प्रदान करने का प्रयास करेगी। यह उन मदरसों को शामिल करेगी जिनके लिए सतत आधार पर आवर्ती अनुदान दिया जाएगा और नए मदरसे शामिल किए जाएंगे। आशा है कि मदरसों के कुल मिलकर लगभग 7 लाख छात्र अपनी परंपरागत शिक्षा के अलावा आधुनिक शिक्षा प्राप्त करेंगे।

घटक तथा वित्तीय पद्धति

दारुल उलूम के लिए वित्तीय सहायतामें निम्न मदें शामिल होंगी

1. विज्ञान, गणित, सामाजिक अध्ययन, भाषाएँ, कम्प्यूटर अनुप्रयोग तथा विज्ञान पढ़ाने के लिए अध्यापकों की नियुक्ति के लिए यह आवश्यक है कि प्रत्येक विषय में कम से कम 10 छात्र उपलब्ध हों, प्रत्येक पूर्णकालिक स्नातक अध्यापक को 6000 रूपए प्रतिमाह की दर से और स्नातकोत्तर/बी.एड. अध्यापक को 12000 रूपए प्रतिमाह की दर से 12 महीने का वेतन प्रदान किया जाएगा। राज्य सरकारें मदरसा बोर्ड यह सुनिश्चित करेंगे कि छात्रों के उच्चतर दाखिले वाले बड़े मदरसे बेहतर योग्यता प्राप्त अध्यापकों की नियुक्ति करें।

2. पुस्तकालयों/पुस्तक कोषों का सुदृढ़ीकरण करने तथा प्राथमिक, मिडिल/माध्यमिक और उच्च माध्यमिक स्तरों पर अध्यापन–अधिगम सामग्री उपलब्ध करने के लिए प्रत्येक मदरसे को 50,000 रूपए तक की एकबारगी सहायता प्रदान की जायेगी जिसके बाद 5,000 रूपए का वार्षिक अनुदान दिया जाएगा।

3. आधुनिक विषय पढ़ाने के लिए विज्ञान किट, गणित किट तथा अन्य अनिवार्य शिक्षाशास्त्रीय उपकरण खरीदने के लिए अधिक–से–अधिक 1,50,000 रूपए की राशि का अनुदान उपलब्ध कराया जाएगा।

4. माध्यमिक/उच्च माध्यमिक स्तरों पर मदरसों में विज्ञान/ कंप्यूटर प्रयोगशालाएं/कार्यशालाएं स्थापित करने के लिए प्रत्येक प्रयोगशाला के लिए अधिक–से–अधिक 100,000 रूपए की राशि की वित्तीय सहायता प्रदान की जायेगी जिसके बाद अनुरक्षण/

उपभोज्य सामग्री की खरीद के लिए 5,000 रूपए का वार्षिक अनुदान प्रदान किया जाएगा।

5. मदरसों में इस स्कीम के तहत नियुक्त किये गए अध्यापकों के लिए सेवाकालीन अध्यापक प्रशिक्षण आयोजित करने के लिए वित्तीय सहायता प्रदान की जाएगी जिससे कि उनके शिक्षाशास्त्रीय कौशल में सुधार लाया जा सके। एस सी ई आर टी/डा इ टों/बी आर सी द्वारा ऐसे प्रशिक्षण की व्यवस्था समूहों में की जाएगी और इस उद्देश्य के लिए प्रशिक्षण संस्थान को राज्य सरकार के माध्यम से निधियां उपलब्ध कराई जाएंगी। प्रशिक्षण व्यय तथा प्रशिक्षणार्थी अध्यापक के टी ए/डी ए के लिए प्रशिक्षण संस्थान को अधिक से अधिक 15 दिन प्रशिक्षण के लिए 100 रूपए प्रतिदिन प्रति अध्यापक प्रशिक्षणार्थी की दर से भुगतान किया जाएगा।

6. माध्यमिक तथा उच्च माध्यमिक स्तरों पर एन आई ओ एस के माध्यम से अध्ययन करने का विकल्प देने वाले प्रत्येक छात्र को पंजीकरण फीस, परीक्षा फीस तथा राष्ट्रीय मुक्त स्कूली शिक्षा संस्थान (एन आई ओ एस) द्वारा उपलब्ध कराई गई अध्ययन सामग्री की लागत के लिए 100 रूपए तक की वित्तीय सहायता प्रदान की जाएगी।

7. मदरसे एन आई ओ एस द्वारा स्थापित मानदंडों और मानकों की पूर्ति करने के बाद एन आई ओ एस द्वारा प्रस्तुत व्यावसायिक पाठ्यक्रमों के लिए भी विकल्प दे सकते हैं। पंजीकरण फीस की पूर्ति स्कीम में से उपर्युक्त (6) के अनुसार की जाएगी। मदरसों का उद्योग, श्रम और रोजगार मंत्रालय द्वारा स्थापित आई टी आई आदि के साथ जोकि उस स्थान पर मौजूद हैं, सम्बन्ध स्थापित करना होगा जिससे कि कार्याशालाओं का प्रयोग किया जा सके और रोजगार के अवसर बेहतर बनाए जा सकें।

8. सहायता के लिए विकल्प देने वाले राज्य मदरसा बोर्डों को एस पी क्यू ई एम का मानीटरन करने की उनकी क्षमता का सुदृढ़ीकरण करने के लिए प्रत्येक मदरसा बोर्ड के लिए 5.0 लाख रूपए प्रतिवर्ष की आवर्ती वित्तीय सहायता उपलब्ध कराई जाएगी। ऐसी सहायता योग्य और सक्षम स्टाफ की नियुक्ति, कार्यालय के कम्प्यूटरीकरण, कार्यालय उपकरणों, अनुसंधान और मूल्यांकन तथा शिक्षा में भाग लेने के लिए मुस्लिम समुदाय के बीच जागरूकता सृजन के लिए होगी।

9. प्रचार के प्रयोजनों के लिए भारत सरकार के स्तर पर स्कीम के मानीटरन और मूल्यांकन के लिए प्रति वर्ष 50 लाख रूपए की सीमा तक का आवर्ती अनुदान प्रदान किया जाएगा।

पात्रता शर्तें

1. मदरसों की पात्रता के लिए कुछ शर्तों को समाहित किया गया है। वैसे मदरसे जो तीन वर्षों से कार्यरत रहे हों और जो केंद्रीय अथवा राज्य सरकार अधिनियमों अथवा मदरसा बोर्ड या फिर वक्फ बोर्ड अथवा एन आई ओ एस के अधीन पंजीकृत रहे हों, वे इस योजना के अंतर्गत आवेदन करने के पात्र होंगे।

2. इस योजना के अंतर्गत लाभ उठाने के लिए मदरसों को एन आई ओ एस से सम्बद्ध होना आवश्यक है। इस स्कीम के अधीन सहायता प्राप्त करने के लिए मदरसों को अपनी इस सम्बद्धता का प्रमाण भी उपलब्ध करना होगा। ऐसी सम्बद्धता प्राप्त करने के लिए मदरसों को एक आवेदन पत्र देना होता है। एक बार संबंधन हो जाने के बाद एन आई ओ एस ऐसे मदरसों में अध्ययन केन्द्रों के शैक्षणिक क्रियाकलाप आयोजित करने के लिए सभी आवश्यक उपाय करेगा।

3. स्कीम के अधीन नियुक्त किये गए मदरसा अध्यापकों के लिए समूहों में प्रशिक्षण की व्यवस्था की जाएगी और इस प्रयोजन के लिए प्रशिक्षण संस्थानों को राज्य सरकार द्वारा निधियां उपलब्ध कराई जाएंगी। प्रशिक्षण के सफलतापूर्वक समापन पर प्रमाण– पत्र देने की परिपाटी का निर्वहन किया जाएगा तथा इसकी जानकारी केंद्रीय सरकार की सहायता अनुदान समितियों को नियमित रूप से भेजा जाएगा।

4. जिन मदरसों में अध्यापकों के मानदेय सम्बन्धी खर्चों की पूर्ति राज्य सरकार द्वारा की जाती है, वे इस योजना के अधीन वेतन के लिए पात्र नहीं होंगे। तथापि, ऐसे मदरसे स्कीम के अन्य घटकों के अधीन वित्तीय सहायता प्राप्त करने के लिए पात्र होंगे।

5. अध्यापक प्रशिक्षण, पाठ्यपुस्तकों, कम्प्यूटरों, विज्ञान/गणित किटों आदि के लिए किसी भी अन्य राज्य/केंद्रीय स्कीम से वित्तीय

सहायता प्राप्त करने वाले मदरसे इस योजना के अधीन उस घटक के पात्र नहीं होंगे।

वित्तपोषण एवं अन्य शर्तें –

1. 11वी योजना के दौरान केंद्रीय सरकार इस स्कीम के लिए 100% वित्तपोषण उपलब्ध कराएगी।
2. इस स्कीम के अंतर्गत वित्तीय सहायता उन राज्य सरकारों/संघ राज्य प्रशासनों के माध्यम से दी जाएगी जिनके क्षेत्राधिकार में संस्थान स्थित है।
3. यह वित्तीय सहायता स्कीम के मानदंडों के अनुसार दिए जाने का प्रावधान है। स्कीम के अधीन आबंटनों को ऊपरी सीमाओं के रूप में समझना चाहिए और वास्तव में प्रदान की जाने वाली धनराशि लाभार्थियों के अनुरूप ही होनी चाहिए। सहायता प्राप्त मदरसों/बोर्डों को निर्धारित प्रपत्र में लेखा– परीक्षा अधिकारी द्वारा प्रमाणित लेखापरीक्षित व्यय प्रमाण– पत्र प्रस्तुत करने होंगे।
4. यह अनुदान सिर्फ उन संगठनों के लिए होगा जो पिछले वर्ष में प्राप्त अपने सभी घटक के अनुदानों का ब्योरा एवं प्रमाणित विवरण प्रस्तुत करेंगे। आवर्ती अनुदानों के लिए कोई भी दावा तब तक मान्य नहीं होगा जब तक वे पिछले अनुदान के एक वर्ष के अन्दर ही प्रस्तुत न किये गए हों।
5. केंद्रीय अथवा राज्य सरकार द्वारा मांगे जाने पर संगठनों को अपने लेखाओं और क्रियाकलापों का विस्तृत विवरण उपलब्ध कराना होगा।
6. राज्य सरकार और अनुदानग्राही संस्थान वार्षिक प्रगति रिपोर्ट और उपयोगिता प्रमाण– पत्र प्रस्तुत करेंगे जो केंद्रीय सरकार, महानियंत्रक लेखा– परीक्षा अथवा नियंत्रक तथा महालेखापरीक्षक या उसके द्वारा नामित संस्था द्वारा वित्तीय जांच तथा लेखा– परीक्षा के लिए सुलभ रहेंगे।
7. इस प्रकार का निरीक्षण–परिक्षण केंद्र सरकार के अनुदेशों पर निर्भर करेगा।

कार्यान्वयन एवं मानीटरन–

अब यह सर्व– विदित है कि इस स्कीम का कार्यान्वयन राज्य सरकारों के तत्वाधान में किया जाना है। इसके अधीन किसी भी वित्तीय सहायताके लिए आवेदनों पर राज्य सरकार के द्वारा विचार किया जायेगा जो नियम के तौर पर अनुलग्नक में दिए गए प्रपत्रों के अनुसार ही होगा। भाग 1 मदरसों के लिए है तथा भाग 3 राज्य मदरसा बोर्ड के लिए है। राज्य सरकार मदरसों के लिए अपनी सिफारिशें भाग 2 में भेजेंगी तथा मदरसा बोर्डों के सम्बन्ध में भाग 3 के पैरा 8 में अपनी सिफारिशें भारत सरकार को भेजेंगी। इस कार्य के लिए सम्बंधित विभाग के सचिव की अध्यक्षता में एक राज्य स्तरीय अनुदान समिति का गठन किया जायेगा। राज्य सरकारों से प्रस्ताव प्राप्त होने के बाद भारत सरकार के मानव संसाधन विकास मंत्रालय में स्थापित सहायताअनुदान समिति गुण दोष के आधार पर विचार करेगी और अपनी मंजूरी प्रदान करेगी।

भारत सरकार तथा राज्य सरकार/संघशासित प्रशासन स्कीम का मानीटरन और मूल्यांकन करेंगे। राष्ट्रीय मुक्त स्कूल के लिए बैठने वाले छात्रों की संख्या तथा उनकी उपलब्धि में गुणवत्ता– सुधार सम्बन्धी फीडबैक प्राप्त किया जायेगा और केंद्रीय सहायताअनुदान समिति के सामने प्रस्तुत किया जाएगा। केंद्रीय अनुदान समिति अपनी सुविधा से समीक्षाओं और मूल्यांकनों का आयोजन करेगी। स्कीम का एक स्वतंत्र और गहन मूल्यांकन कार्यान्वयन दो वर्षों के बाद आयोजित किया जायेगा।

निजी सहायता प्राप्त/गैर–सहायता प्राप्त अल्पसंख्यक संस्थानों (प्रारंभिक, माध्यमिक/उच्च माध्यमिक स्कूल) में आधारिक सुविधाओं के विकास के लिए स्कीम (आई डी एम आई)

राष्ट्रीय शिक्षा नीति (एनपीपी) ने एक राष्ट्रीय प्रणाली की अवधारणा स्वीकार की है जिसका अर्थ है कि सभी छात्रों को चाहे उनकी जाति, पंथ, भाषा और लिंग कोई भी हो, तुलनीय स्तर की शिक्षा सुलभ कराई जाए। नीति में जो व्यक्ति अभी तक शैक्षिक दृष्टि से पिछड़े रहे हैं उनकी विशिष्ट जरूरतों की ओर ध्यान देकर विषमताओं को दूर करने और शैक्षिक अवसरों में बराबरी लाने पर विशेष बल दिया गया है।

एन पी ई अनुबंधों के अनुसरण में शिक्षा के प्रति एक क्षेत्र गहन दृष्टिकोण सुनिश्चित करने के लिए नवीं योजना में क्षेत्र गहन विकास की योजना शुरू की गई थी। इस योजना को दसवीं योजना के दौरान मदरसा

आधुनिकीकरण योजना में मिला दिया गया और आधुनिकीकरण और आधारिक सुविधाओं के घटकों को अलग–अलग रखा गया। जिन मदरसों को सहायता आधुनिक विषयों को पढ़ाने वाले अध्यापकों को मानदेय देने तक सीमित थी, उन के मामले में आधारिक सुविधाओं के विकास के लिए किसी भी वित्तीय सहायताकी परिकल्पना नहीं की गई थी तथा आधारिक सुविधाओं के विकास के लिए किसी भी वित्तीय सहायता की परिकल्पना नहीं की गई थी तथा आधारिक सुविधा घटक के अधीन सहायता आधुनिक शिक्षा प्रदान करने वाले सरकारी तथा गैर–सरकारी शैक्षिक संस्थानों को उपलब्ध कराई गई थी।

इस बात को ध्यान में रखते हुए कि आधारिक सुविधा और आधुनिकीकरण – इन दो घटकों के लक्षित समूह अलग–अलग हैं, इन घटकों को ग्यारहवीं योजना में अलग–अलग किये जाने का प्रयास किया गया। मदरसों के आधुनिकीकरण के घटक को नया रूप दिया गया तथा मदरसों में उत्तम शिक्षा प्रदान करने के लिए एक अलग योजना तैयार की गई। आधारिक सुविधाओं के घटक को अलग योजना में शामिल किया गया – निजी सहायता प्राप्त/गैर–सहायता प्राप्त अल्पसंख्यक संस्थानों की आधारिक सुविधाओं के विकास के लिए योजना (आई डी एम आई) (प्रारंभिक, माध्यमिक/उच्च माध्यमिक स्कूल)।

उद्देश्य

यह योजना अल्पसंख्यक संस्थानों (प्रारंभिक/माध्यमिक/उच्च माध्यमिक स्कूल) में स्कूली आधारिक सुविधाओं का विस्तार और सुदृढ़ीकरण करके अल्पसंख्यकों की शिक्षा को सुविधापूर्ण बनाएगी जिससे कि औपचारिक शिक्षा की सुविधाओं का विस्तार अल्पसंख्यक समुदायों के बच्चों तक कर दिया जाए। यह योजना अन्य बातों के साथ–साथ बालिकाओं, निःशक्त बच्चों और अल्पसंख्यकों के बीच शैक्षिक दृष्टि से सर्वाधिक सुविधावंचित बच्चों के लिए शैक्षिक सुविधाओं को बढ़ावा देगी।

व्याप्ति

यह योजना पूरे देश में लागू होगी। तथापि, जिन जिलों, ब्लाकों और कस्बों में उपलब्ध जनगणना आंकड़ों के आधार पर अल्पसंख्यक आबादी 20% से अधिक है उनमें स्थित पात्र अल्पसंख्यक संस्थानों (निजी सहायता प्राप्त/गैर–सहायता प्राप्त प्रारंभिक/माध्यमिक/उच्च माध्यमिक स्कूल) को प्राथमिकता दी जाएगी।

वित्तीय प्रणाली

ग्यारहवीं पंचवर्षीय योजना में इस योजना के लिए 125 करोड़ रूपए की राशि का प्रस्ताव किया गया है।

यह योजना निजी सहायता प्राप्त/गैर–सहायता प्राप्त अल्पसंख्यक प्रारंभिक/माध्यमिक/उच्च माध्यमिक स्कूलों में आधारिक सुविधाओं के विकास के लिए 75% की सीमा तक तथा प्रत्येक स्कूल के लिए निम्न कार्यों के लिए अधिक–से–अधिक 50 लाख रूपए तक की शर्त के अधीन वित्तपोषण करेगी–

1. मौजूदा प्रारंभिक/माध्यमिक/उच्च माध्यमिक स्कूलों में शैक्षिक आधारिक सुविधाओं तथा भौतिक सुविधाओं का, जिनमें अतिरिक्त क्लासरूम, विज्ञान/कम्प्यूटर प्रयोगशाला कक्ष, पुस्तकालयकक्ष, टायलेट, पेयजल सुविधाएं आदि शामिल हैं, सुदृढीकरण।
2. इस श्रेणी के स्कूलों में बच्चों के लिए विशेष रूप से बालिकाओं के लिए छात्रावास भवन।
3. कोई ऐसी अन्य शैक्षिक आधारिक सुविधा जो उपरोक्त 1 एवं 2 में शामिल न की गई हो लेकिन जो राज्य/केंद्रीय सहायताअनुदान समिति की दृष्टि से अल्पसंख्यक संस्थान के शैक्षिक विकास के लिए समीचीन हो।

पात्रता शर्तें

1. स्वैच्छिक संगठनों/सोसायटियों/ट्रस्टों द्वारा चलाए जा रहे ऐसे संस्थान/स्कूल जोकि केंद्रीय अथवा राज्य सरकारों द्वारा मान्यताप्रदत्त हैं, इस स्कीम के अधीन सहायता के लिए आवेदन करने के लिए पात्र होंगे।
2. केवल ऐसी स्वैच्छिक एजेंसियों के मामले में जो कम–से–कम तीन वर्ष से काम कर रही हैं, इस स्कीम के अधीन सहायता के लिए विचार किया जाएगा।
3. इस स्कीम के अधीन पात्र स्वैच्छिक संगठनों के पास
    - समुचित विधान अथवा संगम ज्ञापन होना चाहिए।
    - समुचित रूप से गठित एक प्रबंध समिति होनी चाहिए जिसके अधिकार और कर्तव्य विधान में स्पष्टतः परिभाषित किए गए हों।

- ऐसी व्यवस्था होनी चाहिए कि वह अपने कार्यक्रमों को आगे बढाने के लिए स्वैच्छिक आधार पर विद्वान व्यक्तियों का सहयोजन प्राप्त कर सके, उसे किसी व्यक्ति अथवा व्यक्तियों के निकाय के लाभ के लिए काम नहीं करना चाहिए।
- ऐसे संगठन को भाषा अथवा लिंग के आधार पर किसी व्यक्ति अथवा व्यक्तियों के समूह के प्रति कोई भेदभाव नहीं करना चाहिए, ऐसे संगठन को किसी राजनैतिक दल के हितों को बढ़ावा देने के लिए अथवा किसी भी तरीके से सामुदायिक विद्वेष उत्तेजित करने के लिए काम नहीं करना चाहिए।

4. जिस संस्थान/स्कूल के लिए सहायता माँगी जा रही है, वह कम–से–कम तीन वर्ष से काम कर रहा हो और उसमें अल्पसंख्यक समुदायों के बच्चे काफी संख्या में दाखिल हों। ऐसा संस्थान/स्कूल अत्यधिक फीस वसूलने वाला व्यापारिक स्कूल नहीं होना चाहिए।
5. स्वैच्छिक संगठन का आवेदन–पात्र राज्य/संघ राज्य के सम्बंधित सचिव को संबोधित किया जाएगा जोकि उस राज्य/संघ राज्य क्षेत्र में सहायताअनुदान समिति का अध्यक्ष होगा।

कार्यान्वयन और मानीटरन

यह योजना राज्य सरकारों के माध्यम से कार्यान्वित की जाएगी। राज्य सरकारों द्वारा निर्धारित आवेदन–पत्र में वित्तीय सहायताके लिए सभी अनुरोधों पर राज्य स्तरीय सहायताअनुदान समिति द्वारा पहले गुण दोष के आधार पर विचार किया जाएगा। राज्य सरकार इस योजना के अधीन आवेदन–पत्रों के प्राथमिकता निर्धारण के लिए मानदंड तैयार करेगी और अधिसूचित करेगी एवम् उसका व्यापक प्रचार करेगी। राज्य सरकारों से प्रस्ताव प्राप्त होने पर केंद्रीय सरकार की जी आई ए सी उन पर गुण दोष के आधार पर विचार करेगी और सहायता की सिफारिश करेगी। इस प्रयोजन के लिए स्कूल शिक्षा और साक्षरता विभाग के केंद्रीय सचिव की अध्यक्षता में एक सहायताअनुदान समिति (जी आई ए सी) स्थापित की जायेगी जिसमें सम्बंधित संयुक्त सचिव सदस्य सचिव होंगे और एफ ए (एच आर डी) के रूप में होंगे। इस समिति में अल्पसंख्यक मामलों के मंत्रालय और सम्बंधित राज्य सरकारों के प्रतिनिधि शामिल होंगे। एच आर डी मंत्रालय जीआईएसी में अल्पसंख्यकों में से दो लब्धप्रतिष्ठ शिक्षाविद नामित करेगा। जीआईएसी राज्य और संघ राज्य क्षेत्र की सरकारों के

प्रस्तावों की जांच करेगी और उनका अनुमोदन करेगी। वित्तीय सहायता एकबारगी प्रदान की जाएगी। स्वैच्छिक संगठन अथवा शैक्षिक संस्थान को इस स्कीम से पांच वर्षों में केवल एक बार लाभ प्राप्त हो सकता है। भारत सरकार द्वारा निधियां राज्य सरकार के माध्यम से दो किश्तों में प्रदान की जाएंगी। दूसरी किश्त के लिए दावा पहली किश्त के एक वर्ष के भीतर किया जाएगा जिस अवधि के दौरान अल्पसंख्यक संस्थान का 25% हिस्सा आधारिक सुविधाओं के स्तरोन्नयन के लिए प्रदान किया जा चुका हो। सहायता प्राप्त करने वाली स्वैच्छिक एजेंसियों को किसी सनदी लेखाकार/सक्षम प्राधिकारी द्वारा विधिवत् रूप से सत्यापित निर्धारित प्रपत्र में व्यय के लेखापरीक्षित विवरण प्रस्तुत करने होंगे। वैसे संगठन/संस्थान इस अनुदान के लिए पात्र होंगे जो इस स्कीम के अधीन पूर्व में प्राप्त सभी सहायता अनुदानों के सम्बन्ध में योग्य लेखाकार द्वारा विधिवत् रूप से प्रमाणित लेखाओं का अद्यतन विवरण प्रस्तुत करेंगे। इस सम्बन्ध में मानीटरन रिपोर्ट लाभ प्राप्त करने वाले कुल छात्रों की संख्या एवं संस्थानों द्वारा प्राप्त और प्रयुक्त कुल राशि का उल्लेख करेगी तथा राज्य सरकार इन्हें वार्षिक आधार पर मानव संसाधन विकास मंत्रालय को भेजा करेगी। इन रिपोर्टों को सीएजी/केंद्र सरकार/राज्य सरकार के निरीक्षण के लिए उपलब्ध रखा जाएगा। यह भी सुझाया गया है कि केंद्र व राज्य सरकारें इस स्कीम के व्यापक प्रचार की भी व्यवस्था करेंगी। स्कीम लागू होने के दो वर्षों के बाद इसकी पूर्ण समीक्षा/मूल्यांकन किया जायेगा। किसी भी लाभ प्राप्त करने वाली संस्था या संगठन को स्थाई रूप से इसका दावेदार नहीं माना जायेगा क्योंकि यह स्कीम एकल/अनावर्ती वित्तीय सहायता की परिकल्पना से युक्त विशुद्ध रूप से स्वैच्छिक आधार पर कार्यान्वित की जाने वाली है।

महिला समाख्या (एम एस)

महिला समाख्या (एम एस) कार्यक्रम लगभग 20 वर्ष पहले शुरू किया गया था और इसे बालिका शिक्षा तथा उनकी अधिकारिता के लिए अनुकूल हालात तैयार करने के लिए एक प्रभावी कार्यनीति माना गया है। इस कार्यक्रम में महत्वपूर्ण बात यह है कि इसकी कार्यसूची और प्राथमिकताएं स्वयं महिला समूहों द्वारा, जिन्हें महिला संघ कहा जाता है, तय की जाती हैं। उस समय जब यह कार्यक्रम शुरू किया गया था, एक सवाल सबके समक्ष उपस्थित था कि क्या यह कार्यक्रम वस्तुतः बालिका शिक्षा में

योगदान देगा। कुछ वर्षों के बाद महिला समूहों/संघों ने स्वयं बालिका शिक्षा को महत्वपूर्ण स्थान प्रदान किया। ये संघ शिक्षा में बालिकाओं की सहभागिता के मार्ग में आनेवाली बाधाएं हटाने की दिशा में एक सक्रिय भूमिका निभाते हैं।

महिला संघ ग्रामीण स्कूलों के मानीटरन तथा उनकी जवाबदेही सुनिश्चित करने, अध्यापकों की अनुपस्थिति, एमडीएम कार्यान्वयन और गुणवत्ता आदि की ओर ध्यान देने के माध्यम से यह सुनिश्चित करते हैं कि शिक्षा प्रणाली बालिकाओं की जरूरतों और हितों के प्रति संवेदी हो। महिला समाख्या ने लिंग–संवेदी पाठ्यचर्या, क्लासरूम शिक्षाशास्त्र, अध्यापक प्रशिक्षण और जीवनकौशलों का निर्माण और प्रयोग करने की संभावनाएं और व्यावहारिक तरीके दर्शाए हैं। संघ की महिलाएं अक्सर ग्राम स्तरीय समितियों की सदस्य होती हैं और सर्व शिक्षा अभियान के कार्यान्वयन तथा मानीटरन में एक महत्वपूर्ण भूमिका का निर्वाह करती हैं।

महिला समाख्या की भावना और आर टी ई का समग्र स्वरूप सहक्रियात्मक परिणामों के लिए विस्तृत संभावना उपलब्ध करते हैं। इस सम्बन्ध में सबसे अधिक उल्लेखनीय तथ्य यह है कि महिला समाख्या से यह अपेक्षा की जाती है कि वह सर्व शिक्षा अभियान के लक्ष्यों की पूर्ति में सहायक हो। यह बात एन पी ई 1986 की संकल्पना के अनुरूप नहीं होगी। महिला समाख्या को पूरे जोश के साथ अपने अपरिवर्तनीय सिद्धांतों का, जिनमें ऐसी संकल्पना शामिल है, जो उन्हें कार्यक्रम प्राथमिकताएं और कार्यान्वयन कार्यनीतियों के सम्बन्ध में स्वयं अपने निर्णय लेने के अवसर प्रदान करती है, अनुसरण करते रहना चाहिए। महिला समाख्या की भूमिका इन क्षेत्रों में होगी – मानीटरन तथा शिकायत निवारण, एस एम सी के लिए विशेष रूप से महिला सदस्यों के लिए प्रशिक्षण कार्यनीतियों का निर्माण, महिला शिक्षण केन्द्रों में सेतु पाठ्यक्रम चलने और जरूरी पाठ्यचर्या तथा अध्यापन – अधिगम व्यवस्था तैयार करने में अपनी क्षमता का परिचय दिया है। ऐसे केंद्र बच्चों के लिए जो आयु–उपयुक्त कक्षाओं में दाखिल हो जाते हैं लेकिन जिन्हें अन्य छात्रों के बराबर बने रहने के लिए उपक्रमात्मक पाठ्यक्रमों की जरूरत होती है, उनके लिए कार्यक्रम आयोजित करने में महत्वपूर्ण योगदान दे सकते हैं। महिला समाख्या स्कूल न जा सकने वाले उन बच्चों के लिए जिन्हें नियमित स्कूलों में दाखिल किया जा चुका है, विशेष प्रशिक्षण केन्द्रों के रूप में काम कर सकते हैं।

गैर–औपचारिक शिक्षा सहित प्रारंभिक स्तर पर शिक्षा के लिए प्रायोगिक और नवाचारी कार्यक्रमों के वास्ते सहायता की योजना

इस योजना को राष्ट्रीय शिक्षा नीति (एन पी ई) संसद द्वारा मई 1986 में और इसके कार्यान्वयन के लिए कार्ययोजना (पी ओ ए) को अगस्त 1986 में मंजूरी दी गई थी। ये दस्तावेज शैक्षिक उन्नति के तात्कालिक, मध्यावधिक और साथ ही दीर्घकालीन लक्ष्य तथा उसके साथ–साथ इन लक्ष्यों की पूर्ति के लिए अपनाई जाने वाली कार्यनीतियों का वर्णन करते हैं। इस योजना का समग्र लक्ष्य यू ई ई के लिए एन पी ई में निर्दिष्ट लक्ष्यों की पूर्ति के लिए प्रयोग और नवाचार को बढ़ावा देना है। इस समग्र लक्ष्य के तहत योजना के विशिष्ट लक्ष्य निम्नांकित हैं:

1. ऐसी एजेंसियों का पता लगाना जोकि एन पी ई/पी ओ ए में निर्धारित लक्ष्यों को आगे बढ़ाने के लिए प्रायोगिक तथा/अथवा नवाचारी कार्यक्रम हाथ में ले सकती हैं।
2. चुनी गई एजेंसियों द्वारा किये जाने वाले क्रियाकलापों के लिए उन्हें वित्तीय और प्रशासनिक सहायता उपलब्ध करना।
3. प्रायोगिक तथा/अथवा नवाचारी कार्यक्रम करने वाली एजेंसियों के कार्य की समीक्षा और मूल्यांकन करना, तथा
4. प्रयोग तथा/अथवा नवाचार के विभिन्न कार्यक्रमों से सम्बंधित विधियों, प्रक्रियाओं और परिणामों के सम्बन्ध में निष्कर्षों का प्रसार करना।

शैक्षिक नवाचार

शैक्षिक नवाचार का आशय ऐसे विचार अथवा परिपाटी से है जोकि किसी ऐसी विशिष्ट शैक्षिक स्थिति के लिए नई हो और अधूरी जरूरतों को पूरा करती हो। यह ऐसे नए विचारों और विधियों की शुरुआत अथवा प्रोत्साहन है जोकि शिक्षा तथा/अथवा स्कूल परिपाटियों में तैयार किए जाते हैं जिनका सम्बंधित समूह अथवा समूहों के व्यवहार के मौजूदा नमूनों में बदलाव लाने पर अत्यधिक प्रभाव पड़ता है। नवाचारी कार्यनीतियों का आशय ऐसे नए विचारों के विकास से है जिनका प्रसार और प्रयोग किया जाता है, वे अक्सर विशिष्ट समस्याओं के प्रत्युत्तर में उभरते हैं।

शैक्षिक नवाचार की विशेषताएं

1. यह एक ऐसा नया अथवा नवाचारी तत्व समाविष्ट करता है जोकि मौजूदा तंत्रों तथा/अथवा क्रियाविधियों को पृथक करता है और जो समाज के मूल्यों के प्रति उन्मुख होता है।
2. इसका विशिष्ट लक्ष्य तथा/अथवा प्रयोजन समुदाय की जरूरतों के लिए प्रासंगिक होता है और वह राष्ट्रीय उन्नति के साथ जुड़ा होता है।
3. इसके भीतर बड़े पैमाने पर विस्तृत होने की कड़ी क्षमता होती है और इसका समुचित फीडबैक तथा अंगीकरण और अनुकूलन के लिए परिस्थिति के आधार पर समय–समय पर नवीकरण किया जा सकता है।
4. नवाचारी प्रक्रिया में उसके स्वीकार अथवा अस्वीकार किए जाने से पूर्व एक वैज्ञानिक दृष्टिकोण अन्तर्निहित होना चाहिए।
5. प्रायोगिक स्तर पर नवाचार में अनुश्रवण और मूल्यांकन के आधार पर नमनशीलता की अनुमति रहनी चाहिए।
6. यह लागत और प्रभाव – दोनों दृष्टियों से संचारणीय तथा अन्य समानांतर स्थितियों में कार्यान्वयन के योग्य होना चाहिए। नवीनता के लिए अनुकूलन सहित अथवा उसके बिना अनुकरणीयता एक मानदंड होना चाहिए।

पात्रता

- सरकारी एजेंसियां, शैक्षिक संस्थान, पंचायती राज संस्थान, पंजीकृत सोसायटियां, सार्वजनिक न्यास तथा गैर–लाभकारी कम्पनियां इस योजना के अधीन सहायता की पात्र होंगी। जिन एजेंसियों का कोई विधिक अस्तित्व नहीं है, वे पात्र नहीं होंगी।
- जहाँ तक स्वैच्छिक एजेंसियों, सार्वजनिक न्यासों और गैर–लाभकारी कंपनियों का सम्बन्ध है, इस योजना के अधीन वित्तीय सहायता का पात्र बनने के लिए उनके पास
    1. एक समुचित संविधान अथवा संस्था के अंतर्नियम होने चाहिए।
    2. समुचित रूप से गठित एक प्रबंध निकाय होना चाहिए जिसके अधिकार और कर्तव्य संविधान में स्पष्टतः परिभाषित किए गए हों।

3. वे अपने कार्यक्रमों को आगे बढ़ने के लिए स्वैच्छिक आधार पर प्रबुद्ध व्यक्तियों का सहयोजन प्राप्त करने की स्थिति में होने चाहिए।
4. उनका संचालन किसी एक व्यक्ति अथवा व्यक्तियों के निकाय के लाभ के लिए नहीं किया जाना चाहिए।
5. उन्हें लिंग, धर्म, जाति अथवा प्रजाति को लेकर किसी व्यक्ति अथवा व्यक्तियों के समूह के प्रति भेदभाव नहीं करना चाहिए।
6. उन्हें प्रत्यक्षतः किसी राजनैतिक दल के हितों को आगे बढ़ने के लिए काम नहीं करना चाहिए।
7. उन्हें किसी भी रूप में सामुदायिक वैमनस्य नहीं पैदा करना चाहिए।
8. उन्हें धर्म प्रचार के लिए शिष्य नहीं बनाने चाहिए, तथा
9. हिंसा से बचना चाहिए।

- इस योजना के अधीन सहायता के लिए केवल उन्हीं पात्र एजेंसियों के मामले पर विचार किया जायेगा जो तीन वर्ष से मौजूद रही हों।

सहायता की प्रकृति

1. सुनिर्मित क्षेत्र परियोजनाएं हाथ में लेना
2. अधिगम सामग्री, अनुदेशात्मक/अधिगम सहायक सामग्री का विकास तथा तकनीकी संसाधन विकास के अन्य पहलू,
3. प्रशिक्षण
4. अनुश्रवण तथा मूल्यांकन प्रयोग के आधार पर नवाचार और नमनशीलता को बढ़ावा देने के लिए बैठकें, सम्मलेन, संगोष्ठियाँ,
5. पैरा 5 (ग) के अधीन कार्यवाई के लिए जरूरी प्रबंध व्यय,
6. प्रायोगिक/नवाचारी कार्यक्रम का मूल्यांकन,
7. प्रायोगिक/नवाचारी कार्यक्रमों के परिणामों के प्रसार तथा प्रायोगिक नवाचारी परियोजनाओं/प्रकाशनों आदि के सन्दर्भ सहित उन्हें अपनाना।

क्रियाविधि

आवेदन पत्र – सहायता प्राप्त करने के लिए पात्र कोई भी एजेंसी आवेदन कर सकती है। राज्य सरकार को एजेंसी की पात्रता, उपयुक्तता, प्रस्ताव की प्रासंगिकता और इसे कार्यान्वित करने की एजेंसी की क्षमता आदि के सम्बन्ध में तीन महीने की अवधि के भीतर अपने विचार व्यक्त करने चाहिए। राज्य सरकार द्वारा इस तरह की टिप्पणियाँ भेजी जानी चाहिए, भले ही प्रस्ताव की सिफारिश न की गयी हो और सिफारिश न किए जाने के कारण बताये जाने चाहिए। मानव संसाधन विकास मंत्रालय का स्कूली शिक्षा और साक्षरता विभाग भी एन सी ई आर टी में गैर–औपचारिक शिक्षा विभाग के माध्यम से इसके नवाचारी स्वरुप के निमित्त आवेदन–पत्र की जांच कराएगा और कार्यक्षेत्र में एन जी ओ की उपस्थिति और क्षमता के बाबत फीडबैक प्राप्त करने के लिए एक क्षेत्र निरीक्षण दल का गठन भी करेगा।

सहायताअनुदान समिति – सहायता अनुदान के लिए आवेदन–पत्रों पर मंत्रालय द्वारा गठित सहायताअनुदान समिति द्वारा विचार किया जाएगा। सामान्यतः समिति राज्य सरकार की सलाह के अनुसार काम करेगी। तथापि, यदि सरकार तीन महीने के भीतर कोई सिफारिशें नहीं करती हैं अथवा राज्य सरकार की सलाह से हटकर विचार करते समय राज्य सरकार का एक और प्रतिनिधि और यदि जरूरी हो तो आवेदन करने वाली एजेंसी कद प्रतिनिधि को भी प्रस्ताव के बाबत समिति के साथ चर्चा करने के लिए आमंत्रित किया जाएगा।

अनुदान प्रदान करना – परियोजना की मंजूरी के बाद वार्षिक आधार पर दो किश्तों में अनुदान प्रदान किया जाएगा – पहली किश्त मंजूरी के जारी होने के तत्काल बाद प्रदान की जाएगी। जब एजेंसी किश्त का 75% अंश का प्रयोग कर लेगी तो वह प्रगति रिपोर्ट और व्यय के ब्योरों सहित बाद की किश्त प्रदान किए जाने के लिए अनुरोध कर सकती है। दूसरे तथा बाद के वर्षों में अनुदान इसी आधार पर प्रदान किया जाएगा बशर्ते कि किसी विशेष वित्तीय वर्ष में दूसरी किश्त प्रदान किए जाने से पूर्व (दूसरे वर्ष से शुरू करके) उपयोगिता प्रमाण–पत्र तथा आगामी वर्ष के अंत तक प्रदान किए गए अनुदान के सम्बन्ध में लेखा–परीक्षित विवरण प्रस्तुत किया जाएगा।

संवितरण – सरकारी संस्थानों द्वारा हाथ में लिए जाने वाले कार्यक्रमों के लिए अनुदान राज्य सरकार/संघ राज्य क्षेत्र प्रशासन

द्वारा सामान्य क्रियाविधि के अनुसार प्रदान किया जाएगा। किसी स्वैच्छिक एजेंसी, सार्वजनिक न्यास, अलाभकारी कंपनी आदि को देय अनुदान मानव संसाधन विकास मंत्रालय द्वारा सीधे ही एजेंसी को अथवा डिमांड ड्राफ्ट/रेखित चेक/नामित बैंक खाते में इलेक्ट्रोनिक अंतरण द्वारा किया जाएगा।

अनुदान की शर्तें

1. अनुदान प्राप्त करने वाली एजेंसी को निर्धारित प्रपत्र में एक बंध – पत्र निष्पादित करना होगा। यदि एजेंसी का कोई कानूनी अस्तित्व नहीं है तो बंध–पत्र पर दो जमानतियों के हस्ताक्षर होने चाहिए।
2. आर्थिक सहायता प्राप्त करने वाली एजेंसी का केंद्रीय मानव संसाधन विकास मंत्रालय, राष्ट्रीय शैक्षिक अनुसंधान और प्रशिक्षण परिषद् अथवा राज्य शिक्षा विभाग के किसी अधिकारी द्वारा निरीक्षण किया जा सकता है।
3. परियोजना के लेखे समुचित रूप से और अलग से रखे जाएंगे और जब कभी कहा जाएगा, ऐसे लेखे प्रस्तुत किए जाएंगे। भारत सरकार अथवा राज्य सरकार द्वारा भेजे गए किसी भी अधिकारी को उनकी जांच करने का अधिकार होगा। साथ ही ऐसे लेखों की भारत के नियंत्रक और महालेखापरीक्षक के विवेकानुसार जांच की जा सकती है।
4. सनदी लेखाकारों द्वारा प्रतिहस्ताक्षरित लेखा–परीक्षित लेखे और निर्धारित प्रपत्र में उपयोगिता प्रमाण–पत्र पिछले वर्ष के सम्बन्ध में छह महीने के भीतर अथवा जिस अवधि के लिए अनुदान मंजूर किया गया है उसके पूरा होने के बाद प्रस्तुत किए जाने होंगे।
5. एजेंसी को सरकारी अनुदान से पूर्णतः अथवा अधिकांशतः अभिगृहीत सभी परिसंपत्तियों का रिकॉर्ड रखना होगा और उसे ऐसी परिसंपत्तियों का एक निर्धारित रजिस्टर रखना होगा। इस तरह की परिसंपत्तियां भारत सरकार की मंजूरी के बिना न तो बेचीं जा सकेगी, न गिरवी रखी जा सकेंगी, न उनका प्रयोग जिस प्रयोजन के लिए अनुदान दिया गया है, उससे हटकर किसी अन्य प्रयोजन के लिए किया जा सकेगा। यदि किसी मौके पर एजेंसी का अस्तित्व समाप्त हो जाता है तो ऐसी संपत्तियां भारत सरकार को अंतरित कर दी जाएंगी।

6. भारत सरकार, सम्बंधित राज्य सरकार तथा सहायताअनुदान समिति परियोजना का पहला वर्ष पूरा होने के बाद संयुक्त रूप से परियोजना का संयुक्त मूल्यांकन करेंगी।
7. यदि राज्य सरकार/भारत सरकार के पास यह मानने के कारण हों कि मंजूर की गई राशि अनुमोदित प्रयोजन के लिए खर्च नहीं की जा रही है तो अनुदान का भुगतान रोका जा सकता है और पिछले अनुदानों की वसूली की जा सकती है।
8. संस्थान को स्वीकृत परियोजना के संचालन में समुचित किफायत बरतनी चाहिए।
9. अनुदान प्राप्त करने वाली एजेंसी को मानव संसाधन विकास मंत्रालय को यथानिर्धारित रिपोर्टें प्रस्तुत करनी होंगी।
10. मंजूरी पत्र में निर्दिष्ट शर्तों और उपबंधों में से किसी का अतिक्रमण अथवा उल्लंघन हुआ है या नहीं – इस प्रश्न के सम्बन्ध में मानव संसाधन विकास मंत्रालय, प्रारंभिक शिक्षा और साक्षरता विभाग, भारत सरकार के सचिव का निर्णय अंतिम और अनुदान प्राप्त करने वाली एजेंसी के लिए बाध्यकारी होगा।

प्रारंभिक शैशवावस्था देखभाल और शिक्षा (ई सी सी ई)

सर्व शिक्षा अभियान प्रारंभिक शैशवावस्था देखभाल और शिक्षा (ई सी सी ई) के लिए सुपरिभाषित कार्यनीति सहित केंद्रीय सरकार की एक प्रमुख पहल है। सर्व शिक्षा अभियान विद्यालय–पूर्व अधिगम तथा प्रारंभिक शैशवावस्था देखभाल का महत्व और विद्यालय में बच्चों की सहभागिता में सुधार लाने में इसकी भूमिका स्वीकार करता है।

नवाचार शीर्ष के अधीन किसी जिले में किसी भी नवाचारी हस्तक्षेपणीय उपाय के लिए, जिसमें ई सी सी ई के लिए किया गया उपाय भी शामिल होगा, प्रतिवर्ष 15.00 लाख रूपये तक का प्रावधान किया गया है। ई सी सी ई के लिए शुरू किए जा सकने वाले कुछेक निदर्शनात्मक हस्तक्षेपणीय उपाय निम्नानुसार हैं–

- आंगनबाड़ी सेविका के आवश्यकता–आधारित प्रशिक्षण, अतिरिक्त व्यक्ति, अधिगम सामग्री आदि के प्रावधान द्वारा आईसीडीसीएस में स्कूल–पूर्व घटक का सुदृढ़ीकरण।

- असेवित क्षेत्रों में स्कूल–पूर्व केन्द्र के रूप में बालवाड़ी की स्थापना।
- पक्षपोषण कार्यक्रमों के जरिए प्रारंभिक शिशु विकास के महत्व संबंधी जागरूकता उत्पन्न करना।
- सामुदायिक नेताओं के लिए प्रशिक्षण कार्यक्रमों का आयोजन।
- ई सी सी ई के लिए गहन आयोजन का प्रावधान करना।
- ई सी सी ई संबंधी क्रियाकलापों के लिए सामग्री का निर्माण।
- स्कूल प्रणाली तथा ई सी सी ई कार्यक्रम के बीच अभिसरण को बढ़ावा देना।

प्रारंभिक स्तर पर बालिकाओं की शिक्षा के लिए राष्ट्रीय कार्यक्रम (एन पी ई जी ई एल) के अधीन भी जोकि सर्व शिक्षा अभियान कार्यतंत्र का एक अंग है, ऐसे क्षेत्रों में जहाँ आई सी डी एस/सम्बंधित राज्य सरकार के तहत समुदाय–आधारित बाल देखभाल केंद्र जैसी सेवाएं उपलब्ध नहीं हैं, अधिक से अधिक ऐसे दो केंद्र खोले जाने का प्रावधान किया गया है। सर्व शिक्षा अभियान के 'बालिका शिक्षा घटक' के अधीन खोले गए प्रत्येक केंद्र को प्रतिवर्ष 5000 रूपये का आवर्ती तथा 1000 रूपये का गैर–आवर्ती अनुदान दिया जाएगा।

हाल में आयोजित समीक्षा बैठकों में यह पाया गया है कि ई सी सी ई क्षेत्र में अधिक प्रगति नहीं की गई थी क्योंकि राज्य ई सी सी ई क्रियाकलापों के लिए उपलब्ध निधियों का प्रयोग केवल गैर–आई सी डी एस क्षेत्रों में कर रहे हैं। सर्व शिक्षा अभियान अधिगम और विकास के सातत्य को स्वीकार करता है तथा विद्यालय –पूर्व छात्रों की शिक्षा संबंधी जरुरत को पूरी करने के लिए एक एकीकृत दृष्टिकोण विकसित करने की दिशा में भरसक प्रयास करता है। इसलिए यह जरूरी है कि ई सी सी ई के अधीन उपलब्ध निधियों का प्रयोग रचनात्मक ढंग से किया जाए ताकि समूचे देश में ई सी सी ई सेवाओं के लिए व्यापक प्रावधान तथा सभी बच्चों का यथाशीघ्र समावेशन सुनिश्चित किया जा सके।

आपरेशन ब्लैक बोर्ड (ओ बी बी)

आपरेशन ब्लैक बोर्ड (ओ बी बी) का उद्देश्य शिक्षा के भौतिक आधारिक तंत्र में सुधार लाना था, जिसके जरिए स्कूल क्षेत्र का विस्तार हो सके

तथा और अधिक अध्यापक उपलब्ध कराए जा सकें। ओ बी बी के अधीन कोई नई भर्ती नहीं किए जाने का प्रावधान था। तथापि, ओ बी बी के अधीन अध्यापकों के वेतन के निमित्त सहायताओं बी बी योजना के अनुसार उन मामलों में नवीं योजना के अंत तक जारी रखे जाने का प्रावधान था, जिनमें उक्त योजना के अधीन अध्यापकों की नियुक्तियां पहले ही की जा चुकी हैं। पूर्वोत्तर राज्यों में ओ बी बी अध्यापकों के वेतन के निमित्त सहायता दसवीं योजना तक जारी रखी गई थी। फिर भी ओ बी बी का विस्तार स्कूलों की समूची श्रृंखला तक नहीं हो सका। यह योजना 1.4.2002 से समाप्त हो गई।

अध्यापक शिक्षा का सुदृढ़ीकरण

अध्यापक शिक्षा की संशोधित योजना में इस आशय की व्यवस्था है कि राज्यों के साथ समझौता ज्ञापन किए जाएँ जिससे कि यह सुनिश्चित हो सके कि उन्हें, विशेष रूप से एक कठोर चयनात्मक मानदंडों के माध्यम से रिक्तियां भरने में राज्य सरकार को प्राथमिकता प्राप्त हो। यह योजना, नौवीं योजना के अंत तक सर्व शिक्षा अभियान कार्यतंत्र की एक अंग रहेगी जिसके बाद इसे सर्व शिक्षा अभियान कार्यक्रम में मिला दिया जाएगा। इससे जिला स्तर पर मार्गदर्शन प्रदान करने वाले डाईट के कार्य की पूर्ति होगी। संशोधित अध्यापक शिक्षा योजना के अधीन एस सी ई आर टी का सुदृढ़ीकरण किए जाने की व्यवस्था है। अध्यापक शिक्षा योजना के अधीन एस सी ई आर टी को सहायता जारी रखी जाएगी।

प्राथमिक शिक्षा के लिए राष्ट्रीय पोषाहार सहायता कार्यक्रम

प्राथमिक शिक्षा के लिए राष्ट्रीय पोषाहार सहायता कार्यक्रम के मूल्यांकन से ऐसा पता चलता है कि खाद्यान्नों की आपूर्ति से छात्रों की उपस्थिति में सुधार के साथ–साथ उनके स्वास्थ्य स्तर का भी उन्नयन होता है। राज्यों के परामर्श से इस योजना में उपयुक्त संशोधन करके इसे जारी रखने का विचार है।

शिक्षा गारंटी योजना और वैकल्पिक तथा नवाचारी शिक्षा

गैर–औपचारिक शिक्षा योजना संबंधी अध्ययनों से यह पता चला है कि इसमें लचीलेपन की कमी है जोकि विभिन्न राज्यों में इसके प्रभावी कार्यान्वयन को बाधित करती है। हाल ही में अनुमोदित की गई संशोधित

योजना में बहुविध प्रकार के हस्तक्षेपकारी उपाय उपलब्ध करने के प्रयास किए गए हैं, जैसे कि शिक्षा गारंटी स्कूलों, वैकल्पिक स्कूल सुविधाओं, बालिका शिक्षण शिविर, 'वापस स्कूल चलो' शिविर आदि की स्थापना। ई जी एस तथा ए आई ई नामक पुनर्रचित एन एफ ई योजना, सर्व शिक्षा अभियान का एक घटक रही है और नौवीं योजना के अंत तक इसमें मिला दी गई है।

जिला प्राथमिक शिक्षा कार्यक्रम (डी पी ई पी)

डी पी ई पी जिले यह दर्शाते हैं कि विकेन्द्रीकृत योजना और कार्यान्वयन स्कूल प्रबंध की प्रक्रिया में सामुदायिक सहयोजन को सरल बनाते हैं। डी पी ई पी के विभिन्न राज्यों में बहुविध सफलता प्राप्त हुई है। कुछ राज्यों ने डी पी ई पी सुविधाओं का लाभ उठाया है और अपने प्रारंभिक शिक्षा क्षेत्र में सुधार किया है। अनेक डी पी ई पी राज्यों में अध्यापकों की रिक्तियां बड़े पैमाने पर भरी गई हैं। ब्लाक और संकुल संसाधन केन्द्रों की स्थापना से अध्यापकों के बीच शैक्षणिक वैचारिक आदान–प्रदान सरल हो गया है। अध्यापकों और विशेषज्ञों की सहभागिता से नयी पाठ्यपुस्तकें तैयार करने का काम अधिकांश डी पी ई पी राज्यों में उत्साहवर्धक रहा है। सभी डी पी ई पी जिले भी सर्व शिक्षा अभियान कार्यतंत्र का अंग होंगे। डी पी ई पी जिलों में व्यापक जिला प्रारंभिक शिक्षा योजनायें तैयार करने के प्रयास किए जाएंगे। उच्च प्राथमिक शिक्षा के ऊर्ध्ववाधर विस्तार तथा प्राथमिक स्कूली शिक्षा प्रयासों के समेकन पर बल दिया जाएगा।

लोक जुम्बिश परियोजना

लोक जुम्बिश परियोजना के अधीन मूल्यांकन अध्ययनों से सूक्ष्म आयोजन और स्कूल मानचित्रण के, जिसमें समुदाय को सहयोजित किया जाता है, सकारात्मक प्रभाव का पता चलता है। बालिका शिक्षा शिविरों और सहज शिक्षा केन्द्रों के माध्यम से लड़कियों की शिक्षा के लिए विशिष्ट हस्तक्षेपकारी उपाय किए गए हैं। यद्यपि दाखिले तथा लड़कियों के शिक्षा में बने रहने की स्थिति में सुधार हुआ है, तथापि वास्तविक अधिगम उपलब्धियां मामूली रही हैं। लोक जुम्बिश परियोजना राजस्थान के 13 जिलों में कार्यान्वित की गई थी और इन जिलों के लिए भी समग्र जिला योजनायें तैयार की जाएंगी। लोक जुम्बिश परियोजना, सर्व शिक्षा अभियान कार्यतंत्र का एक अंग होगी। यह कार्यक्रम 1.7.2004 को समाप्त हो गया।

जनशाला (भारत सरकार संयुक्त राष्ट्र) कार्यक्रम

जनशाला (भारत सरकार संयुक्त राष्ट्र) कार्यक्रम भारत सरकार और संयुक्त राष्ट्र की पांच एजेंसियों, अर्थात यू एन डी पी, यूनिसेफ, यूनेस्को, आई एल ओ और यू एन एफ पी पी का एक सहयोगात्मक प्रयास है जिसका उद्देश्य प्रारंभिक शिक्षा के सार्वजनीकरण के लक्ष्य की पूर्ति की दिशा में पहले से किए जा रहे प्रयासों को कार्यक्रम सहायताप्रदान करना है। जनशाला का, जोकि एक समुदाय–आधारित प्राथमिक शिक्षा कार्यक्रम है, उद्देश्य यह है कि प्राथमिक शिक्षा को, विशेष रूप से लड़कियों और वंचित समुदायों, सीमांतिक समूहों, वर्गों, अनुसूचित जातियों/अनुसूचित जनजातियों/अल्पसंख्यकों के बच्चों, कामकाजी बच्चों और विशेष आवश्यकताओं वाले बच्चों के लिए अधिक सुलभ और प्रभावी बनाया जाए। जिन जिलों में जनशाला कार्यक्रम कार्यान्वित किया जा रहा है उनमें वह सर्व शिक्षा अभियान कार्यतंत्र का एक अंग बन जाएगा। यह कार्यक्रम 31.12.2004 को समाप्त हो गया।

अध्याय–4

विशेष ध्यातव्य समूहों का समावेशन

सर्व शिक्षा के अंतर्गत विशेष ध्यातव्य समूहों के समावेशन से तात्पर्य सर्व शिक्षा का सार्वजनीकरण करने के साथ शिक्षा का प्रकाश उन लोगों अथवा उन वर्गों तक सुलभता से पहुंचाना है जिन वर्गों के लोगों के लिए शिक्षा सुलभ नहीं है अर्थात विशेष ध्यातव्य समूहों के समावेशन में सीमान्त समुदाय के बच्चों का समावेशन, लैंगिक और सामाजिक समावेशन, निःशक्त बच्चों के लिए शिक्षा का समावेशन, प्रवासी बच्चों की शिक्षा का समावेशन, शहरी सुविधावंचित बच्चों की शिक्षा का समावेशन, अनुसूचित जाति/अनुसूचित जनजाति एवम् अल्पसंख्यक समुदायों के बच्चों की शिक्षा का समावेशन के साथ–साथ बालिका शिक्षा का समावेशन भी शामिल है।

सीमान्त समुदाय के बच्चों का समावेशन

सीमान्त समुदायों के बच्चों को विद्यालय में लाने की प्रक्रिया की दिशा में पहली कर्रवाई ऐसे बच्चों का व्यवस्थित ढंग से मानचित्रण करना होगा जैसे कि ये कौन हैं और कहाँ रहते हैं। जहाँ सर्व शिक्षा अभियान ने अनुसूचित जाति/अनुसूचित जनजाति तथा मुस्लिम समुदायों की बहुलता वाले विशेष ध्यातव्य जिलों (एसएफडी) की पहचान पहले ही कर ली है, फिर भी स्थानीय प्राधिकारियों को, जिन्हें विद्यालय न जा सकने वाले बच्चों का पता लगाने और यह सुनिश्चित करने की भूमिका सौंपी गई है

कि ऐसे बच्चों को विद्यालय में लाया जाए, इन जिलों में अपवर्जन के जो स्तर मौजूद हैं, उनकी और आगे खोज करनी होगी। चूंकि आर टी ई अधिनियम निकटवर्ती स्कूल में प्रारंभिक शिक्षा की गारंटी देता है, इसलिए सीमान्त बच्चों की पहचान के लिए आसपास सर्वोत्तम यूनिट हो सकता है। इस काम को प्रभावी रूप से करने के लिए यह जरूरी होगा कि स्थानीय प्राधिकारी समुदायों और समुदाय आधारित समूहों के साथ, जिनका समुदायों के भीतर संपर्क रहता है और जो स्कूल न जाने वाले बच्चों का पता लगाने में मदद कर सकते हैं, जुड़कर काम करें।

आर टी ई अधिनियम में परिकल्पित स्कूल प्रबंध समितियों (एस एम सी) को स्कूल विकास योजना में, जिसे तैयार करने का काम भी अब उन्हें सौंपा जा चुका है समावेशी कार्यनीतियाँ सुनिश्चित करने के अलावा मानचित्रण प्रक्रिया में एक महत्वपूर्ण भूमिका का निर्वाह करना होगा।

उपर्युक्त मानचित्रण के अलावा सीमान्त बच्चों को समुदाय और स्कूल स्तर पर जिस हालात का वास्तविक रूप से सामना करना पड़ता है, जिसमें परिवार से लेकर स्कूल प्रणाली के स्तर तक अपवर्जन के सभी बिन्दुओं की पहचान करना शामिल है, उनका गहन अध्ययन किया जाना होगा।

अपवर्जक परिपाटियों की शुरुआत अक्सर बच्चे के स्कूल परिसर में पहुँचाने के पहले ही हो जाती है। उदाहरण के लिए अपने स्कूल जाते समय ऊंची जाति की किसी पल्ली से गुजरते समय अनुसूचित जाति की बालिका को ऐसी परेशानी पेश आ सकती है जो उसे बहुत हतोत्साहित कर सकती है और उसके माता–पिता उसे स्कूल भेजने से रोक सकते हैं। मुस्लिम परिवारों के बच्चों के माता–पिता अपने बच्चों को बहुसंख्यक समुदाय की बहुलता वाले क्षेत्र में स्थित स्कूल में भेजने में इसी तरह के अवरोध महसूस कर सकते हैं। जिन बच्चों को नियमित रूप से अपमानजनक निन्दात्मक भाषा, डांट–फटकार, यहाँ तक कि शारीरिक उत्पीड़न सहन करना पड़ता है उनकी सुरक्षा, इस तरह की पृष्ठभूमियों वाले बच्चों की स्कूल में सहभागिता का निर्धारण करने वाला एक महत्वपूर्ण कारक होता है। अनुसूचित जाति, अनुसूचित जनजाति के बच्चों तथा मुस्लिम समुदायों के बच्चों की साझा और अनूठी – दोनों तरह की जरूरतें और चुनौतियां होती हैं जोकि उनके समावेशन के प्रयासों को बाधित करती हैं।

आर टी ई के कार्यान्वयन संबंधी समिति की रिपोर्ट और उसके फलस्वरूप सर्व शिक्षा अभियान के सुधार के आधार पर प्रत्येक समुदाय की जरूरतों और अपवर्जन की प्रकृति का संक्षिप्त विवरण निम्नांकित है–

अनुसूचित जाति के बच्चों के अपवर्जन के मामलों की एक विस्तृत सूची अग्रांकित है–

अध्यापकों द्वारा अपवर्जन

1. कक्षाओं में पृथक्कृत बैठने की व्यवस्था जिसमें अनुसूचित जाति के बच्चों को अलग तथा विशेष रूप से कक्षाओं के अंत में बिठाया जाता है।
2. अनुसूचित जाति के बच्चों को डांटने में, विशेष रूप से ऊंची जाति के बच्चों की तुलना में अत्यधिक सख्ती। उदाहरण के लिए देरी से आनेवाले बच्चों को डांटने में, बच्चों के बीच झगड़े सुलझाने में, ऊंची जाति के बच्चों द्वारा गाली देने को माफ कर देना।
3. कक्षा में अनुसूचित जाति के बच्चों को समय और ध्यान न देना जैसे कि उनके गृहकार्य अथवा कक्षा कार्य की जांच न करना, उनके प्रश्नों के उत्तर न देना यहाँ तक कि उनके द्वारा क्लास में प्रश्न पूछने पर उन्हें डांट लगाना।
4. अनुसूचित जाति के बच्चों को विद्यालय में सार्वजनिक समारोहों से अपवर्जित करना जिसमें ये शामिल हैं – प्रातःकालीन सभा या गणतंत्र दिवस अथवा स्वतंत्रता दिवस जैसे सार्वजनिक कार्यक्रमों में भाग न लेना। नियमित रूप से उन्हें कक्षा में पीछे की तरफ बिठाना।
5. अनुसूचित बच्चों के सम्बन्ध में अपमानजनक शब्दों का प्रयोग करना – शैक्षणिक कार्य में अन्य बच्चों के साथ बने रहने की उनकी तथाकथित असमर्थता।
6. अनुसूचित जाति के बच्चों को स्कूली सुविधाओं से, जिनमें जल स्रोत शामिल हैं वंचित रखना। उनके लिए जल अलग रखना, यहाँ तक कि अनेक स्थानों से समाचार आया है कि अनुसूचित जाति के बच्चों को स्कूल के नलकों अथवा पेयजल संचित करने के लिए प्रयुक्त पात्रों का प्रयोग करने से रोका गया है।

7. अनुसूचित जाति के बच्चों से स्कूल में किये जाने वाले काम, जिनमें स्कूल परिसर यहाँ तक कि टायलेट साफ करना शामिल है, कराना।

हमजोली समूह द्वारा अपवर्जन

1. अनुसूचित जाति के बच्चों को उनकी जाति के नाम से पुकारना।
2. अनुसूचित जाति के बच्चों को खेलकूद में अथवा कक्षाओं में खेल क्रियाकलापों में अथवा छुट्टी के समय जब बच्चे खेलने के लिए बाहर चले जाते हैं, शामिल न करना, अनुसूचित जाति के बच्चे खेलने के लिए अक्सर अपने आसपास की जगहों पर लौटते हैं जहाँ वे स्कूलों में दाखिल न हुए बच्चों के साथ खेलते हैं।
3. कक्षाओं में अनुसूचित जाति के बच्चों के साथ न बैठना।

प्रणाली द्वारा अपवर्जन

1. अनुसूचित जाति के बच्चों के लिए प्रोत्साहन योजनाएँ पूरे तौर पर कार्यान्वित नहीं की जातीं।
2. पाठ्यचर्या में अथवा अध्यापकों द्वारा अनुसूचित जाति भूमिका प्रतिरूपों की मान्यता की कमी।
3. पाठ्यवस्तु तथा पाठ्यपुस्तकों में जातिगत विशेषताओं पर बल देना।
4. अध्यापक शिक्षा तथा प्रशिक्षण में अध्यापकों के संवेदीकरण में कमी।
5. अनुसूचित जाति के अध्यापकों की अपर्याप्त भर्ती।

अनुसूचित जाति समुदायों के बच्चों के लिए हस्तक्षेपणीय उपाय, प्रत्येक बच्चे की जरूरतों की ओर ध्यान देने वाले गहन सूक्ष्म नियोजन पर आधारित होने चाहिए। अनुसूचित जाति के बच्चों के समावेशन के लिए हस्तक्षेपणीय उपायों की निम्न प्रस्तावित सूचीं भेदभाव तथा अपवर्जन की उपर्युक्त प्रथाओं की ओर ध्यान देने में सहायक हो सकती है–

1. विद्यालय के भीतर अध्यापकों तथा छात्रों के लिए व्यवहार के मानदंड निर्धारित करना।

2. किसी विशेष सन्दर्भ में अध्यापकों अथवा छात्रों द्वारा व्यवहार में लाये जाने वाले भेदभाव के रूपों का समय पर पता लगाना। यह कोई आसान काम नहीं है क्योंकि भेदभाव के अनेक रूप स्वीकृत व्यवहार का अंग बन चुके हैं और अधिकाँश लोग न तो उनकी तरफ ध्यान देते हैं न आपत्ति प्रकट करते हैं। इस प्रक्रिया में बच्चों की आवाज सुनने के तरीके खोजना महत्वपूर्ण होगा। इसकी शुरुआत विद्यालय स्तर पर भेदभावपूर्ण प्रथाओं की सूचना देने की प्रणाली स्थापित करने के साथ की जा सकती है। एस एम सी बैठकों में जिन शिकायतों के बक्सों पर नियमित रूप से कार्रवाई की जाती है, एक अनुशंसित हस्तक्षेपणीय उपाय हो सकता है।

3. स्कूल अथवा ब्लाक स्तर पर भेदभाव की शिकायतों का समय पर निवारण। कार्रवाई करने में देरी से माता–पिता तथा अध्यापक हतोत्साहित हो सकते हैं।

4. अनुसूचित जाति के बच्चों के लिए विद्यालय जाने के लिए मार्गरक्षी।

5. कक्षा हस्तक्षेपणीय उपायों के लिए जैसे कि बच्चों को बिठाने की पद्धतियों के लिए जिनसे यह सुनिश्चित किया जाता है कि बच्चों को जाति, समुदाय अथवा लिंग के आधार पर अलग नहीं किया जाता, मानदंड स्थापित करना।

6. सह–पाठ्यचर्यात्मक क्रियाकलापों को जैसेकि खेलकूद, संगीत और नाटक जोकि बच्चों के बीच सामाजिक बाधाओं को भंग करने का प्रयास करते हैं, प्रोत्साहित किया जाना चाहिए। ये अत्यधिक उपेक्षित क्षेत्र रहे हैं और बच्चों के बीच वैचारिक आदान–प्रदान बढ़ने तथा विभिन्न पृष्ठभूमियों से आये बच्चों को अपनी प्रतिभाएं प्रदर्शित करने तथा पहचान प्राप्त करने की दृष्टि से ये एक महत्वपूर्ण कार्यनीति की भूमिका निभाएंगे।

7. अध्यापकों की एजेंसी को मान्यता देना। विद्यालय में भेदभावपूर्ण प्रथाओं को बढ़ावा देने अथवा उनका उन्मूलन करने में अध्यापक एक महत्वपूर्ण व्यक्ति होता है। लेकिन इस क्षेत्र में उसकी भूमिका की अभी तक अधिकांशतः अनदेखी की गई है। मौजूदा स्थिति को बदलने में निम्न क्षेत्रों में हस्तक्षेपणीय उपाय अत्यधिक सहायक होंगे–

- सेवा–पूर्व प्रशिक्षण अवस्था के बाद से अध्यापकों का संवेदीकरण। जाने–माने विशेषज्ञों द्वारा अध्यापक शिक्षा तथा प्रशिक्षण कार्यक्रमों में प्रयोग के लिए विशेष माड्यूल तैयार किये जाने चाहिए। ब्लाक स्तर पर समावेशन की समस्याओं से निपटने के लिए अधिदेशित 20 दिनों के भीतर विशेष सेवाकालीन प्रशिक्षण आयोजित किया जाना चाहिए।
- अध्यापक के व्यवहार के लिए मानदंड तय करना। शारीरिक दंड और दुर्वयवहार से सम्बंधित कुछेक मानदंड आर टी ई में शामिल कर लिए गए हैं। इन मानदंडों के कठोर मानीटरन और अनुपालन से उपरोक्त कुछेक कदाचारों जैसे कि अनुसूचित जाति के बच्चों से नौकर का काम करवाना के उन्मूलन म मदद मिलेगी।

8. अध्यापकों को ऐसे शिक्षाशास्त्रीय उपकरण और क्लासरूम परिपाटियाँ विकसित करने में मदद करना जोकि सामाजिक बाधाओं को तोड़ देती है। इस तरह के उपकरण तैयार करने में विशेषज्ञों और साथ ही सिविल समाज समूहों से तकनीकी सहयोग माँगा जाना चाहिए।
9. जिन जिलों में अनुसूचित जाति की आबादी की बहुलता है, उनमें स्थित प्रारंभिक स्कूली शिक्षा के लिए समुचित आधारिक सुविधाएं उपलब्ध कराना।
10. जहाँ कहीं जरूरी हो, अनुसूचित जाति की बहुलता वाले आसपास के क्षेत्र में स्कूल खोलना।
11. आयु–उपयुक्त दाखिले के लिए जरुरत के अनुसार विशेष प्रशिक्षण।
12. दुष्कर स्थितियों में रहने वाले अनुसूचित जाति समुदाय के सुविधावंचित बच्चों की विशिष्ट श्रेणियों के लिए हस्तक्षेपणीय उपाय।
13. उपस्थित तथा बच्चों के शिक्षा में बने रहने का नियमित रूप से मानीटरन करना।
14. जरूरत के अनुसार आवासीय विद्यालयों अथवा परिवहन जैसी विशेष सुविधा के रूप में हस्तक्षेपणीय उपाय उपलब्ध कराना।

सर्व शिक्षा अभियान यह मानता है कि अपवर्जन की समस्याएं अक्सर अत्यंत स्थानीय और सन्दर्भ विशिष्ट रूप ले लेती हैं और ऊपर वर्णित

ऐसे मुद्दों की एक सामान्य सूची है जोकि अभी तक किये गए अध्ययनों से उभरी है जिनकी तरफ तत्काल ध्यान दिए जाने की जरुरत है।

अनुसूचित जनजातियों के बच्चों का अपवर्जन

ऐसा भी देखा गया है कि अनुसूचित जाति एवम् अनुसूचित जनजाति में आपस में भी भेद–भाव की भावना व्याप्त रहती है। यह बात बच्चों के सन्दर्भ में भी लागू होती है तथा यह उनके आपसी बात–व्यवहारों में परिलक्षित होती देखी जा सकती है। विद्यालयों में भी इस प्रकार का भेद–भाव उपस्थित होता है तथा अनुसूचित जनजाति के बच्चे अनुसूचित जाति के बच्चों के मुकाबले ज्यादा उपेक्षित महसूस करते नजर आते हैं। जनजातीय क्षेत्रों तथा छितरी आबादी वाले इलाकों में एक तो स्कूलों की कमी रहती है तथा दूसरे, इस बात की सम्भावना कम ही रहती है कि शिक्षक भी छात्रों की पृष्ठभूमि से ही आते हों। ऐसी परिस्थिति में बच्चों के बीच अलगाव की स्थिति पैदा हो जाने की संभावना अधिक हो जाती है।

जनजातीय कल्याण विभाग ने इस तरफ ध्यान दिया है तथा इसके निदान के लिए आवासीय अथवा 'आश्रम' स्कूल स्थापित करने की बात कही है। ऐसे विद्यालयों की स्थापना के साथ–साथ इनकी गुणवत्ता बनाए रखे जाने की ओर भी ध्यान आकर्षित किया गया है। आर टी ई अधिनियम की अधिसूचना के साथ 'आश्रम स्कूल' भी इसके अधिकार क्षेत्र के अधीन आ जायेंगे और उन्हें निर्धारित मानदंड तथा मानकों का पालन करना होगा। ऐसे प्रावधान किये गए हैं कि जनजातीय क्षेत्रों में इन आवासीय विद्यालयों में अध्यापक भी ऐसे ही नियुक्त किये जाएँ जो खुद भी छात्रों की पृष्ठभूमि से ही आते हों। इसके अलावा पाठ्यक्रम भी ऐसा ही होगा जो इन बच्चों की जरूरतों एवम् इनकी समस्याओं को ही ध्यान में रख कर बनाया गया हो। इन सभी प्रयासों का परिणाम यह होगा कि जनजातीय बच्चों में अलगाव उत्पन्न नहीं हो पायेगा।

एक अन्य बड़ी समस्या जो इन जनजातीय बच्चों के सामने है, वह यह कि इनकी सामान्य बोलचाल की भाषा स्कूल में प्रयुक्त होने वाली भाषा से भिन्न होती है जो इनके लिए हृदयग्राह्य नहीं होती है। सिर्फ इस कारण से ही बहुत से जनजातीय बच्चे अपनी प्राथमिक शिक्षा बीच में ही छोड़ देते हैं या छोड़ने पर मजबूर हो जाते हैं। भाषाई कठिनता की वजह से बच्चे इनकी विषय– वस्तु समझ नहीं पाते और इस प्रकार शिक्षा की पूरी उपादेयता ही नष्ट हो जाती है। पाठ्यपुस्तक भी इन बच्चों की सांस्कृतिक

एवं सामाजिक स्थिति की अनदेखी करते हुए सिर्फ ज्ञान और प्रभावी भाषा पर ही बल देती है। इन समस्याओं के कारण जनजातीय बच्चे अन्य बच्चों से अलग– थलग पड़ जाते हैं तथा एक ही कक्षा में बार– बार बने रहने के कारण अंततः अपनी शिक्षा बीच में ही छोड़ देते हैं।

जबकि मातृभाषा में शिक्षण को प्रथम भाषा में भाषागत क्षमताओं, अन्य विषय क्षेत्रों तथा दूसरी भाषा सीखने में उपलब्धि के लिए व्यापक रूप से लाभकारी स्वीकार किया गया है, राज्यों पर मातृभाषा में शिक्षित करने की कोई स्पष्ट जिम्मेदारी नहीं है। 'त्रिभाषा सूत्र' जोकि भारत में भाषागत नीति का मूल आधार रहा है, समूचे देश के भीतर समान रूप से कार्यान्वित नहीं किया गया है। झारखण्ड, उड़ीसा और छत्तीसगढ़ जैसे कुछेक राज्यों में जो भाषागत दृष्टि से वैविध्यपूर्ण है, एक ही क्लासरूम में मौजूद भाषागत पृष्ठभूमियों की बहुलता से यह समस्या और भी कठिन बन जाती है।

बहुभाषा शिक्षण उपलब्ध कराना कोई मामूली काम नहीं है। यहाँ तक कि मातृभाषा में शिक्षा प्रदान करना भी अनेक समस्याओं से घिरा हुआ है जैसे कि–

1. हो सकता है कि भाषा की कोई लिपि न हो,
2. यहाँ तक कि भाषा को सामान्य रूप से ऐसी भाषा न माना जाता हो जिससे कि एक वैध भाषा का निर्माण होता हो,
3. इसके बावजूद भाषा के भीतर शिक्षा के प्रयोजनों के लिए उपयुक्त शब्द संग्रह तैयार करने की जरूरत हो सकती है,
4. भाषा में शैक्षिक सामग्री की कमी हो सकती है,
5. उपयुक्त रूप से प्रशिक्षित अध्यापकों की कमी हो सकती है,
6. छात्रों, माता–पिता तथा अध्यापकों द्वारा मातृभाषा में स्कूली शिक्षा प्रदान किये जाने को लेकर विरोध हो सकता है, तथा
7. यदि एक ही कक्षा में अनेक मातृभाषाओं का समूह हो तो इससे यह समस्या और भी दुष्कर बन जाती है।

शैक्षिक अनुसंधान से यह पता चला है कि मातृभाषा शिक्षा का सर्वोत्तम माध्यम होती है और जनजातीय बच्चों का समावेशन प्रमुख रूप से भाषाई मुद्दे पर आधारित होता है। आर टी ई अधिनियम के लागू हो

जाने के फलस्वरूप उनके समावेशन की तात्कालिकता बढ़ जाने के कारण इस मुद्दे की ओर इसके साथ जुड़ी जटिलताओं के कारण अनदेखी किये जाने के बजाय समग्र रूप से ध्यान दिए जाने की जरूरत है। इस प्रयोजन के लिए बहुलता वाली सामाजिक व्यवस्था में रूचि रखने वाले और उसके प्रति जवाबदेह सभी पक्षों के सहयोग की जरूरत होगी जिससे जनजातीय लोगों की संवर्द्धित सहभागिता सुनिश्चित हो पाएगी। शुरू में कार्यान्वयन के लिए जिम्मेदार जनजातीय कल्याण और शिक्षा विभागों को एक–दूसरे के साथ संपर्क रखना होगा और एन जी ओ तथा विद्वानों के साथ वैचारिक आदान–प्रदान करना होगा जोकि इन प्रक्रियाओं को समर्थन प्रदान करेंगे। जिन राज्यों ने इस सम्बन्ध में कुछ पहल की है उनकी सहायता किये जाने की जरूरत है।

भेदभाव और अपवर्जन की उपर्युक्त परिपाटियों की ओर ध्यान देने के लिए अनुसूचित जनजातियों के बच्चों के समावेशन के लिए हस्तक्षेपणीय उपायों की निम्न प्रस्तावित सूची सहायक हो सकती है–

1. मूल निवासी वक्ताओं की भर्ती द्वारा स्थानीय भाषा में शिक्षण
2. समुदाय के भीतर संसाधनों का प्रयोग करते हुए स्थानीय भाषाओं में शैक्षिक सामग्री का निर्माण
3. बहुभाषायी स्थितियों से निपटने के लिए शिक्षाशास्त्रीय उपकरणों और शिक्षा सामग्री के विकास के लिए प्रशिक्षण, शैक्षणिक तथा अन्य तकनीकी सहयोग उपलब्ध कराने के निमित्त जनजातीय बहुलता वाले राज्यों में संसाधन केंद्र स्थापित करना
4. अध्यापकों को बहुभाषायी प्रशिक्षण देना
5. अध्यापकों को जनजातीय संस्कृतियों और परिपाटियों में संवेदीकृत करना
6. पाठ्यचर्या और पाठ्यपुस्तकों में स्थानीय ज्ञान शामिल करना
7. विद्यालयों के भीतर सांस्कृतिक मेलजोल के लिए अवसर पैदा करना जिससे कि जनजातीय संस्कृतियों और परिपाटियों की पहचान की जा सके और जनजातीय बच्चों के बीच हीनता और अलगाव की भावनाएं समाप्त की जा सकें

8. विद्यालय के क्रियाकलापों में समुदाय के सदस्यों का सहयोजन जिससे कि विद्यालय और समुदाय के बीच की सामाजिक दूरी कम की जा सके
9. प्राथमिक शिक्षा के प्रारंभ में बच्चों के लिए जहाँ उन्हें क्षेत्रीय भाषा का ज्ञान नहीं होता, मातृभाषा में पाठ्यपुस्तकें उपलब्ध कराना,
10. जनजातीय क्षेत्रों में प्रत्येक विद्यालय में आँगनवाड़ियों और बालवाड़ियों की व्यवस्था करना जिससे कि बालिकाओं को छोटे भाई–बहनों की देखभाल न करनी पड़े
11. गैर–जनजातीय अध्यापकों को जनजातीय क्षेत्रों में काम करने के लिए विशेष प्रशिक्षण प्रदान करना जिसमें जनजातीय बोली का ज्ञान शामिल है
12. यायावर और प्रवासी कामगारों के लिए विशेष योजना।

मुस्लिम बच्चों का अपवर्जन

आज की तारीख में भारत में नीति और कार्यक्रमों में मुस्लिम बच्चों की शिक्षा विशेष रूप से उपेक्षित क्षेत्र बना हुआ है। फलतः अधिकाँश क्षेत्रों में उनकी शैक्षिक उपलब्धियां जैसाकि सच्चर समिति की रिपोर्ट में कहा गया है केवल अनुसूचित जाति की आबादियों के बच्चों की उपलब्धियों से दूसरे नंबर पर आती हैं।

मुस्लिम बच्चों द्वारा महसूस किए जा रहे दबाव

जो छिटपुट प्रमाण बने हुए हैं, उनके आधार पर यह कहा जा सकता है कि अन्य सुविधावंचित और अपवर्जित समूहों के बच्चों को जो भेदभाव और प्रताड़ना सहन करनी पड़ती है, मुस्लिम परिवारों के बच्चों को पेश आने वाले भेदभाव और प्रताड़ना के सामान्य मुद्दों के अलावा मुस्लिम परिवार के बच्चों को निम्न दबाव भी सहन करने पड़ते हैं जिनका उल्लेख निम्नांकित हैं–

1. दाखिले से इन्कार
2. प्रतिकूल स्कूल और क्लासरूम वातावरण
3. सांस्कृतिक और धार्मिक दबाव

4. बालकों को स्कूल से जल्दी निकाल लेना जिससे कि उन्हें कारीगरों, मैकेनिकों आदि का प्रशिक्षु बनाया जा सके ताकि उन्हें स्वरोजगार के लायक बनाया जा सके क्योंकि संगठित श्रम बाजार में भेदभाव को एक बड़ी समस्या के रूप में देखा गया है।
5. यहाँ तक कि बालिकाओं को भी स्कूल से बाहर निकाल लेना जिससे कि उनके लिए उनसे अधिक शिक्षित वर तलाश किएं जा सकें।
6. समुचित संख्या में उर्दू माध्यम स्कूलों अथवा कम–से–कम दूसरी भाषा के रूप में उर्दू पढ़ाए जाने वाले स्कूलों की मांग।
7. उर्दू भाषा के अध्यापकों की कमी।

मुस्लिम बच्चों के समावेशन के लिए कुछेक हस्तक्षेपणीय उपाय निम्नांकित हैं–

1. विभिन्न क्षेत्रों में मुस्लिम बच्चों को पेश आ रही विशिष्ट बाधाओं के सम्बन्ध में विस्तृत और ठोस अनुसंधान। अनुसूचित जाति और अनुसूचित जनजाति की तरह मुस्लिम लोग सजातीय समुदाय की तरह नहीं होते और विभिन्न राज्यों में उनकी सामाजिक और सांस्कृतिक परिपाटियों में व्यापक अंतर देखने को मिलता है। इन मुद्दों की और अधिक गहरी समझ से मुस्लिम बच्चों को शैक्षिक प्रक्रिया में शामिल करने के निमित्त बेहतर हस्तक्षेपणीय उपाय तैयार करने में मदद मिलेगी।
2. मुस्लिम बहुलता वाले आसपास के क्षेत्रों में स्कूल खोलना।
3. मुस्लिम बहुलता वाले आसपास के क्षेत्रों में 'केवल बालिकाओं के लिए' स्कूल उपलब्ध कराना।
4. मुस्लिम बहुलता वाले आसपास के क्षेत्रों में उर्दू माध्यम के स्कूल उपलब्ध कराना।
5. मुस्लिम बालिकाओं के लिए मार्गरक्षी उपलब्ध कराना, बेहतर हो यदि ऐसे मार्गरक्षी उसी समुदाय की महिलाओं के माध्यम से हों जिससे कि स्कूल जाना सुरक्षित हो सके।
6. दूसरी भाषा के रूप में उर्दू सीखने का विकल्प
7. और अधिक संख्या में विशेष रूप से मुस्लिम बहुलता वाले क्षेत्रों में उर्दू अध्यापकों की भर्ती।

8. विशेष प्रशिक्षण के लिए सन्दर्भ विशिष्ट और लाभग्राही के अनुकूल बनाये गए कार्यक्रम।
9. विशेष रूप से मुस्लिमों के बीच सांस्कृतिक और धार्मिक विविधता के मुद्दों के बारे में अध्यापकों को संवेदीकृत करना।
10. परिपाटियों का समावेशन जैसे कि
    - पाठ्यचर्यात्मक और शिक्षाशास्त्रीय प्रक्रियाओं में मुस्लिम संस्कृति का समुचित प्रतिनिधित्व
    - समुदाय के सदस्यों की सहायता से स्कूल अथवा क्लासरूम में मुस्लिम सांस्कृतिक और धार्मिक परिपाटियों पर चर्चा को प्रोत्साहित करना
    - स्कूलों में मुस्लिम त्यौहार मनाना
    - रमजान के दौरान जब मुस्लिम बच्चे रोजे पर होते हैं, उन्हें संवेदी तरीके से संभालना, तथा
    - एस एम सी में माता–पिता का समुचित प्रतिनिधित्व

अपवर्जन का एक बहुत बड़ा हिस्सा अल्पसंख्यक समुदायों के बारे में ज्ञान और बोध की कमी के कारण पैदा की गयी सामाजिक दूरी का परिणाम होता है। इन सूचनापरक बाधाओं को समाप्त करने के तरीके ढूँढने से जो विरोध और असुरक्षा की भावना बनी हुई है, उसे कम करने में बहुत सहायता मिलेगी।

सर्वाधिक सुविधावंचित समूहों के बच्चे

सर्व शिक्षा अभियान गरीबों के बीच श्रेणीबद्ध समूहों का तथ्य स्वीकार करता है। ऐसे समूह हैं जो केवल यही नहीं कि सबसे अधिक सुविधावंचित और शोषित हैं बल्कि सर्वथा उपेक्षित भी हैं। ऐसे समूह विशेष प्राथमिकता और केन्द्रित ध्यान पाने के हकदार हैं। सर्व शिक्षा अभियान कार्मिकों को उनकी जरूरतों का ध्यानपूर्वक आंकलन करने और उसके बाद इन समूहों के बच्चों के अपवर्जन को समाप्त करने में प्रत्यक्ष रूप से आगे बढ़ने के लिए सन्दर्भ विशिष्ट, नवाचारी, एकीकृत हस्तक्षेपणीय उपायों की योजना बनानी चाहिए। अभी तक निम्न समूह सर्वाधिक सुविधावंचित समूहों के रूप में श्रेणीबद्ध किए गए हैं–

1. शहरी सुविधावंचित बच्चे
2. बाल श्रमिक, विशेष रूप से बंधुआ बाल श्रमिक और घरेलू नौकर
3. पारिस्थितिकीय दृष्टि से वंचित क्षेत्रों में रहने वाले बच्चे जहाँ उन्हें ईंधन, जल, चारा ढोकर लाना पड़ता है और अन्य घरेलू काम करने पड़ते हैं
4. मलिन बस्तियों में रहने वाले अत्यंत निर्धन समुदायों और उन्मीलित शहरी बस्तियों में रहने वाले बच्चे
5. मैला ढोने वाले तथा अन्य लांछित व्यवसायों के परिवारों के बच्चे
6. भ्रमणशील अथवा मौसमी मजदूरों के बच्चे जिनकी जीवनशैली सचल और पारगामी होती है जैसे कि निर्माण कामगार, सड़क कामगार और विशाल निर्माण स्थलों पर काम करने वाले कामगार
7. भूमिहीन कृषि मजदूरों के बच्चे
8. यायावर समुदाय और चरवाहे
9. वन निवासी और दूरस्थ क्षेत्रों में रहने वाले जनजातीय तथा दूरस्थ रेगिस्तानी पुरवों में रहने वाले बच्चे
10. सिविल संघर्ष से प्रभावित क्षेत्रों में रहने वाले बच्चे।

इन समूहों के बच्चे तथा ऐसे अन्य बच्चे जोकि अत्यधिक वंचना की हालात में रहते हैं, उनके लिए बाल–अधिकारों के परिप्रेक्ष्य में असाधारण व्यवस्था किए जाने की जरुरत होगी। उनके लिए एक सर्वाधिक उपयुक्त अधिगम स्थिति सुस्थापित छात्रावासों और आवासीय विद्यालयों के अलावा विद्यालय आने–जाने के लिए परिवहन और उसके साथ–साथ सरकारी एजेंसियों, एन जी ओ तथा समुदाय के सहयोग से अन्य एकीकृत और सहभागितापूर्ण हस्तक्षेपणीय उपायों के रूप में होगी।

अत्यधिक दुष्कर परिस्थितियों में रहने वाले बच्चों से सम्बंधित एक प्रमुख मुद्दा यह है कि समुदाय और समुदाय से कटे होने तथा एस एम सी, पी टी ए अथवा वी ई सी जैसी एजेंसियों और मंचों में अल्प–प्रतिनिधित्व होने के कारण उनकी आवाज अनसुनी रह जाती है। सर्व शिक्षा अभियान सहयोगी समूहों, बाल समूहों की स्थापना करके तथा हस्तक्षेपणीय उपायों और कार्यनीतियों के नियोजन, कार्यान्वयन और मानीटरन में उनकी आवाज शामिल करने के प्रयासों को बढ़ावा देकर सहभागिता के लिए

बच्चों के अधिकार के निमित्त पक्षपोषण द्वारा इस मुद्दे की ओर ध्यान देने की दिशा में प्रयास करेगा।

सर्वाधिक सुविधावंचित बच्चों के उपर्युक्त समूहों के बीच कतिपय विशाल समूहों जैसे कि प्रवास से प्रभावित बच्चे, शहरी सुविधावंचित बच्चे, सिविल संघर्ष से प्रभावित क्षेत्रों में रहने वाले बच्चे तथा 'अपवर्जितों के बीच अपवर्जित' के रूप में नामित बच्चों की स्थिति विश्लेषण और हस्तक्षेपणीय उपायों पर आगामी अनुच्छेदों में चर्चा की जाएगी।

प्रवास द्वारा प्रभावित बच्चों की शिक्षा

ईंट के भट्ठों, कृषि, गन्ने की फसल कटाई, निर्माण कार्य, पत्थरों के उत्खनन, लवण पटलों आदि में काम करने की विभिन्न अवधियों के लिए मौसमी प्रवास तथा बच्चों की शिक्षा पर जिन्हें परिवार के अन्य सदस्यों के साथ या उनके बिना प्रवास करना पड़ जाता है, की ओर ध्यान देने के लिए सर्व शिक्षा अभियान ऐसे जिलों, ब्लाकों तथा गाँवों/शहरों और कस्बों की पहचान करने को बढ़ावा देता है, जहाँ बड़ी संख्या में लोग आते हैं अथवा जहाँ से बड़ी संख्या में लोग बाहर जाते हैं। आर टी ई अधिनियम में यह अधिदेशित है कि ऐसे बच्चों को ऐसे जिलों में जहाँ वे रहते हैं अथवा जिन जिलों में वे मौसमी आधार पर प्रवास करते हैं – दोनों में स्थित नियमित स्कूलों में लाया जाए। इसके लिए विशेष प्रशिक्षण के वास्ते नवाचारी और प्रभावी कार्यनीतियों की जरुरत होगी जिससे कि आयु–उपयुक्त क्षमताएं विकसित की जा सकें ताकि आयु–उपयुक्त कक्षाओं में बच्चों का नामांकन और उन्हें शिक्षा में बनाये रखना और साथ ही ऊपर वर्णित दोनों स्थानों पर शिक्षा प्रदान करने वाली एजेंसियों के बीच समन्वय स्थापित करना सरल हो सके।

ऐसे बच्चों के लिए विशेष प्रशिक्षण कार्यनीतियों के वास्ते अत्यंत सावधानीपूर्वक नियोजन की जरूरत होगी। कुछेक कार्यनीतियाँ निम्न विचारों के आधार पर तैयार की जा सकती हैं–

- प्रवास की अवधि के दौरान बाहर भेजने वाले गाँव/शहरी पुरवे में बच्चों को बनाए रखने के लिए मौसमी छात्रावास तथा आवासीय शिविर
- कार्यस्थल के इलाके में स्कूल जाने के लिए तथा स्कूल से वापस लौटने के लिए परिवहन सुविधा और यदि ऐसा करना व्यवहार्य

नहीं है तो जिन स्थानों पर प्रवासी परिवार काम कर रहे हैं वहां कार्यस्थल स्कूलों की व्यवस्था की जा सकती है,

- भ्रमणशील शैक्षिक स्वयंसेवक जोकि उस अवधि के दौरान प्रवासी परिवारों के साथ जा सकते हैं और जिस दौरान वे एक स्थान के स्कूल से निकल जाते हैं और दूसरे स्कूल को चले जाते हैं, उस दौरान बच्चों की शिक्षा की देखभाल कर सकते हैं तथा
- प्रवास कार्डों/अन्य रिकार्डों के माध्यम से ऐसे बच्चों पर निगाह रखने के लिए कार्यनीतियाँ जिससे कि प्रवास से पहले, प्रवास के दौरान और उसके बाद उनकी शिक्षा का सातत्य बना रह सके।

जिस जिले/राज्य में प्रवासी परिवार कुछ अवधि के लिए बने रहते हैं उनके ऊपर यह सुनिश्चित करने की जिम्मेदारी होगी कि प्रवास की अवधि के दौरान आयु–उपयुक्त कक्षाओं में बच्चों की शिक्षा जारी रहे। ऐसी आशा की जाती है कि ऐसे जिलों के ए डब्ल्यू पी तथा बी में विशेष प्रशिक्षण घटक के अधीन ऐसे बच्चों की शिक्षा के लिए क्रियाकलाप शामिल होंगे। प्रवास और नियोजन के मानचित्रण की प्रक्रियाओं में और हस्तक्षेपणीय उपायों के कार्यान्वयन में एन जी ओ के सहयोजन को सक्रिय रूप से सहयोग प्रदान किया जाना चाहिए। ऐसी एकीकृत कार्यनीतियों में जोकि सर्व शिक्षा अभियान के किसी अन्य मानदंड के अधीन समर्थित नहीं है सहयोगात्मक क्रियाकलापों के लिए नवाचार के अधीन निधियों का उपयोग किया जा सकता है।

चूंकि प्रवास जिलों और राज्यों के बीच होता है इसलिए परिवारों को भेजने वाले और प्राप्त करने वाले जिलों और राज्यों के लिए ऐसे बच्चों की शिक्षा का सातत्य सुनिश्चित करने के लिए एक दूसरे के साथ सहयोग करना जरूरी होगा तथा उन्हें इस प्रयोजन के लिए अन्य साधन भी अपनाने होंगे जैसे कि उपयुक्त पाठ्यपुस्तकें, अध्यापक उपलब्ध करना जोकि उस भाषा में पढ़ा सकें जिसमें ऐसे बच्चे शिक्षा प्राप्त करते रहे हैं। राज्यों/जिलों के बीच नियमित समन्वय स्थापित करने के उद्देश्य से 'कार्यबल' स्थापित किये जा सकते हैं।

ए डब्ल्यू पी तथा बी की मूल्यांकन प्रक्रिया इस बात की जांच करेगी कि क्या उच्च प्रवास वाले क्षेत्रों की पहचान कर ली गई है तथा क्या मौसमी आधार पर प्रवास करने वाले बच्चों की शिक्षा के लिए कार्यनीतियां जिला और राज्य योजनाओं में शामिल कर ली गई हैं।

शहरी सुविधावंचित बच्चे

सर्व शिक्षा अभियान शहरी क्षेत्रों में सुविधावंचित बच्चों की स्कूली शिक्षा की बढ़ती हुई समस्या पर बल देता रहा है। एक के बाद एक जेआरएम ने इस घटक पर भी विचार किया है। शहरी क्षेत्रों की विशेष चुनौतियां होती हैं जैसे कि आवारा बच्चों की शिक्षा, कूड़ा बीनने वाले, बेघर, ऐसे माता–पिता के बच्चे जोकि ऐसे व्यवसायों में लगे हैं जिनके कारण बच्चों की शिक्षा दुष्कर हो जाती है, शहरी कामकाजी वर्ग की मलिन बस्तियों में रहने वाले बच्चों की शिक्षा, उद्योग में काम करने वाले बच्चों, चाय की दुकानों, गैराजों आदि में काम करने वाले बच्चों की शिक्षा। नगर की अन्य विशिष्ट प्रमुख बातें इस प्रकार हैं– भूमि का दाम बहुत ऊंचा होना विजातीय समुदाय तथा अत्यधिक अवसर लागत आदि।

इसके अलावा शिक्षा प्रदान करने वाले और शिक्षा का प्रबंध करने में लगी हुई एजेंसियों की बहुलता के कारण यू ई ई की दिशा में अनेक पहलें शहरी क्षेत्र के स्कूलों तक नहीं पहुँच पातीं हैं। ऐसी स्थिति के फलस्वरूप गुणवत्तात्मक सुधार नाकाफी अथवा कम हो जाता है जिससे कि शहरी सुविधावंचित बच्चों की संख्या और बढ़ जाती है। राज्यों ने सर्वेक्षणों के माध्यम से पहचान करने से लेकर आश्रय स्थलों, कल्याण, जे एन एन यू आर एम, नगर निगम तथा एन जी ओ आदि जैसे विभागों, कार्यक्रमों और एजेंसियों के साथ नेटवर्क निर्माण के रूप में बुनियादी सुविधाएं प्रदान करने तक की पहलें की हैं। नगर एजेंसियों तथा शिक्षा विभागों द्वारा एन जी ओ के सहयोग से चेन्नई, कोलकाता, मुंबई, दिल्ली, भोपाल, लखनऊ, पटना और जबलपुर में कुछ महत्वपूर्ण प्रयास किए गए हैं।

इन पहलों के बावजूद व्यवस्थागत तथा समन्वित प्रयास किए जाने की अधिकाधिक जरूरत है जिससे कि शहरी मुद्दों के लिए संस्थागत आधार पर समाधान जुटाए जा सकें इसलिए शहरी क्षेत्रों में आर टी ई के कार्यान्वयन के लिए सर्व शिक्षा अभियान अधिक समग्र और व्यवस्थित दृष्टिकोण अपनाएगा। ऐसे दृष्टिकोण के लिए विभागों, स्थानीय निकायों, सिविल समाज संगठनों तथा निजी क्षेत्र के बीच हस्तक्षेपणीय उपायों का तालमेल और अभिसरण जरूरी होगा। सर्व शिक्षा अभियान शहरी क्षेत्रों की विशिष्ट चुनौतियों का सामना करने के लिए बहुविध हस्तक्षेपणीय उपायों की एकीकृत रूप में योजना बनाये जाने और निष्पादित किए जाने को प्रोत्साहन देगा। इस प्रयोजन के लिए या तो स्वतंत्र योजनाओं के रूप में

अथवा छोटे कस्बों के मामले में जिला योजनाओं के अंग के रूप में शहरी क्षेत्रों के लिए स्पष्टतः योजना निर्माण किया जाना होगा। इसके लिए किसी भी स्थिति में एन जी ओ, नगर निकायों आदि के साथ साझेदारी की जानी होगी।

शहरी क्षेत्रों में स्कूल न जा सकने वाले बच्चों का मानचित्रण और पहचान के लिए विशेष प्रयास किए जाने होंगे। यू ई ई के लिए अभियान में सभी पात्र बच्चों को शामिल करना सुनिश्चित करने के उद्देश्य से सर्व शिक्षा अभियान में समग्र शहर की योजना बनाई जाएगी। प्रारंभिक शिक्षा योजनायें बनाने के प्रयोजन से बड़े शहरों के नगर निगम को 'जिला' समझा जाएगा। इस तरह के प्रस्तावों के मामले में विकेंद्रीकृत प्रबंध की व्यवस्था भी लागू होगी। इस तरह के प्रस्ताव नगर निगम द्वारा तैयार किए जा सकते हैं और राज्य सरकार को सर्व शिक्षा अभियान के अधीन वित्तपोषण के लिए उनकी सिफारिश करनी होगी जिसमें उस स्रोत का स्पष्ट उल्लेख किया जाएगा जिसमें से राज्य का हिस्सा उपलब्ध कराया जाएगा। सर्व शिक्षा अभियान के सभी मानदंड शहरी क्षेत्रों के मामले में लागू होंगे। अभी तक विभिन्न शहरों में योजना निर्माण के यूनिटों के रूप में वार्डों के अलावा, शहरी मलिन संकुल आदि योजना निर्माण के यूनिट रहे हैं। तथापि, अनुभव से यह पता चलता है कि इस तरह के यूनिटों का और अधिक सूक्ष्म होना जरूरी है जिससे कि बस्ती नियोजन के पीछे जो विचार है, उसकी ओर प्रभावी रूप से ध्यान दिया जा सके। इस सन्दर्भ में और अधिक चिंतन तथा चर्चाएँ शहरी सुविधावंचित बच्चों के लिए समदृष्टिपूर्ण योजना बनाने में सहायक होंगी।

सिविल संघर्ष से प्रभावित क्षेत्रों के बच्चे

यह निरंतर बढ़ती हुई चिंता का एक विषय है जिसके फलस्वरूप बहुत बड़ी संख्या में बच्चे शैक्षिक प्रक्रियाओं से वंचित हो रहे हैं। सर्व शिक्षा अभियान इन बच्चों की स्थिति को एक चिंताजनक और महत्वपूर्ण समस्या के रूप में समझता है तथा यथासंभव जल्दी से जल्दी इस स्थिति से मुक्ति पाने के लिए ठोस उपायों की सिफारिश करता है। बच्चों और शिक्षा को इस तरह की स्थिति से बचाए रखने के कुछ प्रयास इस प्रकार हो सकते हैं–

1. पुलिस, सेना अथवा अर्धसैनिक बलों के निवास के रूप में स्कूलों तथा अन्य शैक्षिक सुविधाओं का प्रयोग निषिद्ध करना।

2. समुचित सुरक्षा और भावनात्मक सहयोग प्रदान करके स्कूलों को सुरक्षित क्षेत्र बनाना जिससे कि बच्चे विद्यालयों में आ सकें और बिना किसी व्यवधान के अपनी शिक्षा जारी रख सकें।

3. यदि सुरक्षा की व्यवस्था नहीं की जा सकती है तो सभी प्रभावित बच्चों के लिए वैकल्पिक व्यवस्था की जानी होगी, जिससे कि बच्चों को बिना किसी रूकावट के अपनी शिक्षा जारी रखने के योग्य बनाया जा सके। इस तरह की व्यवस्था में आवासीय स्कूली सुविधायें प्रदान करना अथवा प्रभावित क्षेत्रों के बच्चों को सुरक्षित स्कूलों में पहुँचाना शामिल हो सकता है।

4. इन क्षेत्रों में नेताओं के साथ विशेष बातचीत आयोजित करना जिससे कि यह सुनिश्चित किया जा सके कि स्कूलों को किसी व्यवधान के बिना चलने दिया जाता है।

अपवर्जितों में अपवर्जित

सर्व शिक्षा अभियान यह मानता है कि किसी भी दृष्टि से शैक्षिक प्रक्रिया से अपवर्जित बच्चों की उपर्युक्त श्रेणियों की पूरी सूची समाप्त नहीं हुई है। जबकि निःशक्त बच्चों के सम्बन्ध में एक अलग सेक्शन में कार्यवाई की जा रही है, बच्चों की कुछेक श्रेणियां ऐसी हैं जिनका स्पष्ट उल्लेख नहीं किया गया है अथवा जिनके सम्बन्ध में अलग से कार्यवाई नहीं की जाती है जैसे कि यायावर पृष्ठभूमि के प्रवासी परिवारों के बच्चे, कानून के प्रतिकूल बच्चे, संरक्षण संस्थानों के बच्चे, एच आई वी/एड्स से प्रभावित बच्चे, प्राकृतिक आपदाओं से प्रभावित बच्चे। ऐसे बच्चों की सहभागिता को कार्यरूप देने के लिए विशेष कार्यनीतियाँ तैयार की जानी होंगी। इस तरह की कार्यनीतियाँ तैयार करने में सहयोग, उनके लिए पक्षपोषण करना और ऐसे बच्चों की सतत सहभागिता पर नजर रखना आर टी ई अधिनियम के कार्यान्वयन के सन्दर्भ में सर्व शिक्षा अभियान द्वारा ऐसे महत्वपूर्ण तत्त्व होंगे जिन पर सर्व शिक्षा अभियान बल देगा।

ऐसे अनेक सक्रिय सिविल समाज समूह हैं जिन्होंने ऐसे बच्चों के साथ काम करने का पर्याप्त अनुभव और ज्ञान प्राप्त किया है। शिक्षा की प्रक्रिया में उन्हें शामिल करने के प्रयोजन से इस तरह के समूहों के सक्रिय सहयोजन की दिशा में प्रयास किये जाने जरूरी हैं। संसाधन सहयोग के लिए इस तरह के समूहों को पैनल में शामिल करने की प्रक्रिया एक उत्तम शुरुआती प्रयास हो सकती है। तथापि, यह सुनिश्चित करने के लिए कि

इस तरह के बच्चे अपवर्जित न रहे, शिक्षा विभाग और उसके साथ–साथ एन सी पी सी आर/एस सी पी सी आर अथवा आर पी ई का सक्रिय सहयोजन जरूरी होगा।

समावेशन को बढ़ावा देने के लिए मुख्यधारा के हस्तक्षेपणीय उपायों की सम्पूर्ति के लिए नवाचारी क्रियाकलाप

सीमान्त समुदायों और सुविधावंचित समूहों की बालिकाओं और बच्चों के अपवर्जन की समस्या की ओर ध्यान देने के लिए सर्व शिक्षा अभियान मुख्यधारा के हस्तक्षेपणीय उपायों के अलावा सन्दर्भ–विशिष्ट हस्तक्षेपणीय उपाय तैयार करेगा। इसमें आगे वर्णित प्रयोजनों के लिए हस्तक्षेपणीय उपाय शामिल होंगे– बालिकाएं, प्रारंभिक शैशवावस्था देखभाल और शिक्षा, अनुसूचित जाति, अनुसूचित जनजाति तथा मुस्लिम समुदायों के बच्चे, शहरी सुविधावंचित बच्चे तथा दुष्कर परिस्थितियों में रह रहे बच्चों के अन्य समूह जैसे कि बालश्रमिक, प्रवास से प्रभावित बच्चे, वयस्क की देखरेख से विहीन बच्चे, कानून के विरोधी बच्चे आदि। इस तरह के हस्तक्षेपणीय उपाय तैयार करने के लिए अभी तक के सभी सफल हस्तक्षेपणीय उपाय आदर्श के रूप में काम करेंगे। आवश्यकता विशिष्ट, नवाचारी हस्तक्षेपणीय उपाय उनके उद्देश्यों, तर्काधार, प्रविधि, समय –सीमा, अपेक्षित परिणामों और मानीटरन आदि के अर्थों में वर्णित और तैयार किये जाने होंगे।

नवाचारों को सर्व शिक्षा अभियान में मुख्यधारा के हस्तक्षेपणीय उपायों के साथ समेकित किया जाना चाहिए और इसके फलस्वरूप सर्वसुलभ प्रारंभिक शिक्षा के कम से कम एक घटक में, अधिक में न सही सुस्पष्ट प्रगति दीखनी चाहिए। सर्व शिक्षा अभियान मुख्यधारा के सर्व शिक्षा अभियान हस्तक्षेपणीय उपायों को सहयोग देने के लिए समदृष्टि के वास्ते नवाचारी क्रियाकलापों के निमित्त 50 लाख रूपये तक की राशि प्रदान करेगा जिससे कि सीमान्त समुदायों और सुविधावंचित समूहों के बच्चों को शामिल किया जा सके। संशोधित मानदंडों के प्रत्येक जिले के लिए अधिक से अधिक चार परियोजनाओं के लिए 15 लाख रूपये प्रति जिले की ऊपरी सीमा हटा दी गई है।

जबकि सर्व शिक्षा अभियान बहुविध प्रकार के आवश्यकता – आधारित, स्थान–विशिष्ट हस्तक्षेपणीय उपायों को प्रोत्साहन देगा, सीमान्त समुदायों और सुविधावंचित समूहों के लिए सन्दर्भ–विशिष्ट नवाचारी हस्तक्षेपणीय उपायों के कुछ उदाहरणों में ये शामिल हैं–

1. आर टी ई अधिनियम के अनुसार बच्चे के अधिकारों और हकदारियों के सम्बन्ध में ग्रासरूट स्तर पर जागरूकता निर्माण।
2. शिक्षा प्रणाली में हितधारकों के रूप में बच्चों की आवाज को प्रोत्साहन देने के लिए अवसर उपलब्ध कराना और मंच निर्मित करना।
3. नामांकन और बच्चों को शिक्षा में बनाए रखने के लिए व्यवहार्य हस्तक्षेपणीय उपाय।
4. सर्वाधिक सुविधावंचित बच्चों के समूहों के विशेष प्रशिक्षण के लिए नवाचारी कार्यनीतियाँ।
5. वयस्क देखरेख से विहीन बच्चों, बेघर बच्चों, घरेलू नौकरों के रूप में काम करने वाले बच्चों, बाल भिखारियों तथा अत्यंत दुष्कर परिस्थितियों में रहने वाले बच्चों के अन्य समूहों के लिए सहयोग समूह और सुरक्षा तंत्रों का निर्माण करना।
6. ई सी सी ई केन्द्रों का सुदृढ़ीकरण करना तथा ई सी सी ई कार्यकर्ताओं के क्षमता निर्माण के लिए सहयोग।
7. विद्यालय विकास योजना तैयार करने के काम को सुविधापूर्ण बनाने के लिए सामुदायिक अभिप्रेरण और क्षमता निर्माण।
8. अध्यापक और छात्र उपस्थिति, बच्चों की सहभागिता और उनके अधिकारों की रक्षा का समुदाय–आधारित मानीटरन।
9. विद्यालय के भीतर और बाहर एक अनुकूल अधिगम वातावरण तैयार करना।

लैंगिक और सामाजिक समदृष्टि के लिए सर्व शिक्षा अभियान के हस्तक्षेपणीय उपाय

आर टी ई अधिनियम के लैंगिक और समदृष्टि आयामों को कार्यरूप देने के लिए सर्व शिक्षा अभियान निम्न मुद्दों पर बल देगा–

प्रशिक्षण और शैक्षणिक सहयोग–

1. क्योंकि आर टी ई अधिनियम के अधीन सुस्पष्ट उद्देश्य यह है कि एक ऐसा लिंग संवेदी, गैर–भेदभाव क्लासरूम हो जो शारीरिक दंड और मानसिक प्रताड़ना से मुक्त हो इसलिए पाठ्यचर्या डिजाइन और अध्यापक प्रशिक्षण के स्तर में महत्वपूर्ण सुधार लाए जाने की जरूरत है। उपलब्ध कराने वाली सभी एजेंसियों द्वारा सेवा–पूर्व,

सेवाकालीन तथा प्रवेशकालीन प्रशिक्षण के एक अविभाज्य अंग के रूप में लैंगिक और सामाजिक समावेशन चिंताएं डाईटों तथा अन्य अध्यापक शिक्षण संस्थानों की प्रशिक्षण पाठ्यचर्या का एक प्रमुख पक्ष होना चाहिए। लैंगिक और सामाजिक श्रेणी समदृष्टि और उसके साथ–साथ उपरोक्त सभी अन्य सुविधावंचित समूहों की समदृष्टि विषय–विशिष्ट अंतर्वस्तु का अविभाज्य अंग भी होनी चाहिए। इस प्रयोजन के लिए राज्यों द्वारा तैयार किए गए माड्यूलों को संशोधित तथा जरूरत हो तो नए सिरे से तैयार करना होगा। इस बात की जांच करने के लिए एक अधिक समतावादी क्लासरूम निर्माण करने के लिए इस तरह के प्रशिक्षण कितने प्रभावी हैं, एक तंत्र स्थापित किए जाने की जरूरत है।

2. क्लासरूम में प्रशिक्षण के दौरान जो कुछ सीखा गया है, उसे आगे ले जाने के लिए एक सतत सहयोग और मानीटरन की जरूरत है। जिला शिक्षा और प्रशिक्षण संस्थान (डाईट), ब्लाक संसाधन केंद्र (बी आर सी) तथा संकुल संसाधन केंद्र (सी आर सी) इस तरह की भूमिका निभा रहे हैं। तथापि, ऐसे संस्थानों द्वारा उपलब्ध कराए जाने वाले सहयोग के स्तर में सुधार लाए जाने की जरूरत है। इसलिए डाईटों, बी आर सी और सी आर सी का क्षमता निर्माण लैंगिक और सामाजिक समदृष्टि के संदर्भ में एक प्रमुख तत्व होगा। इस तरह के प्रयास में अनुभव प्राप्त संगठनों का सहयोग सहज सुलभ होगा।

3. 50 प्रतिशत महिला अध्यापकों का प्रावधान महिलाओं को बड़ी संख्या में शिक्षा प्रणाली में लाने में प्रभावी रहा है। महिला अध्यापकों को पेश आने वाली समस्याओं की ओर समुचित ध्यान दिए जाने की जरूरत है। सुरक्षा संबंधी समस्याओं पर काबू पाने तथा अन्य प्रकार के लैंगिक पक्षपात, जिसमें प्रताड़ना शामिल है, से निपटने के लिए महिला अध्यापकों को सहयोग प्रदान किया जाना चाहिए। महिला अध्यापकों के मंच अथवा सहयोगी समूह स्थापित करना भी इस दिशा में एक सहायक कार्यवाई होगी।

पाठ्यचर्या और परिपाटियाँ

1. एन सी एफ–2005 में विशेष रूप से अनुसूचित जाति, अनुसूचित जनजाति तथा अल्पसंख्यकों के बच्चों, सभी सामाजिक श्रेणियों की बालिकाओं तथा निःशक्त बच्चों के क्लासरूम अनुभव के सन्दर्भ

में पाठ्यवस्तु, पाठ्यपुस्तकों, अध्यापक प्रशिक्षण और मूल्यांकन में संशोधन के लिए एक कार्यतंत्र का प्रावधान किया गया है। सभी राज्यों/संघ राज्य क्षेत्रों को एन सी एफ – 2005 के आधार पर सुधार प्रक्रियाएं शुरू करने की दिशा में प्रयास करने चाहिए।

2. यह देखना भी समान रूप से महत्वपूर्ण है कि रोजमर्रा की क्लासरूम परिपाटियों (जिनका उल्लेख 'प्रच्छन्न पाठ्यचर्या' के रूप में किया जाता है) के स्तर पर असमानताएं इस प्रकार काम करती हैं। विद्यालय में 'प्रच्छन्न पाठ्यचर्या' के कुछेक महत्वपूर्ण पक्ष इस प्रकार होंगे – क्लासरूम व्यवस्था (कौन कहाँ बैठता है), विभेदपूर्ण कार्य – आबंटन इस बात को प्रबलित करना कि अनुसूचित जाति की बालिकाएं 'घरेलू' काम (झाड़ू लगाना, सफाई करना) करें, पाठ्यचर्येत्तर क्रियाकलाप तथा खेलकूद की कोटियाँ आदि, विषय चयन (अनुसूचित परिवारों की बालिकाओं अथवा बच्चों को अक्सर गणित और विज्ञान के विषय लेने से सक्रिय वातावरण आदि में अध्यापकों तथा हमजोलियों द्वारा प्रयुक्त भाषा) इसलिए 'प्रच्छन्न पाठ्यचर्या' के सुस्पष्ट भिन्न पक्ष बनाना और उसके बाद उन मुद्दों पर काम करने के लिए संवेदीकरण उपाय अपनाना महत्वपूर्ण है। संवेदीकरण अपने आप में काफी नहीं होगा तथा क्लासरूम परिपाटियों का मानीटरन किए जाने की जरुरत होगी और इस प्रयोजन के लिए विद्यालय तथा अन्य स्तरों पर प्रोटोकॉल तथा शिकायत निवारण तंत्र स्थापित किए जाने चाहिए। सर्व शिक्षा अभियान यह मानता है कि इन क्षेत्रों में बदलाव लाना बहुत कठिन है क्योंकि वे गहरे संस्थापित विश्वासों और अभिवृत्तियों पर आधारित हैं और इस कारण इस सम्बन्ध में सतत आधार पर काम किए जाने की जरुरत है।

3. जहाँ तक आयु–उपयुक्त नामांकन को सहयोग देने के लिए विशेष प्रशिक्षण का सम्बन्ध है, उपयुक्त पाठ्यचर्या तैयार की जानी होगी। क्योंकि इसका लाभ उठाने वाले बच्चों में से अधिकांशतः सुविधावंचित समूहों और दुर्बल वर्गों की बालिकाएं और बच्चे होंगे, इसलिए प्रयुक्त शिक्षाशास्त्र लिंग–संवेदी और नमनशील होना चाहिए। जिन बच्चों को मुख्यधारा का अंग बनाया गया है, उन्हें सतत् सहयोग दिए जाने की जरुरत होगी जिससे कि वे अन्य

बच्चों के साथ बने रह सकें तथा सूक्ष्म भेदभाव की स्थिति में अपने को संभाले रख सकें।

4. लैंगिक मुद्दे को मुख्यधारा का अंग बनाने तथा उपयुक्त पाठ्यचर्या, अध्यापन–अधिगम सामग्री तथा लिंग अनुप्राणित शिक्षाशास्त्र और एन पी ई जी ई एल तथा के जी बी वी के लिए अध्यापक प्रशिक्षण तैयार करने तथा बी आर सी, सी आर सी प्रशिक्षण आदि के लिए संसाधन संगठनों/व्यक्तियों की भूमिका निभाने के निमित्त सर्व शिक्षा अभियान सांगत अनुभव से युक्त गैर–सरकारी तथा अन्य संगठनों और व्यक्तियों के काम को सरल बनाएगा। यह ध्यातव्य है कि एकीकृत गुणवत्ता सुधार तंत्र को, जिसके लिंग और समदृष्टि अविभाज्य अंग हैं, कार्यरूप देने के उद्देश्य से राज्यों तथा संघ राज्य क्षेत्रों को सशक्त संसाधन सहयोग की जरूरत होगी।

लैंगिक और सामाजिक समावेशन प्रावधानों का मानीटरन

लैंगिक और सामाजिक मुद्दों का सावधानीपूर्वक मानीटरन किए जाने की जरूरत है। विभिन्न स्तरों पर मानीटरन और जवाबदेही तंत्र तैयार और सुदृढ़ किए जाने होंगे।

आर टी ई अधिनियम में यह निर्धारित है कि एस एम सी में 50% अभिभावक महिलाएं होंगी। तथापि, यदि हम यह चाहते हैं कि ये महिलाएं प्रभावी रूप से काम करें और लैंगिक मुद्दों की ओर ध्यान देने और उनका मानीटरन करने की स्थिति में हो सकें और उन्हें विद्यालय विकास योजनाओं में शामिल किया जाए तो उन्हें प्रदान किए जाने वाले क्षमता निर्माण इनपुटों में लैंगिक संवेदीकरण का एक सशक्त तत्व शामिल होना चाहिए। सामुदायिक सन्दर्भ में जहाँ सामाजिक, लैंगिक और जातिगत श्रेणीबद्ध संगठन अनेक स्तरों पर काम करते हैं, भेदभाव के मुद्दे उठाना एक कठिन काम होता है और जिन लोगों को यह काम सौंपा जाता है उन्हें इस प्रक्रिया में सामर्थ्यवान बनाया जाना होगा और उन्हें सहयोग प्रदान किया जाना होगा। पी आर आई के लिए भी इसी प्रकार के प्रशिक्षण कार्यक्रमों पर विचार किया जा सकता है। एन जी ओ तथा महिला समाख्या जैसे कार्यक्रम जिन्होंने यह दर्शाया है कि यह काम कैसे किया जा सकता है, उनका सहयोग सक्रिय रूप से प्राप्त किया जाना चाहिए।

सामाजिक आडिटों को विद्यालय और क्लासरूमों के भीतर की परिपाटियों के बारे में भी रिपोर्ट देनी चाहिए तथा विभिन्न प्रबंध प्रणालियों

जिनमें निजी प्रबंधकवर्ग शामिल हैं, के अधीन विद्यालयों में लिंग–आधारित भेदभाव की पहचान सामाजिक आडिट का एक अविभाज्य अंग होना चाहिए।

नि:शक्त बच्चों की शिक्षा

एक समूह जोकि सर्व शिक्षा अभियान के अधीन समदृष्टि मुद्दों के एक अत्यंत महत्त्वपूर्ण भाग का निर्माण करता है, वह नि:शक्त बच्चों (सी डब्ल्यू एस एन) का समूह है। सर्व शिक्षा अभियान का मुख्य बल सभी नि:शक्त बच्चों को सामान्य विद्यालयों में समावेशी शिक्षा प्रदान करने पर रहेगा। सर्व शिक्षा अभियान यह सुनिश्चित करता है कि प्रत्येक नि:शक्त बच्चा चाहे उसकी नि:शक्तता की किस्म, श्रेणी और मात्रा कुछ भी हो, उसे उत्तम स्तर की समावेशी शिक्षा उपलब्ध करायी जाए। सर्व शिक्षा अभियान नि:शक्त बच्चों की शिक्षा के लिए बहुविध प्रकार के दृष्टिकोणों, विकल्पों और कार्यनीतियों को सहयोग प्रदान करेगा। इसमें नि:शक्त बच्चों के लिए विद्यालय तत्परता कार्यक्रमों, विशेष विद्यालयों के माध्यम से शिक्षा घर में स्कूली शिक्षा, समुदाय–आधारित पुनर्वास (सी बी आर) के रूप में दिया जाने वाला विशेष प्रशिक्षण शामिल है। अंतिम लक्ष्य यह होगा कि सभी नि:शक्त बच्चों को आसपास के विद्यालयों में मुख्यधारा का अंग बनाया जाए।

आई ई ई कार्यक्रम के प्रभावी नियोजन, प्रबंध और कार्यान्वयन के लिए राज्य तथा जिला स्तरों पर संसाधन समूहों का गठन किया जाना चाहिए। साथ ही इन समूहों में सिविल समाज का प्रतिनिधित्व भी होना चाहिए। राज्य/जिला स्तर पर आई ई ई के लिए एक तकनीकी व्यक्ति की नियुक्ति भी की जानी चाहिए। सर्व शिक्षा अभियान के अधीन नि:शक्त बच्चों के लिए समावेशी शिक्षा सभी प्रकार के भेदभाव को समाप्त करने तथा सभी की प्रभावी सहभागिता को बढ़ावा देने पर बल देकर प्रत्येक नि:शक्त बच्चे की पूर्ण क्षमता विकसित करने का प्रयास करती है।

भौतिक पहुँच– निम्न क्रियाकलाप भौतिक पहुँच का एक अंग हो सकते हैं –

1. **सी डब्ल्यू एस एन का मानचित्रण** – नि:शक्त बच्चों की पहचान/ मानचित्रण सूक्ष्म नियोजन और पारिवारिक सर्वेक्षण का एक अविभाज्य अंग होना चाहिए। पीएचसी, आई सी डी एस, ई सी सी ई केन्द्रों तथा अन्य स्कूल तत्परता कार्यक्रमों के माध्यम से छोटी उम्र में ही नि:शक्त बच्चों का पता लगाने का एकजुट अभियान हाथ में

लिया जाना चाहिए। इसके साथ–साथ विभिन्न स्तरों पर सर्वेक्षकों, परिमाणिकों तथा अन्य सरकारी कार्मिकों को प्रशिक्षण दिया जाना चाहिए।

2. **जरूरतों के मानचित्रण के लिए सी डब्ल्यू एस एन का मूल्यांकन** – प्रत्येक अभिज्ञात बच्चे का मूल्यांकन किया जाना चाहिए। इस तरह का मूल्यांकन किए जाने के लिए ब्लाक/संकुल स्तर पर एक दल का गठन किया जाना चाहिए। यह मूल्यांकन दल निःशक्तता की मात्रा और कोटि का, बच्चे के विकासात्मक स्तर का, अपेक्षित सहयोगी सेवाओं की प्रकृति का, बच्चे द्वारा अपेक्षित सहायक युक्तियों का तथा बच्चे को प्रदान किए जाने वाले विशेष प्रशिक्षण के सर्वाधिक उपयुक्त रूप का पता लगाएगा।

3. **शैक्षिक स्थानन** – हर निःशक्त बच्चे को अपेक्षित सहयोगात्मक सेवाओं के साथ आसपास के विद्यालयों में दाखिल किया जाना चाहिए। कतिपय ऐसे कौशल अर्जित करने के लिए जिनके बल पर वे अधिनियम में यथापरिकल्पित प्रारंभिक शिक्षा तक पहुँचाने की स्थिति में हो सकेंगे, उन्हें सुविधा पहुंचाई जानी चाहिए। उदाहरण के लिए उन्हें गतिशीलता प्रशिक्षण, संस्थिति प्रशिक्षण आदि की जरुरत हो सकती है। इस प्रकार निःशक्त बच्चों को आर टी ई अधिनियम में यथापरिकल्पित 'विशेष प्रशिक्षण' प्रदान करके उनकी विद्यालय तत्परता अवश्य सुनिश्चित की जानी चाहिए। इस तरह का प्रशिक्षण उनकी विशिष्ट जरूरतों के अनुसार आवासीय, गैर--आवासीय और यहाँ तक कि गृह–आधारित हो सकता है। निःशक्त बच्चों के लिए मौजूदा अनौपचारिक और वैकल्पिक स्कूली शिक्षा (गृह आधारित शिक्षा सहित), विकल्पों को 'विशेष प्रशिक्षण' के रूप में नया स्वरूप प्रदान किया जा सकता है। इसका अर्थ यह होगा कि –

(क) ऐसे सभी निःशक्त बच्चे जो स्कूलों में दाखिल नहीं हैं अथवा जिन्होंने शिक्षा बीच में ही छोड़ दी है, उन्हें पहले आसपास के स्कूल में दाखिल किया जाएगा,

(ख) वे नियमित अध्यापकों अथवा इस प्रयोजन के लिए विशेष रूप से नियुक्त किए गए अध्यापकों के माध्यम से 'विशेष प्रशिक्षण' पाने तथा

(ग) अपने हमजोलियों सहित आयु–उपयुक्त कक्षा में सामान्य स्कूलों में मुख्यधारा का अंग बनाए जाने के पात्र होंगे।

4. **सहायक सामग्री तथा उपकरण** – ऐसे सभी बच्चे जिन्हें सहायक उपकरणों की जरुरत है, उन्हें सहायक सामग्री और उपकरण उपलब्ध कराये जाने चाहिए जो यथासंभव सामाजिक न्याय और अधिकारिता मंत्रालय, राज्य कल्याण विभागों, राष्ट्रीय संस्थानों, एलिम्को, स्वैच्छिक संगठनों अथवा एन जी ओ के साथ अभिसरण के माध्यम से प्राप्त किए जाने चाहिए। यदि सहायक सामग्री और उपकरण अभिसरण के माध्यम से प्राप्त नहीं किए जा सकते तो इस प्रयोजन के लिए भी सर्व शिक्षा अभियान निधियों का प्रयोग किया जा सकता है।

5. **वास्तुकला संबंधी बाधाएं हटाना** – विद्यालयों में वास्तुकला संबंधी बाधाएं हटाई जानी होंगी जिससे कि पहुँच सहज हो सके और सी डब्ल्यू एस एन के समावेशन को बढ़ावा दिया जा सके। विद्यालयों और शैक्षिक संस्थानों में सभी प्रकार की विकलांग–अनुकूल सुविधायें उपलब्ध कराई जानी होंगी। निःशक्त बच्चों के लिए एक समर्थनकारी माहौल उपलब्ध करने के लिए विद्यालयों के नवाचारी प्रारूप तैयार करना भी इस कार्यक्रम का एक अंग होना चाहिए। यह जरूरी है कि विद्यालयों का प्रारूप तैयार करने में एक समावेशी लेंस का प्रयोग किया जाए जिससे कि बाधामुक्त वातावरण उपलब्ध हो सके तथा सुलभ भवनों में केवल यही नहीं कि ढाल शामिल हो बल्कि उनमें सुलभ क्लासरूम, टायलेट, खेल के मैदान, प्रयोगशालाएं आदि भी शामिल होनी चाहिए।

निःशक्त बच्चों के लिए पहुँच का स्तर – आर टी ई स्कूलों को तैयार करने और उनका सुदृढ़ीकरण करने के महत्व पर बल दिया गया है जिससे कि लिंग, जाति, भाषा, संस्कृति, धर्म अथवा निःशक्तताओं से उत्पन्न होने वाली सभी प्रकार की भिन्नताओं की ओर ध्यान दिया जा सके। इसलिए सी डब्ल्यू एस एन को स्कूली शिक्षा में बनाए रखने के लिए स्कूलों को इस ढंग से तैयार किया जाएगा कि बच्चे द्वारा अपेक्षित सहयोगात्मक सेवाएं, प्रशिक्षित/संवेदीकृत अध्यापक की उपलब्धता, संसाधन अध्यापक का सहयोग, हमजोलियों द्वारा स्वीकृति तथा समावेशी शिक्षण परिपाटियाँ सुलभ हों।

क्लासरूम के स्थान, भवन, फर्नीचर, उपकरण, बैठने की व्यवस्था, क्लासरूम का आयोजन आदि जैसे तत्वों को सी डब्ल्यू एस एन की

भिन्न–भिन्न और विविध प्रकार की शैक्षिक जरूरतों को पूरा करने के लिए अनुकूलित किया जाना होगा। उदाहरणस्वरूप स्थान संबंधी मानदंडों को व्हील चेयर जैसे सहयोगात्मक उपकरणों का प्रयोग करने वाले निःशक्त बच्चे के मामले में बदलना होगा। गुणवत्ता के अधीन घटकों में निम्न शामिल होंगे –

1. **सहयोगात्मक सेवाएं** – सी डब्ल्यू एस एन को प्रमुख अनिवार्य सहयोगात्मक सेवाओं की बराबर जरूरत रहती है। इस तरह की सेवाएं श्रेणी–विशिष्ट होंगी और वे बच्चे की जरूरतों के अनुसार उपलब्ध कराई जानी चाहिए। सी डब्ल्यू एस एन की पहुँच और उन्हें शिक्षा में बनाये रखने के लिए ऐसी सहयोगात्मक सेवाएं जरूरी हैं। इनमें विशिष्ट पूर्तियां शामिल होंगी जैसेकि वैयक्तिक जरूरतों के अनुसार सहायक सामग्री और सहायक उपकरणों की उपलब्धता तथा स्तरोन्नयन, संवर्धनात्मक और वैकल्पिक संचार साधनों, श्रव्य दृश्य सामग्री, संचार बोर्ड, कंप्यूटर सुलभता, विद्यालय भवनों, क्लासरूमों के लिए सर्वसुलभ प्रारूप, परिवहन/मार्गरक्षी सुविधा, फर्नीचर तथा साजसज्जा, संसाधन कक्ष सहयोग, चिकित्सकीय सहयोग, सुलभ फॉर्मेट में पाठ्यपुस्तकें, आई सी टी सहयोग, व्यावसायिक शिक्षा और प्रशिक्षण आदि के रूप में तकनीकी सहयोग।

2. **अध्यापक प्रशिक्षण** – निःशक्त बच्चों के प्रभावी क्लासरूम प्रबंध के सम्बन्ध में नियमित अध्यापकों को संवेदीकृत किए जाने के लिए गहन अध्यापक प्रशिक्षण दिया जाना चाहिए। इस तरह का प्रशिक्षण ब्लाक/संकुल स्तर पर आवर्ती होना चाहिए और सर्व शिक्षा अभियान में पहले से चली आ रही सेवाकालीन अध्यापक प्रशिक्षण अनुसूचियों में समेकित किया जाना चाहिए। एस सी ई आर टी, डाईट तथा बी आर सी स्तर पर सभी प्रशिक्षण माड्यूलों में निःशक्त बच्चों की शिक्षा का एक उपयुक्त घटक शामिल होना चाहिए।

3. **संसाधन सहयोग** – निःशक्त बच्चों के लिए संसाधन सहयोग विशेष रूप से उन्हें विशेष कौशलों की शिक्षा देने के लिए प्रशिक्षित विशेष अध्यापकों की नियुक्ति की जानी चाहिए। संसाधन अध्यापक की तैनाती ब्लाक अथवा संकुल स्तर पर की जा सकती है और वह ऐसे विद्यालयों के समूह को कवर करते हुए जहाँ निःशक्त बच्चे दाखिल हैं, भ्रमणशील पद्धति से काम कर सकता है। जहाँ

तक संभव हो सके ब्लाक स्तर पर निःशक्तता की प्रत्येक श्रेणी के लिए एक संसाधन अध्यापक की नियुक्ति की जानी चाहिए और सभी संसाधन अध्यापकों को बहु–श्रेणी प्रशिक्षण प्रदान किया जाना चाहिए जिससे कि निःशक्त बच्चों के लिए शैक्षणिक सहयोग का सुदृढ़ीकरण किया जा सके। यदि निर्धारित योग्यताओं के अनुसार अर्हताप्राप्त विशेष अध्यापक उपलब्ध नहीं हैं तो भारतीय पुनर्वास परिषद् (आर सी ई) द्वारा मान्यताप्रदत्त अल्पकालीन प्रशिक्षण पाठ्यक्रमों से युक्त अध्यापकों को इस शर्त पर नियुक्त किया जा सकता है कि वे नियुक्ति के तीन वर्षों के भीतर पूर्ण पाठ्यक्रम पूरा कर लेंगे अथवा नियमित अध्यापकों को दीर्घकालीन प्रशिक्षण प्रदान किया जाना चाहिए। निःशक्त बच्चों के अभिभावकों/परिवारों में से संकुल/ग्राम पंचायत स्तर पर आई ई ई स्वयंसेवक संविदा आधार पर नियुक्त किए जाने चाहिए और उन्हें गहन प्रशिक्षण प्रदान किया जाना चाहिए।

4. **पाठ्यचर्यात्मक पहुँच** – एन सी एफ–2005 में की गयी परिकल्पना के अनुसार पाठ्यचर्या अवश्य ही समावेशी होनी चाहिए। यह सुनिश्चित किया जाना चाहिए कि सामान्य और निःशक्त बच्चों द्वारा एक ही पाठ्यचर्या का पालन किया जाए लेकिन अधिगम अंतर्वस्तु, अधिगम अनुकूल वातावरण, उपयुक्त अधिगम–दृष्टिकोण, अधिगम–सहायक सामग्री में अनुकूलन, मूल्यांकन में नमनशीलता आदि में छोटे–मोटे परिवर्तनों जैसे लघु–अनुकूलन किए जा सकते हैं।

5. **वैयक्तिक शैक्षिक योजना (आई पी पी)** – प्रत्येक निःशक्त बच्चे के लिए अभिभावकों और विशेषज्ञों के परामर्श से एक आई पी पी तैयार की जानी चाहिए। इसके कार्यान्वयन का समय–समय पर मानीटरन किया जाना चाहिए। इस आई पी पी को संकेतक तैयार करने के बाद निःशक्त बच्चों द्वारा प्रयुक्त विभिन्न कार्यनीतियों और सहयोगात्मक सेवाओं की प्रभाविता की नियतकालिक आधार पर समीक्षा करनी चाहिए।

6. **विशेष विद्यालयों के साथ सहक्रिया निर्माण** – विशेष विद्यालयों को समावेशी शिक्षा के लिए संसाधन केंद्र बनना होगा और आई ई ई को सहयोग प्रदान करना होगा। इस तरह के संसाधन सहयोग की प्रकृति में अध्यापक प्रशिक्षण, सामग्री तथा उपयुक्त टी एल

एम का निर्माण, निःशक्त बच्चों को सहयोगात्मक सेवाएं उपलब्ध करने आदि जैसे पक्ष शामिल किए जा सकते हैं। कुछ मामलों में विशेष विद्यालय एक निर्धारित अवधि के लिए निःशक्त बच्चों को विशेष प्रशिक्षण प्रदान कर सकते हैं और उसके बाद उन्हें नियमित विद्यालयों की मुख्यधारा में शामिल कर सकते हैं।

7. **अनुसंधान** – सर्व शिक्षा अभियान निःशक्त बच्चों की शिक्षा के सभी क्षेत्रों में अनुसंधान को बढ़ावा देगा जिसमें नए सहयोगात्मक उपकरणों, शिक्षण सहायक सामग्री, विशेष शिक्षण सामग्री तथा निःशक्त बच्चे को शिक्षा में समान अवसर उपलब्ध कराने के लिए जरूरी अन्य मदों का प्रारूप तथा विकास के लिए अनुसंधान शामिल होगा।

सी डब्ल्यू एस एन के लिए विशेष पहुँच

सी डब्ल्यू एस एन के लिए सामाजिक पहुँच सुनिश्चित करना भौतिक पहुँच उपलब्ध कराने की तुलना में एक अधिक बड़ी चुनौती है क्योंकि इसके लिए सी डब्ल्यू एस एन की विभिन्न शैक्षिक जरूरतों को गहराई से समझना तथा विभिन्न स्तरों पर अभिवृत्तिपरक बदलावों को बनाए रखा जा सके। सामाजिक पहुँच का एक अत्यंत महत्वपूर्ण आयाम भेदभाव होता है। सी डब्ल्यू एस एन को अनेक प्रकार का भेदभाव सहन करना होता है। इस सम्बन्ध में अध्यापक और हमजोली एक अत्यंत महत्वपूर्ण भूमिका निभा सकते हैं। निःशक्त बालिकाओं की शिक्षा पर विशेष महत्व दिया जाना जरूरी है। सामाजिक पहुँच में निम्न शामिल हो सकते हैं –

1. **अभिभावक प्रशिक्षण और सामुदायिक अभिप्रेरण** – निःशक्त बच्चों के अभिभावकों को इस आशय का परामर्श और प्रशिक्षण दिया जाना चाहिए कि वे अपने निःशक्त बच्चों को किस तरह पालें और उन्हें जीवित रहने के बुनियादी कौशल सिखाएं। प्रत्येक सशक्त पक्षपोषण और जागरूकता कार्यक्रम प्रत्येक निःशक्त बच्चे को पढ़ाने की कार्यनीति का अंग होना चाहिए। अभिभावकों, वी ई सी तथा समुदाय के लिए सभी माड्यूलों में निःशक्तता का घटक शामिल किया जाना चाहिए। विद्यालय विकास योजनाएँ सी डब्ल्यू एस एन की जरूरतों को ध्यान में रखते हुए तैयार की जानी चाहिए।

2. **हमजोली संवेदीकरण** – सी डब्ल्यू एस एन के सन्दर्भ में अत्यंत महत्वपूर्ण भूमिका निभाने वाला अन्य समूह हमजोलियों का समूह होता है। हमजोली संवेदीकरण के लिए विभिन्न कार्यक्रम तथा पाठ्यचर्यात्मक और सह–पाठ्यचर्यात्मक क्रियाकलाप तैयार किए जाने चाहिए जैसे कि समावेशी खेलकूद, खेल प्रतियोगिताएं, सांस्कृतिक कार्यक्रम, समावेशी ज्ञानार्जक दौरे आदि।

ऐसे बच्चों की विशेष अधिगम जरूरतों को पूरा करने के लिए एक वित्तीय वर्ष में प्रत्येक निःशक्त बच्चे के लिए 3000 रूपये तक की राशि खर्च की जा सकती है। प्रत्येक निःशक्त बच्चे के लिए खर्चे की ऊपरी सीमा जिला स्तर पर लागू होगी। इस कार्यक्रम का समय–समय पर परिष्कार करने के लिए पहले से चले आ रहे मानीटरन और मूल्यांकन जारी रखे जाने चाहिए। इस प्रयोजन के लिए प्रत्येक स्तर पर उपयुक्त मानीटरन तंत्र और उपकरण तैयार किए जाने चाहिए और नियमित अंतरालों पर उनका परीक्षण किया जाना चाहिए।

अध्याय–5

सर्व शिक्षा के गुणात्मक मुद्दे एवम् उनका अनुश्रवण

1992 में यथासंशोधित राष्ट्रीय शिक्षा नीति में अधिगम के अनिवार्य स्तरों की प्राप्ति के लिए शिक्षा के स्तर में अत्यधिक सुधार लाए जाने की आवश्यकता पर बल दिया गया था। 1992 की कार्ययोजना में प्राथमिक और अपर प्राथमिक स्तर पर अधिगम के न्यूनतम स्तर निर्धारित किए जाने की आवश्यकता बताई गई थी। यह आवश्यकता, इस बुनियादी चिंता के कारण उभरी थी कि सभी बच्चों को चाहे उनकी जाति, पंथ, स्थान कोई भी हो, चाहे वे स्त्री हों या पुरुष, समकक्ष स्तर की शिक्षा सुलभ कराना आवश्यक है। प्रारंभिक शिक्षा के स्तर में सुधार की एम एल एल कार्यनीति के जरिए गुणवत्ता और समानता को मिलाने का प्रयास किया गया था।

प्रारंभिक शिक्षा की गुणवत्ता का प्रमुख संकेतक उसके उत्पाद–शैक्षिक और सह–शैक्षिक दोनों क्षेत्रों में छात्र की उपलब्धियों के रूप में, अर्थात अध्ययन के विभिन्न विषयों में उसके निष्पादन और एक उत्तम नागरिक बनाने के लिए यथावश्यक आदतों, अभिवृत्तियों, मूल्यों और जीवन कौशलों के रूप में समझा जा सकता है। इन क्षेत्रों में सफलता के साथ जुड़े तत्वों को भी जो अधिगम की स्थितियों और अधिगम वातावरण से सम्बंधित होते हैं, कभी–कभी प्रारंभिक शिक्षा की गुणवत्ता के संकेतकों के रूप में समझ लिया जाता है। इसलिए यदि उत्तम उपलब्धि के लक्ष्य की पूर्ति करनी है तो संसाधनों और प्रक्रियाओं में गुणवत्ता सुनिश्चित करनी जरूरी है।

प्रारंभिक शिक्षा में गुणावत्तात्मक मुद्दों पर सशक्त रूप से ध्यान देना सर्व शिक्षा अभियान के अधीन सभी प्रयासों का मूलाधार है जोकि कार्यक्रम के गति पकड़ने के साथ–साथ अधिकाधिक रूप से केंद्रीय महत्व प्राप्त कर लेंगे। कार्यक्रम के भीतर सुस्पष्ट परिणामोन्मुखी स्थिति है जोकि इस आशय के बोध को परिलक्षित करता है कि विभिन्न प्रकार के इनपुट चाहे वे अतिरिक्त अध्यापकों के रूप में हों, प्रशिक्षण कार्यक्रमों, पाठ्यपुस्तकों आदि के रूप में हों, उन्हें अनिवार्यतः सुनिश्चित परिणामों में इस तरह रूपांतरित किया जाना चाहिए कि क्लासरूम संचालन, शिक्षाशास्त्रीय परिपाटियों और बच्चों की अधिगम उपलब्धियों की गुणवत्ता में सुधार परिलक्षित हो सके। सर्व शिक्षा अभियान की ऐसी अनेक विशेषताएं हैं जोकि प्रारंभिक शिक्षा की गुणवत्ता में सुधार लाने का प्रयास करती हैं –

(क) बुनियादी प्रावधान सुनिश्चित करना ताकि क्लासरूम संचालन की गुणवत्ता में सुधार लाया जा सके

(ख) राज्यों का बड़े पैमाने पर क्षमता निर्माण जिससे कि वे गुणवत्ता संवर्धन के लिए हस्तक्षेपकारी उपाय कर सकें,

(ग) गुणवत्ता संबंधी प्रक्रियाओं का मूल्यांकन और अधिगम उपलब्धियों का आकलन।

अतः प्रारंभिक शिक्षा में गुणवत्ता संबंधी मुद्दे इन तत्वों के इर्द–गिर्द रहेंगे–

1. आधारिक तंत्र और सहायक सेवाओं का स्तर
2. अवसर समय
3. अध्यापक की विशेषताएं और अध्यापक अभिप्रेरण
4. अध्यापकों की सेवा–पूर्व और सेवाकालीन शिक्षा
5. पाठ्यचर्या और अध्यापन–अधिगम सामग्री
6. क्लासरूम प्रक्रियाएं
7. छात्र मूल्यांकन, अनुश्रवण और पर्यवेक्षण आदि।

निश्चय ही इन प्रतिमानों की गुणवत्ता में सुधार और उसे बनाये रखना शिक्षा के समूचे तंत्र के लिए एक गंभीर चिंता का विषय है। कुछ मुद्दों का उल्लेख निम्नांकित है–

1. सभी विद्यालयों को समुचित स्तर का भवन और उपकरण उपलब्ध कराना
2. सभी बच्चों को छह वर्ष की आयु तक उत्तम ई सी सी ई उपलब्ध कराना
3. प्रत्येक बच्चे का प्रतिदिन कम–से–कम 4 से 5 घंटे विद्यालय में सार्थक ढंग से रहना सुनिश्चित करना
4. सभी विद्यालयों में प्रशिक्षित और प्रतिबद्ध अध्यापक और सभी गैर–औपचारिक (ई जी एस/ए आई ई) केन्द्रों में वस्तुतः दिलचस्पी रखने वाले और दिशा–अनुकूलित अनुदेशक उपलब्ध कराना
5. मौजूदा सेवा–पूर्व अध्यापक शिक्षा के स्तर में सुधार लाना
6. सभी अध्यापकों के लिए नियतकालिक आधार पर उत्तम स्तर की सेवाकालीन अध्यापक शिक्षा आयोजित करना और उसके बाद अनुवर्ती तंत्र की व्यवस्था करना
7. अध्यापक–अभिप्रेरण उत्पन्न करना और उसे बनाए रखना
8. उत्तम प्रारंभिक शिक्षा के निमित्त पर्यवेक्षण प्रणाली को पुनःसक्रिय बनाना
9. स्थानीय आवश्यकताओं को आत्मसात करने और राष्ट्रीय पाठ्यचर्या रूपरेखा 2000 के मूलभूत सरोकारों को एकीकृत करने के लिए पाठ्यचर्या का पुनर्गठन
10. क्षमता–आधारित तथा प्रासंगिक अध्यापन–अधिगम सामग्री विकास
11. अध्यापन–अधिगम प्रक्रियाओं में सुधार लाना ताकि उन्हें बाल–केन्द्रित, क्रियाकलाप आधारित, पारंगति अधिगमोन्मुखी बनाया जाए
12. सभी कक्षाओं में समुचित अवसरों पर उपचारात्मक शिक्षण और संवर्धन कार्यक्रमों की व्यवस्था करना
13. निर्माणात्मक मूल्यांकन और प्रणाली ताकि उसे बच्चों के लिए तनाव–मुक्त बनाया जा सके
14. पाठ्यचर्या का भार कम करना तथा
15. सामुदायिक सहायता से प्रारंभिक शिक्षा का सहभागितापूर्ण प्रबंध शुरू करना।

उपचारात्मक शिक्षा – अक्सर सेतु कार्यक्रम पूरा कर लेने के बाद औपचारिक विद्यालयों में दाखिल होने वाले बच्चे औपचारिक वातावरण में समायोजित होने में समस्याएं महसूस करते हैं। ऐसे बच्चों को समुदाय–आधारित स्वयंसेवकों के माध्यम से कुछ समय तक मदद किए जाने की जरूरत होती है। यह योजना घर के दौरे, अभिभावकों और बच्चों के साथ साप्ताहिक बैठकों, ऐसे बच्चों का औपचारिक विद्यालयों में दाखिले के बाद चार महीने की अवधि के लिए उपचारात्मक शिक्षण जैसे क्रियाकलापों का समर्थन करेगी।

गुणवत्ता संवर्धन के लिए सर्व शिक्षा अभियान के अधीन दृष्टिकोण

गुणवत्ता के मुद्दे को लेकर सर्व शिक्षा अभियान एक समग्र और व्यापक दृष्टिकोण अपनाने का प्रयास करेगा। पाठ्यचर्या विकास की समूची प्रक्रिया को नीचे (ग्रासरूट स्तर) जिला स्तर तक विकेंद्रीकृत करने के प्रयास किए जाएंगे। बाल–केन्द्रित और क्रियाकलाप–आधारित अधिगम को सरल बनाकर दुर्बोधता के भार को कम करने का प्रयास किया जाएगा। खुद करके सीखने, देखकर सीखने, कार्य अनुभव, कला, संगीत, खेलकूद और मूल्य शिक्षा को पूरी तरह अधिगम प्रक्रिया का अंग बनाया जाएगा। मूल्यांकन प्रक्रिया में उपयुक्त बदलाव लाए जाएंगे ताकि इसे अधिक अनवरत् और कम भयावह बनाया जा सके। माता–पिता के परामर्श से बच्चों के अधिगम–निष्पादन का निरंतर अनुश्रवण किया जाएगा किन्तु वह अनुश्रवण केवल संज्ञानात्मक क्षेत्रों तक सीमित नहीं रहेगा। पाठ्यपुस्तकों और सहायक अधिगम सामग्री तैयार करके अध्यापकों की भूमिका बढ़ाई जाएगी। जिलों को अपनी स्थानीय स्थितियों के अनुसार विद्यालय समय निर्धारित करने की छूट रहेगी। राज्य और राष्ट्रीय स्तर के संस्थान पाठ्यचर्या और मूल्यांकन प्रणालियों के विकास के निमित्त विकेंद्रीकृत व्यवस्था की इस प्रक्रिया को सरल बनाएंगे। पाठ्यचर्या और मूल्यांकन सुधार में कुछ मार्गदर्शी सिद्धांत निम्नानुसार होंगे–

1. सामग्री निर्माण और विद्यालय परिकल्पना विकसित करने में अध्यापक/सामुदायिक सहभागिता
2. उत्तम स्तर के मुद्रण पर बल, अंतर्वस्तु में सुधार सहित पुस्तकों के लिए चित्र; बच्चों की पुस्तकों के सम्बन्ध में 'सबसे सस्तेपन के संलक्षण' से मुक्ति

3. कक्षा 1 और 2 में भाषा के रूप में स्थानीय बोलियों का प्रयोग
4. कार्य–अनुभव के लिए समुदाय–आधारित और स्कूल–आधारित परियोजनाएं
5. स्कूली क्रियाकलापों में स्थानीय शिल्पकारों/कामगारों का सहयोजन
6. सांस्कृतिक क्रियाकलापों, कला, खेलकूद आदि को प्राथमिकता,
7. अध्यापकों के लिए विषयवस्तु आधारित और अभिप्रेरणात्मक प्रशिक्षण
8. छात्रों के सर्वांगीण विकास के लिए सतत् मूल्यांकन
9. बच्चे से बच्चे के सीखने को सुसाध्यकारी बनाना
10. गुणवत्तात्मक सुधार को समग्र विद्यालयी सुधार कार्यक्रम के एक अभिन्न अंग के रूप में समझना।

अध्यापक शिक्षा की पुनर्रचना की योजना के अधीन स्वीकृत मानदंड लागू होंगे। पूर्व में उल्लिखित मानदंडों के अनुसार ब्लाक संसाधन केंद्र और संकुल संसाधन केंद्र खोले जायेंगे। ये केंद्र डाईट के मार्गदर्शन में काम करेंगे।

वस्तुनिष्ठ मापदंड अपनाकर संसाधन व्यक्तियों के रूप में अध्यापकों की पहचान करने के प्रयास किये जायेंगे। तदनन्तर बच्चों के लिए उपयोगी अधिगम दृष्टिकोण विकसित करने के उद्देश्य से संसाधन व्यक्तियों के रूप में अध्यापक, शिक्षा शास्त्र के विशेषज्ञों तथा अन्य अध्यापक प्रशिक्षकों के साथ वैचारिक आदान–प्रदान कर सकेंगे। बच्चों की अनूठी अधिगम आवश्यकताओं को पहचानने के प्रयास अवश्य किये जाने चाहिए। अधिगम वातावरण और अधिगम पद्धतियों में वैविध्य को बढ़ावा दिया जाना चाहिए और अध्यापकों को कहीं बड़े पैमाने पर प्रयोग करने की छूट दी जानी चाहिए।

स्थिति–विशिष्ट हस्तक्षेपकारी उपाय विकसित करने के लिए अध्यापकों तथा अध्यापक प्रशिक्षकों के बीच प्रभावी तालमेल महत्त्वपूर्ण है। अध्यापकों के अध्ययन दौरों को बढ़ावा दिया जाएगा। अध्यापकों के भीतर नवाचारी परिपाटियों की क्षमता विकसित करने के लिए शिक्षाशास्त्र के अनुभव से युक्त एन जी ओ को सहयोजित किया जाएगा।

प्रारंभिक शिक्षा के क्षेत्र में अध्यापकों तथा अन्य कार्मिकों के सेवाकालीन प्रशिक्षण के लिए दूरस्थ शिक्षण पद्धति एक महत्त्वपूर्ण आधार बनी रहेगी। यह पद्धति श्रव्य–दृश्य कार्यक्रमों, रेडियो प्रसारणों, टेलीकांफ्रेंसिंग आदि जैसे मल्टीमीडिया पैकेजों का प्रयोग करते हुए आमने–सामने व्याख्यान पद्धति से दिए जाने वाले प्रशिक्षण की पूर्ति करेगी। साथ ही नवाचारी परिपाटियों के एक क्षेत्र से दूसरे क्षेत्र में प्रसार को सरल बनाएगी। जिला स्तर पर डाइट क्रियाकलापों का केंद्र होगा। राज्य समन्वय का काम एस आई ई टी/एस सी ई आर टी द्वारा किया जाएगा। ये राज्य स्तरीय संगठन डाइट कार्मिकों के क्षमता निर्माण क्रियाकलापों को संभालेंगे।

प्रारंभिक शिक्षा में गुणवत्ता संबंधी समस्याएं

सर्व शिक्षा अभियान के अधीन अधिकांश राज्यों ने गुणवत्तात्मक सुधार के लिए अनेक प्रकार के हस्तक्षेपणीय उपाय शामिल कर लिए हैं। इन उपायों में अधिगम संवर्धन कार्यक्रम (एल ई पी) अध्यापक प्रशिक्षण, सामग्री विकास, विशिष्ट विषयोमुखी कार्यक्रम आदि के भीतर मार्गदर्शी कार्यक्रम शामिल हैं। तथापि, कभी–कभी इन हस्तक्षेपणीय उपायों ने मौजूदा अधिगम प्रणालियों और परिपाटियों में अलग से जोड़े गए उपायों का रूप ले लिया है और उन्होंने मुख्यधारा की प्रणाली को समुचित रूप से प्रभावित नहीं किया है जिसके अधिकांशतः कारण निम्नलिखित हैं–

1. पाठ्यचर्या निर्माण के लिए शिक्षा प्रणाली एक असम्बद्ध दृष्टिकोण अपनाती है और ऐसा करते समय पाठ्यचर्या, पाठ्यवस्तु निर्माण, पाठ्यपुस्तक निर्माण, अध्यापक शिक्षा, छात्र मूल्यांकन, क्लासरूम प्रक्रियाओं तथा स्कूल प्रबंध के अपने कोर घटकों को परस्पर सम्बद्ध तथा संश्लिष्ट उपायों के रूप में नहीं बल्कि पृथक, खंडित अथवा अकेले हस्तक्षेपणीय उपायों के रूप में देखती है।

2. पाठ्यचर्या का निर्माण करते समय प्रणाली की यह प्रवृत्ति रहती है कि बच्चों के जमीनी यथार्थ की उपेक्षा की जाए और अधिगम के कमी वाले सिद्धांतों का समर्थन किया जाए जो यह मानकर चलते हैं कि सुविधावंचित पृष्ठभूमियों से आने वाले बच्चों की 'योग्यता अथवा रूचि में भी कमी' है। उदाहरण के लिए बच्चा घर में किसी अन्य भाषा में बोलता है, वह विद्यालय जाने वाली पहली पीढ़ी का बच्चा हो सकता है, वह परिवार में घरेलू कामकाज में मदद जारी रख सकता है लेकिन पाठ्यचर्या का प्रारूप और संचालन इस

बात को मानने से इन्कार करता है और इसी के आधार पर अपना निर्माण करता है। प्रणाली के लिए आमतौर पर ऐसा दावा किया जाता है कि जो बच्चे बड़ी आयु में अर्थात 8 या 9 वर्ष की आयु में विद्यालय में आते हैं, वे 'कुछ नहीं जानते' केवल इस कारण कि वे पढ़ना–लिखना नहीं जानते। यह पुनः प्रणाली की एक कमी है कि वह इस बात को स्वीकार नहीं करती कि बच्चे नैसर्गिक रूप से सीखते हैं तथा वे अपने साथ अधिगम और उसकी उच्च संरचनाएं और निर्माण करने वाला ज्ञान लेकर आते हैं। शिक्षा की गुणवत्ता में सुधार लाने का कोई भी उपाय तभी सफल होगा, जब समानता और सामाजिक न्याय को बढ़ावा देने के उपायों के साथ–साथ चलेगा। यह तभी संभव है जबकि सभी पृष्ठभूमियों के बच्चों तथा विशेष रूप से सुविधावंचित समूहों के बच्चों के ज्ञान और अनुभव को उनके सामाजिक–सांस्कृतिक सन्दर्भ को गरिमा प्रदान करते हुए विद्यालय–अधिगम में प्रमुख स्थान प्रदान किया जाए।

3. शिक्षा प्रणाली ने पाठ्यचर्या के आयोजन में एक विषय–आधारित दृष्टिकोण अपनाया है और ऐसा करते समय उन क्षेत्रों पर बल दिया है जोकि अपने आपको तत्काल 'विषयों' के रूप में बनने को तत्पर रहते हैं। ये विषय सीमाएं कठोर बन गयी हैं तथा इनका निर्धारण अधिगम के उच्चतर स्तरों पर जिन विषय क्षेत्रों के साथ उनका सम्बन्ध है, उनके द्वारा किया जाता है तथा इस बात के साथ उनका बहुत मामूली सम्बन्ध रहता है कि बच्चे किस प्रकार वस्तुतः अपने अवधारणात्मक बोध का विकास करते हैं। इसके अलावा जो क्षेत्र पाठ्यपुस्तकों में आयोजित किये जाने के लिए तत्पर नहीं होते जैसेकि दृश्य अथवा निष्पादन कलाएं अथवा कला शिक्षा उन्हें 'अतिरिक्त' अथवा 'सहपाठ्यचर्यात्मक' क्रियाकलापों के रूप में मान लिया जाता है। किसी भी 'नई' चिंता अथवा समस्या की ओर जैसे कि पर्यावरणात्मक जागरूकता, मानव अधिकार, मूल्यपरक शिक्षा अथवा आपदा प्रबंध की ओर सुसंबद्ध रूप में पाठ्यचर्या में शामिल किए बिना खंडशः अथवा अतिरिक्त घटक के रूप में ध्यान दिया जाता है। एन सी एफ – 2005 में इन परम्परागत विषयों के कठोर कक्षों को भंग करने का आह्वान किया गया है जिससे कि अधिगम क्षेत्रों को बच्चों के अनुभवों और अधिगम कार्यनीतियों के अनुरूप पुनः परिभाषित किया जा सके।

4. अनुभव से 'ज्ञान निर्मित करने' जोकि बच्चे के विकास और अधिगम की एक प्राकृतिक प्रक्रिया है, उसके बजाय रटकर याद की गई 'जानकारी' के पुनरुत्पादन पर बल दिया गया है। हमारे विद्यालयों द्वारा प्रायः 'पढ़ाये गए' पाठों के माध्यम से जहाँ बच्चों से यह अपेक्षा की जाती है कि वे वैयक्तिक आधार पर मूल्यांकन कार्यों को सुनेंगे, लिखेंगे अथवा उनका उत्तर देंगे तथापि बच्चे अकेले नहीं, दूसरों के सहयोग के माध्यम से ज्ञान का निर्माण करते हैं तथा पाठ्यचर्या के प्रारूप और क्लासरूम कार्य सञ्चालन को उपयुक्त विषय क्षेत्रों के चयन के माध्यम से जोकि वैचारिक आदान–प्रदान, चर्चा और सामूहिक कार्य का लाभ उठाते हैं, यह सुनिश्चित करना चाहिए।

5. पाठ्यचर्या के प्रमुख घटकों संबंधी कार्य के साथ समर्थनकारी घटकों में जिनमें अध्यापक भारती और तैनाती प्रणालियाँ, शैक्षिक प्रशासकों, बी आर सी तथा सी आर सी संकाय का पुनः दिशा–अनुकूलन शामिल है, का सुधार शामिल नहीं होता।

गुणवत्ता संवर्धन के लिए सर्व शिक्षा अभियान के अधीन कुछ महत्वपूर्ण हस्तक्षेपकारी उपाय

1. शिक्षा में गुणवत्ता के लिए राष्ट्रीय संसाधन समूह का गठन
2. एन सी ई आर टी – प्रारंभिक शिक्षा विभाग, मापन और मूल्यांकन विभाग, अध्यापक शिक्षा विभाग तथा 5 क्षेत्रीय शिक्षा संस्थानों के साथ समन्वय
3. प्रारंभिक शिक्षा में मूल्यांकन विषयक राष्ट्रीय विशेषज्ञ समूह (एन ई जी ए ई ई) का गठन
4. एन सी ई आर टी के सहयोग से प्रारम्भिक वर्षों में पाठन विकास कार्यक्रम
5. विभिन्न स्तरों (राज्य/जिला/ब्लाक/संकुल) पर संसाधन समूहों का गठन
6. राज्य एस सी ई आर टी (21) तथा डाईटों (556) का सक्रिय सहयोजन
7. ब्लाक और संकुल संसाधन संस्थानों की स्थापना और उन्हें संचालित करना

8. उत्तम परिपाटियों का प्रलेखन और राज्यों के बीच उनका आदान–प्रदान
9. गुणवत्ता संवर्धन के लिए राष्ट्रीय/राज्य/जिला स्तर पर प्रमुख शैक्षणिक निकायों और एन जी ओ के बीच संवर्धन, अभिसरण और सहयोग

उत्तम शिक्षा के प्रमुख घटक

प्रारंभिक शिक्षा में गुणवत्ता संबंधी समस्याओं से निपटने के लिए राज्यों को उत्तम शिक्षा के प्रमुख घटकों/लक्ष्यों की ओर ध्यान देना होगा जो निम्नलिखित हैं –

1. लोकतंत्र तथा समानता, न्याय, स्वतंत्रता के मूल्यों, दूसरों के कल्याण के लिए चिंता, धर्मनिरपेक्षता, गौरव और अधिकारों के सम्मान के लिए प्रतिबद्धता। शिक्षा का लक्ष्य इन मूल्यों के प्रति जोकि तर्क और बोध पर आधारित हैं, प्रतिबद्धता का निर्माण करना होना चाहिए। पाठ्यचर्या को विद्यालय में बच्चों के भीतर ऐसी प्रतिबद्धता निर्मित करने के लिए संवाद और चर्चा के निमित्त पर्याप्त अनुभव और अवसर उपलब्ध करना चाहिए।
2. विश्व के ज्ञान और बोध के साथ–साथ दूसरों के कल्याण और भावनाओं के प्रति संवेद्यता को इन मूल्यों के प्रति युक्तियुक्त प्रतिबद्धता के आधार का निर्माण करना चाहिए।
3. सीखने और भूलने तथा इच्छाशक्ति और एक नमनशील और सृजनात्मक तरीके से नई स्थितियों का मुकाबला करने के एक साधन के रूप में पुनः सीखने की क्षमता।
4. मानव जीवन के एक अविभाज्य अंग के रूप में सौंदर्य और कलारूपों की सराहना।

शिक्षा के लक्ष्यों से यह अपेक्षा की जाती है कि ये समाज की मौजूदा जरूरतों और आकांक्षाओं को और साथ ही उसके चिरस्थायी मूल्यों को परिलक्षित करेंगे। राज्यों को यह सुनिश्चित करना होगा कि शिक्षा के लक्ष्य पाठ्यचर्या, पाठ्यवस्तु, पाठ्यपुस्तकों तथा उनके द्वारा विकसित अन्य अधिगम सामग्री में परिलक्षित होते हों।

गुणवत्ता में एकरूपता और सुधार लाने के लिए जिन अधिगम सामग्रियों का उपयोग किया जाएगा, उनका वर्णन अग्रांकित है–

पाठ्यपुस्तक अंतर्वस्तु सुधार

राज्यों को एन सी एफ – 2005 सिद्धांतों के अनुसार/आधार पर पाठ्यपुस्तकें तैयार करनी होंगी। पाठ्यपुस्तक निर्माताओं को ऐसी पुस्तकें तैयार करनी होंगी जोकि छात्रों द्वारा अवधारणाओं के बोध, सक्रिय खोज, विचारशील चिंतन तथा बच्चों को स्वयं अपने तथा हमजोलियों के मूल्यांकन सहित समूहों में क्रियाकलाप करने के अन्योन्यक्रियापूर्ण अवसर उपलब्ध करके ज्ञान के निर्माण पर बल देती हों। पाठ्यपुस्तकों को समदृष्टि और समावेशन के सिद्धांत को सर्वोच्च प्राथमिकता देनी चाहिए, उन्हें सक्रिय रूप से मौजूदा रूढ़िबद्ध धारणाओं को भंग करना चाहिए तथा लैंगिक जातिगत और वर्गगत समानता, शांति, स्वास्थ्य तथा विभिन्न प्रकार की विकलांगताओं से युक्त बच्चों की जरूरतों के प्रति संवेदनशील ढंग से विचार करना चाहिए। यह काम करने में राज्य एजेंसियों की क्षमता बढ़ाने में तथा पाठ्यचर्यात्मक पहलों की गंभीर समीक्षा के लिए शैक्षणिक परामर्श बनाये रखने में मदद के लिए एन सी ई आर टी जैसी राष्ट्रीय एजेंसियां एक बड़ी भूमिका का निर्वाह करेंगी।

पाठ्यपुस्तकों का संशोधन करते समय प्राथमिक और उच्च प्राथमिक–दोनों स्तरों पर पुस्तकों की संख्या को युक्तियुक्त बनाया जाना महत्वपूर्ण है जिससे कि बच्चों के ऊपर कोई अतिरिक्त भार न पड़े। जो राज्य सात–आठ वर्षीय प्रारंभिक शिक्षा चक्र की जगह सात–वर्षीय चक्र का पालन करते हैं, वे कक्षा 6 में नहीं बल्कि कक्षा 5 में इतिहास, भूगोल, विज्ञान और सामाजिक अध्ययन के विषय लागू करने का प्रयास करते हैं। ऐसा करने से बच्चों के ऊपर पाठ्यचर्यात्मक भार में वृद्धि हो जाती है। इसके अलावा, पाठ्यपुस्तकों, कार्यपुस्तकों, कार्यशीटों, एल ई पी सामग्री आदि जैसी विभिन्न सामग्रियों का समेकन किये जाने की जरूरत है। अध्यापक और बालक/बालिका – दोनों पर अनावश्यक अतिरिक्त भार को कम करने और उसके साथ–साथ सुसम्बद्धता लाने तथा अतिव्याप्ति को कम करने के प्रयोजन से पाठ्यपुस्तकें इस प्रकार तैयार की जानी चाहिए कि बच्चों के भीतर सौन्दर्यशास्त्रीय सुग्राहिता पल्लवित हो सके। पुस्तकों की अंतर्वस्तु में सुधार के साथ–साथ उत्तम स्तर की छपाई और दृश्य प्रारूप पर पर्याप्त बल दिया जाना चाहिए। नई पाठ्यपुस्तकों तथा पाठ्यचर्या के प्रति नए दृष्टिकोण के सम्बन्ध में अध्यापकों के लिए हैण्डबुक तैयार करने की तरफ ध्यान दिया जाना होगा।

पाठ्यपुस्तक निर्माण सुधार

पाठ्यपुस्तक निर्माण जिसमें ले–आउट तथा डिजाईन, पाठ्य सामग्री और कवर, कागज का आकार तथा विशिष्टताएं, स्याही, छपाई और

जिल्दसाजी आदि शामिल हैं, गुणवत्ता की दृष्टि से इनका महत्वपूर्ण प्रभाव होता है। अभी तक इन पक्षों को राज्य पाठ्यपुस्तक बोर्डों या एस सी ई आर टी को सौंपा हुआ था। सर्व शिक्षा अभियान पाठ्यपुस्तक निर्माण में सुधार तथा व्यावसायिक कलाकारों और डिजाईनरों के साथ मिलकर इन मुद्दों की समीक्षा करने के लिए राष्ट्रीय परामर्श सुनिश्चित करने के लिए सहयोग प्रदान करेगा।

शिक्षण स्थलों के रूप में पुस्तकालय

पुस्तकालय विद्यालय का एक अनिवार्य घटक होगा जो केवल यही नहीं कि अधिगम के लिए संसाधन उपलब्ध कराएगा बल्कि आनंद, मनोरंजन तथा ज्ञान और कल्पना में और अधिक गहराई लाने के निमित्त पढ़ने के विचार को सुदृढ़ बनाएगा। पुस्तकालय में समाचार–पत्र, पत्रिकाएँ, पुस्तकें और उसके साथ–साथ नई सूचना प्रौद्योगिकी, जिसमें जहाँ कहीं संभव हो, कम्प्यूटर शामिल होंगे, की सुलभता उपलब्ध होगी। पुस्तकालय प्रबंध तथा उसके प्रयोग में अध्यापकों के प्रशिक्षण कार्यक्रम में समेकित कर दिया जाना चाहिए। सर्व शिक्षा अभियान संसाधनों के माध्यम से निर्मित किए जाने वाले पुस्तकालय अनिवार्यतः विकेंद्रीकृत तंत्रों द्वारा तैयार किए जायेंगे जिसमें उनके बच्चों के लिए पुस्तकों की अधिप्राप्ति के वास्ते अध्यापकों तथा एस एम सी की बुद्धिमत्ता पर भरोसा किया जाता है।

शिक्षाशास्त्र

एन सी एफ–2005 अध्यापन और अधिगम के लिए एक रचनात्मक दृष्टिकोण का आह्वान करता है जिसमें छात्र उनके इर्द–गिर्द के विश्व को सार्थक बनाते हैं। यह काम 'क्रांतिक शिक्षाशास्त्र' के माध्यम से किया जाएगा जोकि असमानता और न्याय के प्रश्नों को सबसे आगे रखते हैं और छात्रों को परिवर्तनात्मक कार्यवाई करने में समर्थ बनाते हैं।

(क) **भाषा** – सर्व शिक्षा अभियान की कल्पना यह है कि बच्चों को सामाजिक सन्दर्भ से भाषा सीखने और अपने दैनिक जीवन में विचार करने और अभिव्यक्ति के लिए उसका प्रयोग करने में समर्थ बनाया जा सके। भाषा के शिक्षण को अर्थ–निर्माण से तथा अन्तर्निहित की व्याख्या करने की प्रक्रिया से अलग नहीं रखा जा सकता, जहाँ पर संस्कृति एक महत्त्वपूर्ण भूमिका निभाती है। इसलिए भाषा का शिक्षण और अधिगम सभी विषयक्षेत्रों और क्रियाकलापों में पाठ्यचर्या के आरपार होना चाहिए।

(ख) **सामाजिक विज्ञान** – सामाजिक विज्ञानों की शिक्षा समाज के सामाजिक–राजनैतिक तंत्र को समझने में, जिसमें समदृष्टि और भेदभाव के मुद्दे शामिल होते हैं, मदद करती है। यह इतनी समर्थ होनी चाहिए कि उन मुद्दों को खंडित रूप में अलग–थलग घटकों के रूप में प्रस्तुत करने के बजाय उन्हें ऐतिहासिक सन्दर्भों में रखा जाए। ऐसा करने से प्रत्येक बच्चा इतना समर्थ हो जाएगा कि वह दूसरों के सन्दर्भ में स्वयं अपनी स्थिति को विवेचनात्मक ढंग से समझ सकेगा और सामाजिक व्यवस्था में बदलाव लाने के लिए हस्तक्षेप करने तथा भूमिका का निर्वाह करने की अभिवृत्ति विकसित कर सकेगा।

(ग) **विज्ञान** – सामाजिक विज्ञानों की तरह विज्ञान को भी एक ऐसी अभिवृत्ति विकसित करनी चाहिए कि जो कुछ सही मान लिया गया है उस पर आपत्ति प्रकट करे। विज्ञानों की शिक्षा से प्रत्येक बच्चा दिन–प्रतिदिन के जीवन में विज्ञान को समझने तथा उसकी अवधारणाओं को व्यक्त करने के लिए रोजमर्रा के जीवन के क्रियाकलापों का प्रयोग करने की स्थिति में हो सके। विज्ञान को बच्चों को इतना समर्थ बनाना चाहिए कि वे आपत्ति करें तथा व्यवस्थित तरीके से जांच, व्याख्या और विश्लेषण आगे बढ़ाएं। सर्व शिक्षा अभियान उपयुक्त किटों के विकास तथा अधिप्राप्ति के लिए और स्थानीय संसाधनों का प्रयोग करते हुए एक छोटी प्रयोगशाला की स्थापना के लिए विद्यालयों को सहयोग प्रदान करेगा।

(घ) **गणित** – गणित स्कूली शिक्षा में एक महत्वपूर्ण क्षेत्र होता है जहाँ युक्तियुक्त तर्कशक्ति तथा अमूर्त चिंतन विकसित किया जा सकता है। तथापि, विद्यालय जाने वाले अनेक बच्चों के लिए इस तथ्य के बावजूद कि वे अपनी रोजमर्रा की जिन्दगी में इस बात का अहसास किए बिना कि वे गणित का प्रयोग कर रहे हैं, काफी सीमा तक उसका प्रयोग कर रहे होते हैं, उनके लिए गणित एक खतरे का स्रोत बना हुआ है। गणित की शिक्षा में बढ़ईगिरी, कृषि, ईंट निर्माण, मछली पकड़ने, वास्तुशास्त्र, गृह प्रबंध आदि जैसे विभिन्न सन्दर्भों से रोजमर्रा का गणित और लोकगणित का ज्ञान शामिल होना चाहिए। गणित की शिक्षा को बच्चों के भीतर आत्मविश्वास विकसित करने, उनकी जिन्दगी में पेश आने वाली समस्याओं को सूत्रबद्ध करने की योग्यता विकसित करने और निर्णय लेने को सुविधापूर्ण बनाने में मदद करनी चाहिए। गणित को सामाजिक यथार्थ के बोध के साथ जोड़ना और उसे रचनात्मक रूप से अन्य विषयक्षेत्रों के साथ समेकित करना भी महत्वपूर्ण है।

(ङ) **कलाएं और शिल्प शिक्षा** – कला के स्थानीय रूपों पर विशेष बल देते हुए कला और शिल्प शिक्षा को सभी विषयक्षेत्रों की अध्यापन–अधिगम प्रक्रिया में शामिल किया जाना जरूरी है।

(च) **स्वास्थ्य और शारीरिक शिक्षा** – प्रारंभिक स्तर पर स्कूली शिक्षा का एक अविभाज्य अंग होनी चाहिए। सर्व शिक्षा अभियान उच्च प्राथमिक स्तर पर स्वास्थ्य और शारीरिक शिक्षा का समर्थन करेगा।

(छ) **कार्य शिक्षा** – सर्व शिक्षा अभियान की कल्पना यह है कि प्रत्येक बच्चा सभी विषयक्षेत्रों में शिक्षा के एक अंग के रूप में कार्य के ज्ञान और गरिमा को समझ सके और उससे लाभान्वित हो सके और ऐसा नहीं कि वह 'शारीरिक' क्षमताओं को 'मानसिक' क्षमताओं से अलग करे।

इन सभी क्षेत्रों में परस्परव्यापी विशेषताएं ये होंगी कि शिक्षण बच्चों के स्थानीय ज्ञान, अनुभवों पर आधारित होगा और उसका प्रयोग करेगा, सभी विषयक्षेत्रों में समेकित किया जाएगा, शिक्षाशास्त्रीय अनुसंधान से मार्गदर्शित होगा और प्रकृति से अनिवार्यतः सहभागितापूर्ण होगा।

सामुदायिक ज्ञान

समुदाय एक समृद्ध स्थानीय संसाधन होता है। प्रत्येक परिवार में कहानियों, गीतों, कविताओं, पहेलियों, नृत्यों और व्यावसायिक ज्ञान के रूप में व्यापक ज्ञान और कौशल मौजूद होते हैं। इस तरह का स्थानीय ज्ञान बच्चों के लिए समृद्ध अधिगम संसाधन उपलब्ध करा सकता है। विद्यालयों को इस तरह के अधिगम संसाधनों की संभावना का अवश्य पता लगाना चाहिए। एन सी एफ–2005 यह सिफारिश करता है कि विद्यालयों को बच्चों के ज्ञान और अनुभव को जोड़ने तथा क्लासरूम के ज्ञान को विद्यालय के बाहर के जीवन के साथ जोड़ने की सिफारिश की है। विद्यालयों को इस भावना में पल्लवित किया जाना चाहिए जिसमें अध्यापक प्रभावी विद्यालय विकास और प्रबंध के वास्ते ज्ञानी भागीदारों के रूप में समुदाय के साथ निकट रूप से काम करते हैं।

समय का सदुपयोग

अनुसंधान अधिगम समय और छात्र–उपलब्धि के बीच सतत् सकारात्मक सह–सम्बन्ध परिलक्षित करता है। अध्ययनों से यह भी पता चलता है कि विद्यालय कैलेंडर दिवसों, उपलब्ध विद्यालय दिवसों और विद्यालय

में अध्यापकों की वास्तविक स्थिति के दिवसों के बीच काफी अंतराल रहता है। यह अंतराल अध्यापकों को अधिगम अभियानों, दाखिलों, सर्वेक्षणों, पाठ्यपुस्तकों के वितरण, छात्रवृत्तियों आदि में प्रवृत करने और साथ ही वैयक्तिक छुट्टी, प्रशासनिक कर्तव्यों तथा अन्य विभागों के सरकारी कार्यों के कारण प्रस्तुत होता है। शिक्षण के बहुत सारे समय की क्षति अध्यापकों और छात्रों की अनुपस्थिति, क्लासरूमों की कमी, अधिगम सामग्री की कमी तथा दुर्बल अनुशासन के फलस्वरूप भी होती है। आर टी ई अधिनियम प्राथमिक स्तर पर 200 स्कूल दिवस अधिदेशित करता है जिसमें प्रति वर्ष 800 प्रभावी स्कूली घंटे शामिल होंगे। उच्च प्राथमिक स्तर पर आर टी ई अधिनियम के अनुसार 220 स्कूल दिवस होंगे जिसमें प्रतिवर्ष 1000 घंटे शामिल होंगे। आर टी ई अधिनियम में इस आशय का प्रावधान भी है कि अध्यापकों को गैर–शैक्षणिक कार्य (दस–वर्षीय जनगणना, चुनाव तथा आपदा प्रबंध को छोड़कर) में नहीं लगाया जाएगा। इसके अलावा यह अधिनियम अध्यापकों को निजी ट्यूशन करने से भी रोकता है। अधिनियम में यह व्यवस्था है कि अध्यापकों को प्रति सप्ताह 45 घंटे काम करना होगा। इसमें नियोजन और तैयारी, टी एल एम तैयार करने, नियमित समय सारणी का संचालन करने, बच्चों के कार्य का मूल्यांकन करने, जिन बच्चों को शैक्षणिक और भावनात्मक सहयोग की जरुरत है उन्हें इस तरह का सहयोग प्रदान करने, अभिभावकों और समुदाय के साथ वैचारिक आदान–प्रदान करने के लिए अपेक्षित समय शामिल होगा। इस तरह की व्यवस्था से क्लासरूम में छात्रों की वास्तविक उपस्थिति की स्थिति में सुधार आने की संभावना है। तथापि, क्लासरूम में मात्र अध्यापक की उपस्थिति छात्र के अधिगम में तब तक बदलाव नहीं लाएगी, जब तक कि उसके साथ अधिक छात्रोंमुखी शिक्षाशास्त्र और क्लासरूम आयोजन के लिए संवेदीकरण शामिल न हो।

बेहतर अधिगम के लिए शिक्षाशास्त्रीय दृष्टिकोण

व्यावसायिक लोग मोटे तौर पर इस बात से सहमत हैं कि अध्यापकों की प्रभुता वाले शिक्षाशास्त्र जिसमें बच्चों को निश्चेष्ट भूमिका में रख दिया जाता है, अवांछनीय है लेकिन फिर भी अधिकाँश के लिए यही शैली और विधि मानदंड बना हुआ है। देश के भीतर नवाचार वहां पाए जा सकते हैं, जहाँ बाल–केन्द्रित, क्रियाकलाप–आधारित शिक्षाशास्त्र, सहयोगात्मक अधिगम तथा विवेचनात्मक चिंतन और समस्या–समाधान कौशलों के विकास को प्रोत्साहित किया जाता है। इस आशय के उदाहरणों में ये

शामिल हैं– डी पी ई पी, केरल का पाठ्यचर्या नवीकरण दृष्टिकोण, ऋषि वैली ट्रस्ट का कार्य, कर्नाटक का 'नलीकली' कार्यक्रम, तमिलनाडु का क्रियाकलाप–आधारित अधिगम, मध्यप्रदेश में एकलव्य द्वारा होशंगाबाद विज्ञान शिक्षण कार्यक्रम अथवा कर्नाटक में प्रजायत्न द्वारा एकीकृत कालिकयत्न दृष्टिकोण।

भाषा नीति

विद्यालय में प्रयोग की जाने वाली भाषा/भाषाओं की पसंद शिक्षण और अधिगम की गुणवत्ता के लिए सबसे अधिक महत्वपूर्ण होती है। प्रमाणों से यह पता चलता है कि शिक्षा की शुरुआत छात्र की प्रथम भाषा में किये जाने से अधिगम तथा संज्ञानात्मक विकास में सुधार होता है और उसके साथ–साथ यदि कुछ वर्षों के बाद क्रमिक रूप से दूसरी भाषा में अंतरण किया जाए तो दूसरी भाषा का बेहतर अधिगम सुनिश्चित होता है। भाषा शिक्षण एक ऐसी नीतिगत पसंद है जोकि पाठ्यचर्या, अंतर्वस्तु और शिक्षाशास्त्र को प्रभावित करती है।

अधिगम के लिए मूल्यांकन

मूल्यांकन का उद्देश्य छात्रों और अध्यापकों को इस आशय का एहसास कराना है कि क्या कुछ सीखा जा रहा है और कैसे सीखा जा रहा है जिससे कि अधिगम और अध्यापन की परिपाटियों में सुधार लाया जा सके। मूल्यांकन को यह अवश्य ही दर्शाना चाहिए कि समय के साथ–साथ बच्चे ने स्वयं अपने निष्पादन में कितनी प्रगति की है और उसका उद्देश्य एक बच्चे की तुलना दूसरे के साथ करना नहीं है। मूल्यांकन से बच्चे के अभिप्रेरण में जोकि किसी भी तरह के अधिगम के लिए महत्वपूर्ण होता है, बढ़ावा लाना चाहिए। सच तो यह है कि अब अनुसंधान 'क्षमता' की धारणा के बजाय बेहतर अधिगम की कुंजी के रूप में अभिप्रेरण पर बल देता है। तथापि, हमारे मौजूदा समय में परीक्षा का प्रयोग प्रतियोगिता पैदा करने के लिए किया जाता है जिससे कि जो बच्चे अपने घटिया अंकों के कारण दुर्बल पाए जाते हैं, उन्हें अलग किया जा सके। एक बार 'फेल' घोषित किये जाने के बाद या तो वे उसी कक्षा में दोबारा से पढ़ेंगे या सदा के लिए विद्यालय छोड़ देंगे। किसी बच्चे को एक ही कक्षा में दोबारा से पढ़ने के लिए मजबूर करना उसे अनअभिप्रेरित करना तथा उसी पाठ्यवस्तु की अपेक्षाओं से निपटने के लिए किसी प्रकार के विशेष

संसाधन उपलब्ध कराये बिना उसे और आगे हतोत्साहित करना है। ऐसे बच्चों के अभिभावक भी उन्हें फेल होने के लायक समझने लगते हैं और इस प्रकार तीन घंटे की परीक्षा के बल पर बच्चे को 'फेल' घोषित करने के लिए विद्यालय ने जिस बोध का प्रयोग पहले ही कर लिया है, वही बोध प्रबलीकृत हो जाता है। वर्तमान परीक्षा पद्धति मूल्यांकन को निर्धारण करने और निर्णय लेने का एक साधन मानती है। इस तरह की परिपाटी बच्चे के अधिकार के तंत्र में बाल–केन्द्रित शिक्षा की अवधारणा के साथ मेल नहीं खाती और उसे आर टी ई अधिनियम के अधीन 'किसी को फेल नहीं करने' के प्रावधान के माध्यम से रोक दिया गया है।

आर टी ई में व्यापक और सतत मूल्यांकन (सी सी ई) के लिए प्रावधान है। सीसीई का मूल आशय यह है कि मूल्यांकन का एक निर्णय लिए जाने के बजाय बच्चों के प्रेक्षण तथा उनके द्वारा किये गए कार्य के रिकार्ड को एक पोर्टफोलियो में रखने के माध्यम से उसे शिक्षण और अधिगम का एक अविभाज्य अंग समझा जाए। और भी अधिक महत्वपूर्ण बात यह है कि छात्रों को स्व–मूल्यांकन अभ्यास दिए जाने के प्रयास किये जाने चाहिए जिससे कि वे सृजनात्मक रूप से इस बात का वर्णन कर सकें कि वे क्या कुछ कर सकते हैं और उन्हें किसके लिए सहायता की जरूरत है, जैसा कि यहाँ तक कि छोटे बच्चों के मामले में प्रगामी हस्तक्षेपणीय उपायों में प्रभावी रूप से किया जाता है। आर टी ई बनाये जाने के बाद किसी भी रूप में मूल्यांकन को जिसमें परीक्षाएं शामिल हैं, किसी भी बच्चे को अगली कक्षा में जाने से रोकने के आधार के रूप में नहीं समझा जा सकता।

उत्तम शिक्षा के समर्थनकारी घटक

विद्यालयपूर्व अथवा प्रारंभिक शैशवावस्था देखभाल और शिक्षा (ई सी सी ई)

राष्ट्रीय शिक्षा नीति प्रारंभिक शैशवावस्था देखभाल और शिक्षा (ई सी सी ई) को मानव संसाधन विकास के लिए, प्राथमिक शिक्षा के लिए एक संभरक तथा सहायक कार्यक्रम के रूप में तथा समाज के सुविधावंचित वर्गों की कामकाजी महिलाओं के लिए एक सहयोगात्मक सेवा के रूप में एक महत्वपूर्ण इनपुट मानती है। साथ ही इसने ई सी सी ई की समग्र प्रकृति को ध्यान में रखा है और दुर्बल क्षेत्र के बच्चों के लिए प्रारंभिक देखभाल और प्रेरणा के निमित्त जरूरत के बारे में कहा है। बालिका शिक्षा

के निमित्त एक हस्तक्षेपणीय उपाय के रूप में ई सी सी ई की क्षमता बालिकाओं को छोटे भाई–बहनों की देखभाल की जिम्मेदारी से मुक्त करने के लिए एक अनिवार्य इनपुट के रूप में व्यापक रूप से स्वीकार की जाती है जिसके फलस्वरूप विद्यालय में नियमित उपस्थिति तथा विद्यालय–पूर्व बच्चों के लिए विद्यालय तत्परता कौशल उपलब्ध कराये जाते हैं।

आर टी ई अधिनियम, 2009 का खंड 11 विद्यालय–पूर्व शिक्षा में प्रवृत्त होने के लिए प्रावधान करता है। इसमें आर टी ई अधिनियम के क्षेत्राधिकार के भीतर आवश्यक अवसरों की छूट दी जाती है जिससे कि शिक्षा के विद्यालय–पूर्व क्षेत्र में और अधिक मात्रा में सहयोजन हो सके।

सर्व शिक्षा अभियान विद्यालय –पूर्व अधिगम तथा प्रारंभिक शैशवावस्था देखभाल तथा विद्यालयों में बच्चों की सहभागिता में सुधार लाने की इसकी भूमिका का महत्व स्वीकार करता है। आई सी डी एस के साथ और अधिक अभिसरण को सरल बनाने के लिए उसे विद्यालय–पूर्व शिक्षा के क्षेत्र में सुदृढ़ बनाने की दिशा में प्रयास किये जायेंगे।

जो बस्तियां समेकित बाल विकास सेवाओं (आई सी डी एस) से सेवित नहीं है और जहाँ कहीं राज्य सरकार किसी औपचारिक प्राथमिक विद्यालय में विद्यालय–पूर्व शिक्षा केंद्र खोलने की इच्छुक है, नवाचारी क्रियाकलाप–शीर्ष के अधीन उपलब्ध निधियों के माध्यम से सर्व शिक्षा अभियान का सहयोग प्राप्त किया जा सकता है। जिस मामले में ऐसी बस्ती में कोई नए आई सी डी एस केंद्र का प्रवेश हो रहा है, उसमें विद्यालय–पूर्व सुविधा अनिवार्यतः आई सी डी एस के मेल के साथ चलाई जायेगी। चूंकि आई सी डी एस प्रारंभिक शैशवावस्था देखभाल और शिक्षा के लिए मुख्य योजना है इसलिए सर्व शिक्षा अभियान केवल आई सी डी एस को सहयोग प्रदान करेगा जिससे कि उसे अपने विद्यालय–पूर्व और विद्यालय तत्परता घटक को समृद्ध बनाने और बनाये रखने के योग्य बनाया जा सके। जब आई सी डी एस विद्यालय–पूर्व शिक्षा और विद्यालय तत्परता के लिए अपनी पहुँच और व्याप्ति सर्वसुलभ बना देगा तो सर्व शिक्षा अभियान का सहयोग समाप्त कर दिया जाएगा जिससे कि किसी प्रकार का दोहराव न हो।

सर्व शिक्षा अभियान महिला और बाल विकास मंत्रालय के आई सी डी एस कार्यक्रम के साथ अभिसरण के सुदृढ़ीकरण पर बल देता है जिससे कि विद्यालय–पूर्व शिक्षा को बढ़ावा दिया जा सके। सर्व शिक्षा अभियान निम्न के माध्यम से आई सी डी एस के साथ प्रभावी सहक्रिया बनाने की

दिशा में प्रयासशील रहेगा–

1. राज्य शिक्षा विभागों द्वारा आई सी डी एस की सहमति से अभिसरण अनुदेश जारी किये जायेंगे।
2. सर्व शिक्षा अभियान अधिकारियों और आई सी डी एस कार्यक्रम के बीच राज्य, जिला और ब्लाक स्तरों पर नियमित अन्तर्विभागीय बैठकें।
3. सर्व शिक्षा अभियान की राज्य स्तरीय कार्यकारी समिति और जिला कार्यान्वयन समिति में आई सी डी एस कार्यक्रम का प्रतिनिधि।
4. आंगनबाड़ी केन्द्रों की स्थापना प्राथमिक विद्यालय परिसर के भीतर अथवा उसके अत्यंत निकट की जायेगी और आंगनबाड़ी केन्द्रों का कार्यसमय प्राथमिक विद्यालयों के कार्यसमय के अनुरूप रखा जाएगा।
5. विद्यालय–पूर्व ठाठ प्राथमिक विद्यालय में अधिगम और विकास के बीच की कड़ियों के अभिसारी बोध के लिए नर्सरी अध्यापक प्रशिक्षण के पाठ्यचर्या नवीकरण तथा आंगनबाड़ी कार्मिकों, प्राथमिक अध्यापकों और स्वास्थ्य कार्मिकों के प्रशिक्षण का आयोजन।
6. आंगनबाड़ी कार्मिकों तथा आई सी डी एस के कार्मिकों के प्रशिक्षण के लिए डाईटों, बी आर सी और सी आर सी के आधारिक तन्त्रणा का प्रयोग।
7. आंगनबाड़ी कार्मिकों के मौजूदा और नई परियोजनाओं/आंगनबाड़ी केन्द्रों– दोनों में विद्यालय–पूर्व क्रियाकलापों में प्रशिक्षण का सुदृढ़ीकरण।
8. आँगनबाड़ियों में पूर्व –विद्यालय किटों/सामग्री, जहाँ कहीं ऐसी सामग्री की जरुरत रहती है, का संवर्धन।

अध्यापक

सर्व शिक्षा अभियान अध्यापक की कल्पना एक ऐसे सक्षम सुसाध्यकारी के रूप में करता है जो बच्चों को स्वयम् अपना ज्ञान निर्मित करने के लिए प्रेरित करता है। अध्यापक को प्रगामी शिक्षाशास्त्र के बारे में पता होना चाहिए और साथ ही उसे विभिन्न सामाजिक और सांस्कृतिक पृष्ठभूमियों से आने वाले बच्चों की प्रकृति और अनुभवों की जानकारी होनी चाहिए।

इसके अलावा आर टी ई में यह अपेक्षा की गई है कि अध्यापकों को समदृष्टि और सामाजिक न्याय के प्रति प्रतिबद्ध होना चाहिए, बच्चे की हकदारियों के सम्बन्ध में पता होना चाहिए और उसे इस सम्बन्ध में आश्वस्त होना चाहिए कि यदि बच्चों को समान गुणवत्ता वाली शिक्षा प्रदान की जाती है तो सभी बच्चे पढ़ सकते हैं।

अध्यापक भर्ती, तैनाती और प्रशिक्षण

आर टी ई अधिनियम समुचित संख्या में अध्यापक उपलब्ध कराने का महत्व स्वीकार करता है और यह निर्धारित करता है कि प्रत्येक विद्यालय में निर्धारित छात्र –अध्यापक अनुपात (पी टी आर) का पालन किया जाना चाहिए। साथ ही यह उच्च प्राथमिक विद्यालयों में विषयविशिष्ट अध्यापकों, मुख्याध्यापकों तथा कला, स्वास्थ्य और कार्यशिक्षा के लिए अंशकालिक अध्यापकों की जरूरत भी स्वीकार करता है। इसके अलावा, यह अपेक्षा करता है कि किसी भी विद्यालय में अध्यापकों की रिक्तियां 10% से अधिक नहीं होनी चाहिए। सर्व शिक्षा कार्यक्रम के अधीन मंजूर किये गए नए विद्यालयों में और उसके साथ–साथ विद्यालय स्तर पर मानदंडों के अनुसार पी टी आर की अपेक्षाएं पूरी करने के लिए अतिरिक्त अध्यापकों की नियुक्ति करने में राज्यों को सहयोग प्रदान करेगा।

अतिरिक्त अध्यापकों की जरूरत की गणना करते समय नामांकन, आबादी के अनुमान तथा राज्य रिक्तियों का ध्यान रखा जाएगा। कम से कम 50% महिला अध्यापकों की भर्ती करने की पद्धति जारी रहेगी। अध्यापकों के वेतन की हिस्सेदारी की व्यवस्था केंद्र और राज्यों के बीच निधि की हिस्सेदारी की पद्धति के अनुरूप होगी। विभिन्न कारणों से उत्पन्न हुई राज्य रिक्तियों को भरने के लिए सर्व शिक्षा अभियान सहायता उपलब्ध नहीं होगी।

अध्यापकों की पुनः तैनाती

आर टी ई की इस आशय की शर्त कि प्रत्येक विद्यालय में पी टी आर रखा जाएगा तथा किसी भी विद्यालय में रिक्तियों की संख्या 10% से बढ़कर नहीं होगी, यह अपेक्षा करती है कि जिन विद्यालयों में पी टी आर आर टी ई शर्तों से बढ़कर है, उनमें अधिशेष अध्यापकों की पुनः तैनाती के लिए तत्काल हस्तक्षेपणीय उपाय किये जाएँ। सुझाव है कि राज्य अध्यापकों की एक युक्तियुक्त पुनः तैनाती की कार्रवाई करे जिससे कि आर टी ई शर्तों का अनुपालन सुनिश्चित हो सके।

अध्यापक अर्हता

आर टी ई अधिनियम, 2009 के खंड 23(1) के अधीन केंद्रीय सरकार की अधिसूचना द्वारा अधिकृत शैक्षणिक प्राधिकरण द्वारा यथानिर्धारित अध्यापक की न्यूनतम अर्हताओं का वर्णन किया गया है। तदनुसार केंद्रीय सरकार ने राष्ट्रीय अध्यापक शिक्षा परिषद् (एन सी टी ई) को एक अध्यापक के रूप में नियुक्ति के लिए पात्र होने के वास्ते न्यूनतम अर्हताएं निर्धारित करने के निमित्त शैक्षणिक प्राधिकारी अधिसूचित किया है।

सभी भावी भर्तियों में आर टी ई अधिनियम के खंड 23 के अधीन एन सी टी ई द्वारा निर्धारित अध्यापक अर्हताओं का पालन किया जाएगा।

अप्रशिक्षित अध्यापकों का प्रशिक्षण

आर टी ई अधिनियम विद्यालय प्रणाली के लिए व्यवसायिक दृष्टि से प्रशिक्षित अध्यापक उपलब्ध कराके प्रारंभिक शिक्षा में सुधार लाने में अध्यापकों की भूमिका को अत्यधिक महत्व प्रदान करता है। इस अधिनियम में यह सुनिश्चित करने के लिए कि प्रारंभिक विद्यालयों में सभी अध्यापक व्यावसायिक से प्रशिक्षित कर दिए जाएँ, पांच वर्ष की समय–सीमा उपलब्ध कराता है। इस अवधि के भीतर सभी अध्यापकों के लिए आर टी ई अधिनियम के अधीन शैक्षणिक प्राधिकारी द्वारा निर्धारित शैक्षणिक और व्यवसायिक अर्हताएं प्राप्त करना जरूरी होगा। इस सन्दर्भ में एन सी टी ई ने यह व्यवस्था की है कि दिनांक 3 दिसंबर, 2009 के एन सी टी ई (विद्यालयों में अध्यापकों की भर्ती के लिए न्यूनतम अर्हता का निर्धारण) विनियम, 2001 से पहले नियुक्त किये गए अध्यापकों के मामले में संशोधित अध्यापक अर्हता प्राप्त करना जरूरी नहीं होगा। 3 सितम्बर, 2001 को या उसके बाद नियुक्त किये गए अध्यापक के पास शिक्षा के प्राथमिक स्तर पर पढ़ने के लिए उच्च माध्यमिक तथा डी. एड.(दो–वर्षीय) अथवा उच्च माध्यमिक बीएल.एड. (चार–वर्षीय) योग्यता होनी जरूरी है। उच्च प्राथमिक स्तर पर पहुँचने के लिए अध्यापक के पास निम्नांकित अर्हताएं होनी चाहिए–

(क) उच्च माध्यमिक तथा डी.एड. (दो वर्षीय) अथवा

(ख) उच्च माध्यमिक तथा बीएल.एड. (चार वर्षीय)

(ग) बी. एड. (एक–वर्षीय) सहित स्नातक

राज्यों को इस आशय का आकलन करना चाहिए कि कितने अध्यापकों को एन सी टी ई के उपर्युक्त विनियमों के अनुसार अपेक्षित शैक्षणिक और व्यवसायिक अर्हताएं प्राप्त करनी है। सर्व शिक्षा अभियान एन सी टी ई की अपेक्षाओं को पूरा करने के लिए अप्रशिक्षित अध्यापकों के प्रशिक्षण प्रदान करने और उसके साथ–साथ शिक्षाशास्त्रीय दृष्टि से सामर्थ्यवान अध्यापकों का समूह तैयार करने के लिए सहयोग प्रदान करेगा।

अध्यापकों के लिए सेवा–पूर्व प्रशिक्षण

गुणवत्तात्मक सुधार के लिए अध्यापकों की तैयारी बहुत जरूरी है। यह सुनिश्चित करना महत्वपूर्ण होगा कि प्रेरक अध्यापक प्रशिक्षकों के सहयोग से सेवा–पूर्व प्रशिक्षण का सुदृढ़ीकरण किया जाए। अध्यापकों के व्यवसायिक विकास के अवसरों को बढ़ावा देना होगा और उत्तम शिक्षा के लक्ष्यों की पूर्ति करने के उद्देश्य से प्रभावी सेवा–पूर्व और सेवाकालीन प्रशिक्षण तथा प्रवेशकालीन प्रशिक्षण उपलब्ध करने के पूरे प्रयास किये जाने होंगे। सर्व शिक्षा अभियान अध्यापक शिक्षा स्कीम के साथ इस प्रकार अभिसरण करेगा कि प्रत्येक जिले में विभिन्न कारणों से उत्पन्न होने वाली अध्यापकों की रिक्तियों के लिए अध्यापक तैयार किये जा सकें। निर्धारित समय–सीमा के भीतर शैक्षणिक और व्यवसायिक अर्हता सुनिश्चित करने के लिए सर्व शिक्षा अभियान संसाधन उपलब्ध कराएगा और अप्रशिक्षित अध्यापकों का प्रशिक्षण आयोजित किया जाएगा जिसके बाद निर्धारित प्रमाण–पत्र दिए जायेंगे।

अध्यापकों के लिए सेवाकालीन प्रशिक्षण

इसके अलावा यह कार्यक्रम अध्यापकों के वार्षिक सेवाकालीन प्रशिक्षण में सहयोग देगा जिससे कि वे अपने ज्ञान और शिक्षण कौशल को निरंतर स्तरोन्नत करते रह सकें। सेवाकालीन अध्यापक प्रशिक्षण आर टी ई अधिनियम और एन सी एफ – 2005 में यथानिर्धारित शिक्षण और अधिगम को समझने में बदलाव को सरल बनाएगा।

राज्यों को एक दीर्घकालीन सेवाकालीन अध्यापक विकास योजना जिसमें कार्यक्रमों की आवधिकता, अंतर्वस्तु और प्राविधि जैसे प्राचलों को परिभाषित किया गया हो, तैयार करने को प्रोत्साहित किया जाएगा। प्रशिक्षण प्रारूप इस तरह का होगा कि वह अंतर्वस्तु, शिक्षाशास्त्र और सामग्री विकास तथा संसाधनों को समेकित करता हो और परियोजनाओं

के माध्यम से स्वयम् उनकी विचारशील परिपाटी के लिए विद्यालयों में समय को चरणबद्ध रूप में बांटा गया हो। इसके बाद ब्लाक और संकुल स्तरों पर समुचित अनुवर्ती सहयोग प्रदान किया जाएगा। संकुल स्तरीय बैठकें एक व्यवसायिक मंच के रूप में उभरेंगी जिससे कि अध्यापक मिलकर विचार कर सकें और योजना बना सकें। यह काम विकेंद्रीकृत रूप से तथा परामर्शी तरीके से किया जाएगा।

शैक्षणिक सहयोग और पर्यवेक्षण

जिला शिक्षा और प्रशिक्षण संस्थानों (डाईट) ब्लाक संसाधन केन्द्रों (बी आर सी)/शहरी संसाधन केन्द्रों (यू आर सी) तथा संकुल संसाधन केन्द्रों (सी आर सी) को शैक्षणिक संसाधन केन्द्रों के रूप में काम करने के लिए संकल्पित कर दिया गया है। डाईटों का संकाय सेवा–पूर्व और सेवाकालीन प्रशिक्षण उपलब्ध कराएगा। बी आर सी और सी आर सी में समन्वयक विद्यालयों को सेवाकालीन प्रशिक्षण और तत्स्थाने सहयोग प्रदान करेंगे जिससे कि विद्यालय की गुणवत्ता में सुधार लाया जा सके। यह अत्यंत वांछनीय है कि इन संस्थानों में दीर्घकालीन आधार पर प्रतिबद्ध ता के लिए पदों का सृजन किया जाए और यह कि अध्यापकों को विशेष रूप से बी आर सी और सी आर सी में अल्पकालीन प्रतिनियुक्ति पर रखे जाने की मौजूदा परिपाटी बंद कर दी जाए।

आर टी ई अधिनियम में प्रशिक्षण सुविधाओं के साथ–साथ उत्तम स्तर की शिक्षा का प्रावधान अधिदेशित है। विद्यालयों और अध्यापकों को प्रशिक्षण ततः तत्स्थाने सहयोग प्रदान करने के लिए बी आर सी और सी आर सी सबसे महत्वपूर्ण यूनिट हैं। इन तंत्रों के महत्व को ध्यान में रखते हुए सर्व शिक्षा अभियान बी आर सी/सी आर सी के संकाय और आधारिक–तंत्र का सुदृढ़ीकरण करेगा।

ब्लाक/संकुल समन्वयकर्ताओं की प्रभावित बढ़ाने के लिए सुधरी हुई चयन प्रक्रिया पर, जो अनुभव, अर्हताओं तथा प्रशिक्षण और अनुसंधान के लिए अभिवृत्ति पर विचार करती है, बल दिया जाएगा। इसके साथ–साथ उपयुक्त प्रशिक्षण कार्यक्रमों के माध्यम से सतत कौशल संवर्धन पर भी बल दिया जाएगा जिससे संसाधन व्यक्तियों को अध्यापक परामर्शदाता एवं प्रशिक्षक के रूप में विकसित होने में मदद मिलेगी। डाईटों और जिला स्तरीय संसाधन समूहों के साथ बी आर सी और सी आर सी के कार्यात्मक संबंधों का सुदृढ़ीकरण किया जाएगा।

उत्तम शिक्षा के अन्य अनिवार्य घटक

आर टी ई अधिनियम में कुछ ऐसे विशिष्ट तरीकों का वर्णन किया गया है जिनमें विद्यालय के वातावरण को बच्चे के लिए तनावमुक्त बनाया जा सकता है। इनमें निम्नांकित शामिल हैं–

कोई भी शारीरिक दंड अथवा मानसिक उत्पीडन नहीं

अधिनियम में शारीरिक दंड और मानसिक उत्पीड़न निषिद्ध किया गया है। इस बारे में एक भ्रामक धारणा यह बनी हुई है कि बच्चों में 'अनुशासन' दंड और भय से ही आता है तथापि विश्वभर के शिक्षाविदों का मानना है कि एक परिपक्व नागरिक का निर्माण दंड से नहीं बल्कि विद्यालयों में लोकतान्त्रिक अधिगम वातावरण के विकास से होता है। शारीरिक दंड और मानसिक आघात का नकारात्मक प्रभाव होता है और उस कारण बच्चा पहले की तुलना में अधिक उद्धत और विद्रोही बन सकता है। बच्चों के शरीर कोमल और दुर्बल होते हैं। शारीरिक दंड के रूप में बच्चों को गहरी चोट पहुँचाने के अनेक मामले देखने में आये हैं। यहाँ तक कि एक मामूली दंड भी शारीरिक और भावनात्मक – दोनों को चोट पहुंचा सकता है – बच्चों को मारा गया एक तमाचा उसे बहरा बना सकता है और उसे अवमानित कर सकता है। किसी भी तरह का शारीरिक दंड और मानसिक आघात स्वास्थ्य के लिए हानिकारक और बाल–अधिकारों का उल्लंघन है।

किसी को फेल नहीं करना

'किसी को फेल नहीं करना' का आशय ऐसी क्रियाविधियों के परित्याग से नहीं है जो बच्चों के अधिगम का मूल्यांकन करती हैं। सच तो यह है कि बच्चे के मूल्यांकन और रिकार्डों के लिए एक सतत और व्यापक क्रियाविधि बनायी जाए। आर टी ई अधिनियम में मूल्यांकन की ऐसी सतत और व्यापक प्रणाली स्थापित करने के लिए कहा गया है जोकि बच्चे को फेल होने के डर और आघात से मुक्त कराती है लेकिन अध्यापक को बच्चे के अधिगम और निष्पादन की ओर वैयक्तिक ध्यान देने में समर्थ बनाती है।

कोई अपवर्जन नहीं

'अपवर्जन' का आशय यह है कि शिक्षा प्रणाली ने बच्चे को शिक्षित करने से मना कर दिया है। अपवर्जन की धारणा 'अधिकार' की अवधारणा से मेल नहीं खाती। कोई भी सभ्य देश किसी भी कारण

से बच्चों को प्रारंभिक विद्यालयों से अपवर्जित नहीं करता, ऐसा करने के कोई 'वैध' कारण नहीं हैं। यदि बच्चा मौजूदा प्रणाली में काम नहीं करता और 'वी–सामान्य' क्रियाकलापों में प्रवृत्त होता है तो उस स्थिति में शिक्षा प्रणाली को अनिवार्यतः बच्चे की ओर अलग ढंग से ध्यान देना चाहिए – परामर्श के माध्यम से अथवा अलग ढंग से पाठ्यचर्यात्मक और सह–पाठ्यचर्यात्मक अनुभव तथा क्रियाकलाप उपलब्ध कराके जिनसे बच्चे को आत्मबोध विकसित करने में सहायता मिल सके, वह गहरे जमे हुए भय और समस्याओं की ओर ध्यान दे सके और फलतः व्यवहार के अपने तरीके बदल सके।

निष्कर्षतः हम यह कह सकते हैं कि विद्यालय के गुणवत्तात्मक संवर्धन के लिए प्रारंभिक शिक्षा में व्यवस्थागत सुधारों की जरूरत है जिससे कि गुणवत्ता की इस कल्पना को प्रारंभिक विद्यालयों में सभी बच्चों के जीवंत अनुभवों में साकार रूप दिया जा सके। राज्यों/संघ शासित क्षेत्रों से आर टी ई अधिनियम के अधीन उपयुक्त नियम बनाने की अपेक्षा की जाती है। इसकी अनुवर्ती कार्रवाई के रूप में विभिन्न स्तरों पर सभी शैक्षिक प्रशासकों और अध्यापकों के लिए उपयुक्त कार्यकारी अनुदेश तथा प्रशिक्षण दिया जाना होगा। अनेक हस्तक्षेपणीय उपाय जैसे कि शैक्षणिक वर्ष में किसी भी समय दाखिल किये जाने के लिए आदेश जारी करना, शारीरिक दंड पर रोक लगाना, परीक्षा अथवा अंतरण या जन्म प्रमाण–पत्र आदि की कमी के कारण दाखिले से इन्कार न करना ऐसे उपाय हैं जिनके लिए सर्व शिक्षा अभियान अथवा राज्य क्षेत्र कार्यक्रमों के अधीन कोई वित्तीय प्रभाव नहीं पड़ता। तथापि, वे आर टी ई अधिनियम कार्यान्वित करने के लिए सर्व शिक्षा अभियान कार्यक्रम के अधीन अधिदेशित व्यवस्थागत सुधारों के एक अंग हैं और उन्हें कार्यक्रम के अधीन समग्र विद्यालय गुणवत्ता सुधार योजना में अनिवार्यतः शामिल किया जाना चाहिए।

अध्याय–6

सर्व शिक्षा में सिविल समाज की भागीदारी

लोगों के सहयोग और स्वामित्व के बिना आर टी ई अधिनियम साथ ही सर्व शिक्षा अभियान के लिए सफल होना संभव नहीं है। विद्यालय न जा सकने वाले प्रत्येक बच्चे के आयु–उपयुक्त नामांकन, प्रत्येक बच्चे के लिए विशेष प्रशिक्षण ताकि वह विद्यालय में औरों के साथ बिना रह सके, बाल–अनुकूल बाल–केन्द्रित और क्रियाकलाप–आधारित अधिगम की ऐसी प्रक्रियाओं जोकि चिंता, आघात और भय से मुक्त हैं, को बढ़ावा देने से सम्बंधित आर टी ई अधिदेश सक्रिय सामुदायिक सहभागिता के लिए कार्यसूची का निर्माण करते हैं।

सर्वसुलभ प्रारंभिक शिक्षा के लिए हस्तक्षेपणीय उपायों की योजना बनाने, उनके कार्यान्वयन और मानीटरन में सामुदायिक सहभागिता एक केंद्रीय और अत्यंत महत्वपूर्ण तत्व होगा। सर्व शिक्षा अभियान जागरूकता सृजन तथा सामुदायिक अभिप्रेरण के लिए हस्तक्षेपणीय उपायों द्वारा समुदाय, अभिभावकों, अध्यापकों तथा बच्चों की सहभागिता बढ़ाने की दिशा में काम करेगा। इतने बड़े पैमाने पर अभिप्रेरण को सुविधापूर्ण बनाने और सक्रिय सहभागिता का आग्रह करने के लिए राज्य और जिला सर्व शिक्षा अभियान कार्यालयों को अनुभवी और सक्रिय सिविल समाज संगठनों के साथ जुड़ने की जरूरत होगी।

एन जी ओ को सदा से सिविल समाज की एक प्रमुख एजेंसी समझा जाता रहा है। हाल ही के वर्षों में एन जी ओ की संख्या में भारी वृद्धि

हुई है। ये एन जी ओ सिविल समाज की भागीदारी सुनिश्चित करने में एक महत्वपूर्ण भूमिका निभा सकते हैं।

शिक्षा के क्षेत्र में सिविल समाज संगठनों के सहयोजन का एक लम्बा इतिहास रहा है जिसके लिए इन संगठनों ने अनेक तरीकों से महत्वपूर्ण योगदान दिया है। इसके अलावा सरकार और सिविल समाज के बीच प्रभावी भागीदारी और सहयोग के अनेक उदाहरण देखे गए हैं। तथापि, सिविल समाज और राज्य के बीच का सम्बन्ध जटिल होता है और इनके बीच की भागीदारी सदैव सुचारू नहीं रही है। पिछले कुछ वर्षों में विशेष परियोजनाओं के कार्यान्वयन को हाथ में लेने की दिशा में एन जी ओ/सिविल समाज के हस्तक्षेपणीय उपाय सीमित हो गए हैं। भागीदारी समग्र और पहले से चले आ रहे विनियोजन के बजाय अल्पकालीन और तदर्थ बन गई है।

सर्व शिक्षा अभियान के प्रभावी कार्यान्वयन की दृष्टि से परस्पर आदर भाव पर आधारित वास्तविक दीर्घकालीन भागीदारियों के लिए अवसर तैयार किये जाने जरूरी हैं। ऐसा सुनिश्चित करने के लिए संस्थानगत तथा स्थापित किए जाने वाले अन्य तंत्रों में एन जी ओ की विभिन्न भूमिकाओं को वैधीकृत करना और उनका संस्थापन करना महत्वपूर्ण होगा। दूसरे शब्दों में, सिविल समाज का विनियोजन परियोजना–चालित नहीं बल्कि व्यवस्थागत होना चाहिए। भागीदारी व्यापक होनी चाहिए जिसमें एन जी ओ को अधिनियम का कार्यान्वयन सुनिश्चित करने के लिए समग्र जिम्मेदारी दिए जाने की गुंजाइश हो।

सर्व शिक्षा अभियान को एन जी ओ के साथ अपने विनियोजन की प्रकृति की समीक्षा करनी चाहिए और अधिनियम के प्राचलों को ध्यान में रखते हुए सहयोग के नए क्षेत्र खोलने के प्रयोजन के संवाद की प्रक्रिया शुरू करनी चाहिए। जिन क्षेत्रों में भागीदारी सफल रही है, उन्हें अधिनियम द्वारा प्रस्तुत नई यथार्थ स्थितियों का संज्ञान लेते हुए जारी रखा जाना चाहिए, भागीदारी के नए क्षेत्रों का पता लगाया जाना चाहिए। पहली स्थिति के एक उदहारण के रूप में सेतु पाठ्यक्रमों के चलाने का उल्लेख किया जा सकता है जिसे अनेक राज्यों में सफल भागीदारी का एक क्षेत्र समझा गया है। स्वैच्छिक संगठनों को सहायता की जिस तरह की स्कीमें उपलब्ध करायी गयी हैं, राज्यों के लिए इसी तरह की स्कीमें तैयार करना उपयोगी होगा।

एन जी ओ को भी आर टी ई के प्रकाश में अपनी भूमिका पर पुनर्विचार करना होगा। विद्यालय न जा सकने वाले बच्चों के लिए वैकल्पिक स्कूल, कार्यक्रम, एनएफई केंद्र चलने जैसे एन जी ओ के हस्तक्षेपणीय उपायों को नया रूप देना होगा। उदाहरण के लिए अधिनियम में यह प्रावधान है कि विशेष प्रशिक्षण (आयु–उपयुक्त नामांकन के लिए) देने की जिम्मेदारी विद्यालय के स्थानीय प्राधिकारियों की होगी। इस क्षेत्र में कार्यरत एन जी ओ, सी बी ओ को अब अनिवार्यतः इन संस्थानों के साथ निकट सहयोग से और आर टी ई के कार्यतंत्र के भीतर काम करना होगा। देश के अधिकाँश भागों में विश्वसनीय एन जी ओ मौजूद हैं। ऐसे कुछ एन जी ओ हैं जिन्होंने ख्याति अर्जित की है। ऐसे एन जी ओ के प्रत्यय पत्रों का सत्यापन किये जाने के बाद वे नैसर्गिक भागीदार होंगे। अनेक एन जी ओ विख्यात नहीं हैं लेकिन वे अच्छे और विश्वसनीय हैं तथा उनमें पर्याप्त क्षमता है जिसका लाभ उठाया जाना चाहिए। आर टी ई के प्रभावी कार्यान्वयन के लिए अधिनियम को कार्यान्वित करने और उसके कार्यान्वयन को मानीटर करने के प्रयोजन के प्रमाणित अनुभव से युक्त जमीनी स्तर के संगठनों को सहयोजित किये जाने के प्रयास किये जाने चाहिए। पिछले कुछेक दशकों में जमीनी स्तर के संस्थानों के निर्माण की प्रक्रिया देखने में आई है। महिला समूह, संगठन, एस एच जी, महिला समाख्या संघ, युवा समूह, जन अधिकारों के लिए काम करने वाले समूह आदि का गठन किया गया है और इनमें से कुछ ने भारी क्षमता विकसित की है और उनमें सामर्थ्यवान सदस्य शामिल हैं। जमीनी स्तर के ऐसे संगठनों का सहयोग अभिप्रेरित करना उपयोगी होगा।

स्थानीय प्राधिकारी की भूमिका अधिनियम में स्पष्टतः वर्णित की गई है। स्थानीय प्राधिकारियों से की जाने वाली अपेक्षाएं अत्यधिक तथा चुनौतीपूर्ण हैं। अतः यदि हम चाहते हैं कि स्थानीय प्राधिकारी इन चुनौतियों का सामना करें तो एन जी ओ तथा पंचायती राज (पी आर आई) के बीच दीर्घकालीन सहभागिता स्थापित की जानी जरूरी होगी। 73वें और 74वें संशोधन के पारित किये जाने के समय से पी आर आई के साथ मिलकर काम कर रहे ऐसे संगठनों को, जिनके पास जरूरी नहीं है कि शिक्षा में काम करने का अनुभव हो, भी शामिल किया जाना चाहिए।

संगठनों के व्यापक स्पेक्ट्रम को शामिल करने का पक्षपोषण करने के साथ–साथ यह सुनिश्चित करने का भी ध्यान रखा जाना चाहिए कि जो संगठन अधिनियम की भावना का आदर करते हैं, संवैधानिक मूल्यों

का अनुपालन करते हैं तथा सरकार के साथ भागीदारी के लिए प्रतिबद्ध हैं, उन्हें शामिल होने के लायक बनाया जा सके। इसलिए समुचित जांच मानदंड और प्रक्रियाएं उपलब्ध होनी चाहिए।

भागीदारी के संभावित क्षेत्र

जहाँ इस बात को लेकर सहमति है कि सिविल समाज की भूमिका समग्र होनी चाहिए वहाँ ऐसे कुछ क्षेत्र हैं जहाँ एन जी ओ तथा अन्य सिविल समाज संगठन एक महत्त्वपूर्ण भूमिका निभा सकते हैं। ये क्षेत्र निम्नांकित हैं–

अभिप्रेरण और जागरूकता निर्माण

अक्सर सरकार की किसी भी पहल को लेकर व्यापक दूरदर्शिता देखने में आती है। लोगों को यह कहते हुए सुना भी जा सकता है कि आर टी ई अधिनियम का हश्र भी वही होगा जोकि सुधार लाने के लिए बनाये गए अनेक अन्य कानूनों का हुआ है। इसलिए यह बात सबसे अधिक महत्त्वपूर्ण है कि मीडिया, बुद्धिजीवी वर्ग और जनमानस के भीतर इस आशय का विश्वास निर्मित किया जाए कि सरकार केवल यही नहीं कि इस कानून का कार्यान्वयन सुनिश्चित करने के लिए प्रतिबद्ध है बल्कि यह भी कि अध्यापक और आम जनता अब शिक्षा में यथापूर्व स्थिति सहन करने के लिए तैयार नहीं हैं और यह कि हम सामूहिक प्रयासों के जरिए एक वास्तविक बदलाव लायेंगे। अधिनियम के सम्बन्ध में जागरूकता का निर्माण किये जाने के लिए और समुदाय को मानीटरन करने और जवाबदेही की मांग करने के योग्य बनाने के निमित्त एक विशाल अभिप्रेरण की जरूरत होगी। अधिनियम के प्रावधानों के सम्बन्ध में गति तथा एक व्यापक जागरूकता पैदा करने के लिए एक गतिशील अभियान सिविल समाज संगठनों का एक महत्वपूर्ण योगदान होगा। अभिप्रेरण और जागरूकता सृजन को एकबारगी क्रियाकलाप के रूप में नहीं समझा जा सकता और उन्हें जारी रखना होगा। इसलिए सितिल समाज संगठनों को इस काम को एक चुनौती के रूप में स्वीकार करना होगा। राष्ट्रीय साक्षरता मिशन (एन एल एम) के दौरान जो एक राष्ट्रव्यापी लहर पैदा की गयी थी, अभियान तैयार करने के लिए उस लहर का भी लाभ उठाया जा सकता है।

सामाजिक मानचित्रण

किसी भी समुदाय का सबसे अधिक महत्वपूर्ण संसाधन उसकी स्थानीय प्रज्ञा और ज्ञान होता है। सामा!जिक मानचित्रण समुदाय को अपनी शैक्षिक

जरूरतें और समस्याएं पता लगाने के लिए, जिनके आधार पर वह विद्यालय विकास योजना तैयार और कार्यान्वित कर सकता है और साथ ही समूची प्रक्रिया का मानीटरन और मूल्यांकन कर सकता है, अपनी स्थानीय प्रज्ञा और ज्ञान का प्रयोग करने में समर्थ बनाता है। इस सन्दर्भ में एन जी ओ की भूमिका मुख्यतः व्यापक सर्वेक्षण करने की होगी जिससे कि यह सुनिश्चित हो सके कि कोई भी परिवार छूट न जाए और विद्यालय से सम्बंधित आवश्यक विवरण सावधानीपूर्वक सूचीबद्ध किये जाएँ।

संसाधन सहयोग

अधिनियम के प्रभावी कार्यान्वयन की दृष्टि से स्थानीय से लेकर राष्ट्रीय स्तर तक के विभिन्न स्तरों पर और साथ ही संगठनों की विशेषज्ञता के क्षेत्रों पर निर्भर करते हुए उनकी व्यापक श्रृंखला से विशेषज्ञता की जरूरत होगी। जिन क्षेत्रों में सिविल समाज संगठनों द्वारा संसाधन सहयोग और क्षमता निर्माण उपलब्ध कराया जा सकता है, उनमें ये शामिल हैं–

- अध्यापक प्रशिक्षण के लिए सरकार की क्षमता की सम्पूर्ति करना
- नीचे दिए गए उप–पैराग्राफों में यथोलिखित पाठ्यचर्या और शिक्षाशास्त्र, तथा
- शैक्षिक सुधार के प्रति नए दृष्टिकोण में सतत् और व्यापक मूल्यांकन एक महत्वपूर्ण पक्ष होता है और इस बात को ध्यान में रखते हुए कि इस क्षेत्र में हमारा अपर्याप्त अनुभव है, विशेष क्षमता वाले एन जी ओ से सहायता प्राप्त की जा सकती है।

पाठ्यचर्या और शिक्षाशास्त्र का निर्माण

कुछेक सिविल समाज संगठनों ने जमीनी स्तर पर अनेक वर्षों के नवाचार, प्रयोग और वैधीकरण के बाद अधिनियम में वर्णित अनेक कोर क्षेत्रों में विशेषज्ञता हासिल की है। इस तरह का अनुभव प्राप्त समूहों और संगठनों के सहयोजन को निम्न क्षेत्रों में इनपुट प्रदान करने के लिए सुविधापूर्ण बनाया जाना चाहिए–

1. विशेष रूप से ऐसे सेतु पाठ्यक्रमों का पाठ्यचर्या निर्माण जोकि आयु–उपयुक्त नामांकन के प्रावधान के कार्यान्वयन में महत्वपूर्ण होंगे।
2. अध्यापक प्रशिक्षण कार्यनीतियों का निर्माण

3. मूल्यांकन तंत्रों का प्रारूप (सीसीई)
4. अनुसंधान।

समदृष्टि, गुणवत्ता और भेदभाव न किया जाना

अधिनियम में गुणवत्ता, समदृष्टि से सम्बंधित महत्वपूर्ण मुद्दों और यह सुनिश्चित किए जाने की जरूरत वर्णित की गई है कि शैक्षिक अवसर भेदभाव से मुक्त रखा जाए। इस प्रकार केवल उल्लंघनों की सूचना देने में ही नहीं बल्कि उसके साथ–साथ लैंगिक और सामाजिक समावेशन मुद्दों पर एक परिप्रेक्ष्य निर्मित करने और यह सुनिश्चित करने में कि ये मुद्दे विभिन्न पक्षों को निर्देशित करने वाली अभिन्न साझा चिंताएं बन जाएँ, उदाहरण के लिए प्रशिक्षण, पाठ्यचर्या तथा क्लासरूम संचालन, एस एम सी का निष्पादन आदि में एन जी ओ और सिविल समाज संगठनों को एक महत्वपूर्ण भूमिका का निर्वाह करना पड़ सकता है।

विद्यालय प्रबंध समितियों का प्रशिक्षण

एन जी ओ के सहयोजन के लिए यह एक महत्वपूर्ण क्षेत्र होगा। अधिनियम में एस एम सी द्वारा किए जाने वाले कार्यों का स्पष्ट रूप से वर्णन किया गया है। इनमें से कुछ कार्यों के लिए जैसेकि विद्यालय विकास योजनायें तैयार करने की दृष्टि से क्षमता निर्माण में महत्वपूर्ण निवेश किए जाने होंगे। पिछले अनुभव से यह पता चलता है कि मात्र समितियों का गठन करने से कार्यक्रमों में उनकी सार्थक सहभागिता सुनिश्चित नहीं होती। इसके अलावा हालांकि इन समितियों की सदस्यता में महिलाओं और सुविधावंचित समुदायों के व्यक्तियों को शामिल किए जाने का प्रावधान है, किन्तु वास्तविकता यह है कि उन्हें निर्णय लेने की प्रक्रियाओं से अलग रखा जाता है। इसलिए एस एम सी को एक प्रभावी लोकतांत्रिक अवसर प्रदान करने के लिए सिविल समाज संगठनों की भूमिका महत्वपूर्ण होगी। इस बात का विशेष रूप से उल्लेख किए जाने की जरूरत है कि इस तरह के हस्तक्षेपणीय उपायों की प्रकृति एकबारगी प्रशिक्षण नहीं हो सकती, बल्कि यह अनिवार्यतः एक दीर्घकालीन सहयोजन के रूप में होगी।

पंचायती राज संस्थानों के कार्मिकों का प्रशिक्षण

अधिनियम में वर्णित सुविधाओं की व्यवस्था करने में पी आर आई को एक महत्वपूर्ण भूमिका निभानी होगी। अधिनियम के लिखे अनुसार शिक्षा के

अधिकार से वंचित किए गए क्षुब्ध व्यक्तियों द्वारा ध्यान दिए जाने के लिए भी यह पहला स्तर होगा। इसलिए पी आर आई कार्मिकों का प्रशिक्षण एक चुनौतीपूर्ण कार्य होगा। बहुत बड़ी संख्या में एन जी ओ और सी बी ओ को पी आर आई कार्मिकों को प्रशिक्षण प्रदान करने का अनुभव प्राप्त है। इन कार्मिकों के प्रशिक्षण और पुनः प्रशिक्षण के लिए जिलाधिकारियों को एक व्यापक योजना तैयार करनी होगी। जहाँ कहीं उपयुक्त एन जी ओ/ सी बी ओ उपलब्ध हैं, वहां उपयुक्त दायित्व सौंपना वांछनीय होगा।

'विशेष प्रशिक्षण' का आयोजन

अधिनियम में यह कहा गया है कि विद्यालय न जा सकने वाले सभी बच्चों को आयु–उपयुक्त कक्षा में दाखिल किया जाए और उन्हें 'विशेष प्रशिक्षण' प्रदान किया जाए जिससे कि वे अन्य छात्रों के बराबर रह सकें। पिछले अनुभवों से यह पता चलता है कि 'विशेष प्रशिक्षण' छात्रों को कहीं बेहतर बना सकता है बशर्ते कि ऐसा प्रशिक्षण आवासीय हो। जहाँ कहीं संभव हो ऐसे आवासीय शिक्षा कार्यक्रम में जीवन–कौशल प्रशिक्षण का घटक शामिल करना वांछनीय होगा। बच्चों के भावी विकास की दृष्टि से ऐसा 'विशेष प्रशिक्षण' अत्यधिक महत्त्वपूर्ण होगा और उसे पर्याप्त तैयारी के बाद हाथ में लिया जाना चाहिए। आमतौर पर यह कहा जा सकता है कि इस प्रयोजन के लिए उपयुक्त पाठ्यचर्या और अनुदेशात्मक प्रविधियां निर्मित करना जरूरी होगा। इस कार्य की जटिलता और व्यापकता को ध्यान में रखते हुए ऐसी सभी एजेंसियों को जो ऐसा काम करने की इच्छुक हैं और जिनमें इस तरह की क्षमता है, ऐसा करने के लिए अवश्य ही प्रोत्साहित किया जाना चाहिए। अनेक ऐसे एन जी ओ हैं जिनके पास इस क्षेत्र में काम करने का अनुभव तथा/अथवा क्षमता है और वे आर टी ई अधिनियम के इस पक्ष को कार्यरूप देने में स्वाभाविक भागीदार होंगे।

क्षेत्र आधारित दायित्व

यह आवश्यक है कि आर टी ई अधिनियम और उसके अधीन बनाये गए नियमों के प्रावधानों का कार्यान्वयन यथासंभव कम-से-कम समय में देश के प्रायः सभी भागों में प्रदर्शित किया जाए। निश्चय ही राज्य सरकारों और स्थानीय प्राधिकरणों को चुनिन्दा क्षेत्रों में एकजुट प्रयास करने की कोशिश करनी चाहिए–इस प्रकार वे अन्य को प्रेरित करने और आगे बढ़ने के लिए एक मार्गदर्शक की भूमिका निभायेंगे। इस कार्य की शुरुआत करने और

अधिनियम के पूरे परिणाम प्राप्त करने तक उसको बनाए रखने में एन जी ओ एक प्रभावी एजेंसी के रूप में काम कर सकते हैं। यह एक ब्लाक में, एक पंचायत क्षेत्र में अथवा तदर्थ आधार पर चिन्हित अन्य परिभाषित भौगोलिक क्षेत्र में हो सकता है। इस क्षेत्र में एक भागीदारी आधारित कार्रवाई की जानी होगी।

1. एन जी ओ अध्यापकों और अभिभावकों के बीच जागरूकता का निर्माण करता है – अध्यापक अधिनियम में यथापरिकल्पित काम करने के लिए प्रेरित किए जाते हैं तथा अभिभावक इस बात का आग्रह करते हैं कि सभी सम्बंधित व्यक्तियों द्वारा उनके बच्चे के अधिकारों की पूर्ति की जाए।
2. आधारिक सुविधाओं और अध्यापकों के प्रावधान की जिम्मेदारी सम्बंधित सरकारी एजेंसी स्थानीय प्राधिकरण पर बनी रहेगी जबकि एन जी ओ सभी अन्य घटकों जैसे कि मौजूदा आधारिक सुविधाओं, अध्यापक निष्पादन का सर्वेक्षण करना, सभी बच्चों का नामांकन सुनिश्चित करना, एस एम सी का गठन, प्रशिक्षण और कार्यकरण, अध्यापकों के उत्पीड़न को रोकना और उन्हें दायित्व सही ढंग से निभाने के योग्य बनाना, विद्यालयों में सभी क्रियाकलापों और संचालनों में लैंगिक संवेद्यता के लिए आग्रह करना, आर टी ई के उल्लंघन को पहचानने में सहायता प्रदान करना तथा शिकायतें दर्ज करना और उनके सम्बन्ध में उनका निवारण किए जाने तक कार्रवाई करते रहने के लिए जिम्मेदार होंगे।
3. एन जी ओ को अधिनियम के पूर्ण कार्यान्वयन के लिए जिम्मेदारी लेने के निमित्त आवश्यक साधन उपलब्ध कराए जाएंगे। इस सम्बन्ध में (जैसा कि राजस्थान में लोक जुम्बिश परियोजना में किया गया था) आधारिक सुविधाओं की पूर्ति के लिए अपेक्षित सभी संसाधन, अध्यापकों की नियुक्ति के लिए निधियां (ठीक उसी तरह किए जाने के लिए जैसेकि सरकार में किया जाता है) तथा उत्तम स्तर की शिक्षा के आयोजन के लिए सभी संसाधन एक उपयुक्त परियोजना प्रस्ताव के आधार पर एन जी ओ को उपलब्ध कराए जाएंगे। ऐसे मामले में एन जी ओ, सरकार, पी आर आई, अध्यापक संघों, अभिभावकों आदि के प्रतिनिधियों से युक्त एक संयुक्त समिति कार्यान्वयन का मार्गदर्शन करेगी और कामचलाऊ व्यवस्था करेगी।

विशेषज्ञतापूर्ण सहयोग

कुछ एन जी ओ को विशिष्ट क्षेत्रों में विशेषज्ञता प्राप्त होती है जिसका लाभ उठाया जाना चाहिए। इस तरह के कुछ क्षेत्र इस प्रकार हैं–

1. निःशक्त बच्चे
2. विद्यालय भवनों सहित आधारिक सुविधाओं के प्रारूप में सहयोजन
3. पठन क्षमता बढ़ाने के लिए पुस्तकों और पत्रिकाओं का प्रकाशन
4. लैंगिक प्रशिक्षण।

मानीटरन तथा निगरानी भूमिका

सिविल समाज हस्तक्षेपणीय उपायों के लिए एक महत्वपूर्ण क्षेत्र निगरानी रखने की भूमिका का निर्वहन होगा जिससे कि यह सुनिश्चित हो सके कि बच्चों के अधिकार सुरक्षित हैं। यह भूमिका एन सी पी सी आर तथा एस सी पी सी आर को दी गयी है लेकिन इसकी व्याप्ति की मात्र, मानव संसाधनों की उपलब्धता तथा कार्य की व्यापकता को ध्यान में रखते हुए एन सी पी सी आर/एस सी पी सी आर को केवल सिविल समाज संगठनों, विशेष रूप से ग्रासरूट स्तर पर काम करने वाले ऐसे संगठनों के सक्रिय सहयोजन से अपनी भूमिका का निर्वाह करने के योग्य बनाया जाएगा। यह सुनिश्चित करने के लिए कि यह कार्य प्रभावी रूप से हाथ में लिया जाए, सिविल समाज की भूमिका को संस्थागत तथा व्यवस्थित तरीके से परिकल्पित किये जाने की जरुरत है। कुछेक संभावनाओं में निम्न शामिल हो सकती हैं–

1. ऐसे सिविल समाज संगठनों को प्रत्यायन उपलब्ध करना जोकि शिकायत निवारण के लिए प्रणालीगत तंत्र के एक अंग के रूप में काम करेंगे।
2. एन सी पी सी आर तथा एस सी पी सी आर को सिविल समाज संगठनों का एक प्रभावी नेटवर्क स्थापित करने और ऐसे संगठनों को सामाजिक आडिट, सार्वजनिक सुनवाई आदि करने में समर्थ बनाने के लिए समुचित रूप से परामर्श दिया जाएगा।
3. सिविल समाज को राज्य और साथ ही जिला स्तरों तक नियोजित किये जाने वाले किसी भी संस्थागत तंत्र में शामिल किया जाना चाहिए। एन आर ई जी अधिनियम का कार्यान्वयन इस आशय

का एक उत्तम पूर्वोदाहरण प्रस्तुत करता है जहाँ अधिनियम के कार्यान्वयन का मानीटरन करने के लिए राज्य स्तरीय आयुक्त नियुक्त किये गए हैं। अनेक मामलों में आयुक्त ऐसे सक्रिय सिविल समाज सदस्य हैं जिन्होंने यह सुनिश्चित करने के लिए कि अधिनियम के इर्दगिर्द जागरूकता पैदा की जाए और शिकायतों को अभिव्यक्त किया जाए, अनेक पहलकदमियां की हैं।

4. अधिनियम में ऐसी राष्ट्रीय और राज्य सलाहकार समितियों के गठन की परिकल्पना की गई है जहाँ सिविल समाज प्रतिनिधियों की सक्रिय सहभागिता जुटाई जा सकती है।

सामाजिक आडिट

सिविल समाज संगठन समुदाय की सहभागिता से सामाजिक आडिट की प्रक्रिया को सुविधापूर्ण बना सकते हैं। सामाजिक आडिट ग्राम स्तर पर सर्व शिक्षा अभियान/आर टी ई अधिनियम के कार्यान्वयन की जांच, मानीटरन और सत्यापन को सुविधापूर्ण बनाएगा। कार्यक्रम कार्यान्वयन में सामाजिक आडिट के माध्यम से पारदर्शिता, सहभागिता और जवाबदेही बनाए रखी जाएगी। ग्राम स्तर पर सर्व शिक्षा अभियान कार्यक्रम के नियोजन, निर्माण और कार्यान्वयन के दौरान किसी भी समय सामाजिक आडिट किया जा सकता है। सामाजिक आडिट करने के लिए बड़े पैमाने पर सामुदायिक अभिप्रेरण जरूरी होगा। सामाजिक आडिट एस एम सी/वी ई सी, पी टी ए, स्वयंसेवी समूहों (एस एच जी), युवा क्लबों, महिला समूह तथा सुविधावंचित समूहों के प्रतिनिधियों आदि जैसे हितधारकों की सहायता से समुदाय तथा समूची ग्राम सभा द्वारा किया जाता है।

माता – पिता की भूमिका

बच्चे की सीखने की क्षमता एवम् उसकी व्यक्तिगत क्षमता के विकास में बच्चे के माता– पिता की बड़ी भूमिका होती है। इसके साथ ही साथ आर टी ई शर्तों के कार्यान्वयन में भी इस बात का जिक्र है कि बच्चों को एक भय मुक्त वातावरण उपलब्ध करने में माता– पिता को एक महत्त्वपूर्ण भूमिका निभानी होगी। यह भी सुनिश्चित करना होगा कि बच्चे स्कूल में एक सुविधाजनक माहौल में पढ़ सकें। ऐसा माहौल तब बन सकेगा जब पढ़ाई का वातावरण दबाब, चिंता, भय आदि से मुक्त हो। माता– पिता को यह भी देखना होगा कि बच्चों को कोई शारीरिक दंड का भय तो नहीं है। यह

भी जरूरी है कि बच्चों में परीक्षा में फेल हो जाने का भय न हो। इसके लिए अभिभावकों को नीतिगत चर्चाओं में भाग लेना चाहिए तथा इस बारे में अपनी राय देनी चाहिए।

आज के समाज में एक अन्य चुनौती है बहुत से बच्चों का स्कूल न पहुँच पाना। ऐसे में माँ– बाप की भूमिका बढ़ जाती है कि वे अपने बच्चों को स्कूल भेजें तथा इस बाबत सरकार व सरकारी प्रयासों में सहयोग करें। अतः इस योजना का एक प्रमुख अवयव यह भी है कि माता–पिता की भूमिका एवं सहभागिता को सुनिश्चित किया जाए।

बच्चों की भूमिका

यह पूरी योजना एवं पूरी कवायद ही बच्चों के लिए है, इसलिए बच्चों की संपूर्ण सहभागिता के बिना इसका सफल होना संभव नहीं है। इनकी सहभागिता के बिना स्कूलों को कभी भी बाल–अनुकूल और बाल–केन्द्रित नहीं बनाया जा सकता है। बाल–मंत्रिमंडल, बाल–संसद, मीना मंच आदि जैसी अवधारणाओं को सभी स्कूलों में प्रोत्साहित किये जाने और इस प्रकार स्कूल प्रबंध तथा विकास में बच्चों की सक्रिय सहभागिता सुनिश्चित कराये जाने की जरूरत है। ऐसे प्रावधान किये गए हैं कि एस एस ए ऐसे समूहों के गठन को प्रोत्साहित करेगा जो माँ–बाप विहीन बच्चों की सहभागिता सुनिश्चित करे जिससे सामुदायिक सहयोग और स्वामित्व की कमी की ओर ध्यान दिया जा सके।

निगमित सामाजिक जिम्मेदारी

जागरूकता निर्माण तथा आर टी ई के मानीटरन के लिए समुदाय और स्थानीय प्राधिकरणों के साथ सहयोग करके संगठन एक महत्वपूर्ण भूमिका का निर्वाह कर सकते हैं। वे आधारिक सुविधाओं के विकास और क्षमता निर्माण आदि के क्षेत्रों में अपने विचार तथा संसाधन ला सकते हैं।

समाहार

सिविल समाज की सहभागिता एस एस ए का बुनियादी तत्व है। इसकी सफलता के लिए समाज के विभिन्न वर्गों की पूर्ण सहभागिता वांछनीय है। इसमें बच्चों से लेकर उनके माता– पिता, अध्यापक गण, समुदाय, सिविल समाज, गैर सरकारी संस्थाएं तथा सरकारी तंत्र सभी की भूमिका अति महत्वपूर्ण है तथा इनमें से किसी की भी अवहेलना नहीं की जा सकती

है। ऐसे में एस एस ए की जिम्मेदारी यह होगी कि वह जागरूकता सृजन, सामुदायिक अभिप्रेरण के लिए हस्तक्षेपनीय उपायों तथा स्वेच्छावाद को बढ़ावा देने तथा आम जनता की सहभागिता बढ़ाने का प्रयास करे। एस एस ए जरूरत – मूल्यांकन तथा कार्यान्वयन और निगरानी में पक्षपोषण करने वालों से लेकर भागीदारों तक की विभिन्न क्षमताओं में एन जी ओ तथा एजेंसियों को बढ़ावा देगा। इस तरह की भागीदारी पारस्परिक होगी न कि उप–संविदा प्रदान करने की प्रकृति वाली। एस एस ए यह भी सुनिश्चित करने के प्रयास करेगा कि सिविल समाज संगठनों को राज्य और साथ ही जिला स्तरों पर नियोजित किये जा रहे प्रत्येक संस्थागत तंत्र में शामिल किया जाये।

अध्याय–7

नियोजन एवम् निधि प्रवाह तंत्र

विषय प्रवेश – एस एस ए प्रारंभिक तथा निचले स्तर के क्रियाकलापों को सर्वाधिक महत्व प्रदान करता है। इससे न सिर्फ कार्यान्वयन की सुविधा उपलब्ध होती है बल्कि विकेंद्रीकरण की भी प्रवृति का विकास होता है। ये दो अवयव सर्व शिक्षा के महत्वपूर्ण घटक रहे हैं। पिछले अध्यायों के समग्र अवलोकन से यह विदित होता है कि इस प्रकार की योजनाओं में सबसे बड़ी चुनौती नियोजन की होती है। इस बात की आवश्यकता होती है कि बहुविध प्रकार के प्रावधानों, कार्यनीतियों और हस्तक्षेपनीय उपायों के संश्लेषण और समेकन के लिए एक एकीकृत दृष्टिकोण होना चाहिए।

प्रारंभिक क्रियाकलाप

एस एस ए के अधीन नियोजन अवश्य ही व्यापक होना चाहिए और उसमे निम्न शामिल होने चाहिए–

1. प्रारंभिक शिक्षा में आर टी ई द्वारा अधिदेशित नीतिगत/प्रणालीगत सुधारों के लिए क्षेत्र।
2. आर टी ई अधिनियम में की गयी परिकल्पना के अनुसार एस एस ए के अधीन पहुँच, गुणवत्ता, समदृष्टि, स्कूल–आधारिक सुविधाओं, सामुदायिक अभिप्रेरण, मानीटरन और पर्यवेक्षण, प्रबंध–तंत्रों के लिए विशिष्ट प्रावधान क्षेत्र।

3. उपर्युक्त (1) तथा (2) के लिए केंद्रीय और राज्य सरकारों की अन्य स्कीमों के साथ सहयोग में अभिसारी कार्रवाई के लिए क्षेत्र तथा
4. एन जी ओ और अन्य सिविल समाज संगठनों के साथ भागीदारी के लिए क्षेत्र।

अपने लक्ष्यों की पूर्ति में सफल होने के लिए अधिकार–आधारित नियोजन के वास्ते यह जरूरी है कि एस एस ए कार्मिक विभिन्न प्रावधानों, कार्यनीतियों और हस्तक्षेपणीय उपायों की सहज और समेकित रूप में परिकल्पना और चिंतन कर सकें जिसके फलस्वरूप यू ई ई के लक्ष्य की पूर्ति की जा सके।

प्रारंभिक चरण में जिला प्रारंभिक शिक्षा अधिकारी के कार्यालय को भी सुदृढ़ किया जायेगा ताकि इसे समुचित रूप से इस प्रकार सुसज्जित किया जा सके कि वह कार्यक्रम कार्यान्वयन के दौरान बड़े कामो को संभाल सके। इसके अलावा जनशक्ति आवश्यकताओं का जाएजा भी लिए जाने की जरूरत है। इसी प्रकार विशिष्ट राज्य/संघ शासित क्षेत्र के सन्दर्भ में लैंगिक अध्ययन, विकलांग बच्चों, अन्य वंचित समूहों, सिविल निर्माण कार्यों, शिक्षा–शास्त्र तथा सामुदायिक अभिप्रेरण और योजना सम्बन्धी विशेषज्ञों की आवश्यकता का आकलन भी किया जाना होगा।

सूक्ष्म आयोजना और स्कूल मानचित्रण के लिए प्रभावी सामुदायिक अभिप्रेरण के जरिये बस्ती स्तरीय शैक्षिक योजनायें तैयार करना प्रारंभिक चरण का सबसे महत्वपूर्ण घटक है। इसके अंतर्गत 0-14 आयु वर्ग के सभी बच्चों की प्रगति पर ध्यान रखना अनिवार्य है क्योंकि एस एस ए का सर्वप्रमुख लक्ष्य प्रारंभिक शिक्षा का सार्वजनीकरण है। परिवार सर्वेक्षण के आधार पर ग्राम–शिक्षा रजिस्टर तैयार करना, बच्चों को शिक्षा में बनाये रखने के रजिस्टर और छात्र प्रगति कार्डों के माध्यम से नियमित अनुश्रवण की व्यवस्था प्रारंभिक चरण में ही की जा सकती है। ऐसा करने के लिए पंचायती राज संस्थानों, ग्राम शिक्षा समितियों, स्कूल प्रबंध समितियों अभिभावक–अध्यापक संघों आदि के सदस्यों में क्षमता निर्माण पर ध्यान केन्द्रित करना होगा। स्थानीय समुदाय में क्षमता निर्माण के लिए स्कूल और अध्यापकों के साथ सतत अन्तः सम्बन्ध भी आवश्यक है।

प्रारंभिक क्रियाकलापों के रूप में जिले में आधार रेखा निर्धारण पर अनेक अध्ययन किये जायेंगे जिससे अधिगम उपलब्धियों, बच्चों के शिक्षा में बने रहने, सुलभता, लैंगिक समानता, सामाजिक समानता, भौतिक

आधारिक–तंत्र आदि सम्बन्धी मौजूदा स्थिति परिलक्षित हो सके। इस प्रक्रिया में क्षेत्रीय अनुसन्धान संस्थानों को सहयोजित करने के प्रयास किये जाने चाहिए। इनकी रिपोर्ट अनिवार्यतः निदानात्मक होनी चाहिए और वे इस योग्य हों कि उन्हें योजना प्रक्रिया का अंग बनाया जा सके। किसी राज्य में बेसलाइन स्थिति का निर्धारण करने के लिए ऐसे उपलब्ध अध्ययनों का भी प्रयोग किया जा सकता है जो राज्य विशिष्ट हों।

अध्यापक यूनिटों की सार्थक व्यवस्था जैसे कार्य भी प्रारंभिक चरण में ही शुरू किये जायेंगे ताकि अध्यापकों की तैनाती मांग– आधारित हो। इस प्रकार अतिरिक्त अध्यापकों की आवश्यकता का निर्धारण और साथ ही एक ऐसी अभिसारी योजना प्रक्रिया सरल बन जाएगी जोकि निजी स्कूलों की मौजूदगी को स्वीकार करे।

एस एस ए कार्यक्रम कार्यान्वयन में पारदर्शिता पर बल देता है। यह पूर्ण रूपेण सुनिश्चित किया जायेगा कि प्रारंभिक शिक्षा पर होने वाला खर्च सार्वजनिक क्षेत्र का विषय हो। स्कूल प्रदर्शन बोर्ड में स्कूल में किये जा रहे सभी निवेश दर्शाए जायेंगे। पारदर्शिता लेन के सन्दर्भ में इसी तरह के प्रयास राष्ट्रीय स्तर तक किये जाने होंगे। परियोजना–पूर्व/परियोजना क्रियाकलापों के सभी मंजूर आदेशों की प्रतियाँ स्कूल शिक्षा और साक्षरता विभाग, मानव संसाधन विकास मंत्रालय की वेबसाईट पर उपलब्ध कराई जाएँगी।

शहरी क्षेत्रों में ग्राम–शिक्षा समिति/स्कूल प्रबंध समिति/ग्राम पंचायत शिक्षा समिति/स्कूल स्तरीय समिति के बैंक खाते खोलने का भी एक प्रासंगिक क्रियाकलाप के रूप में अनुश्रवण किया जायेगा जिससे प्रभावी विकेंद्रीकरण लाया जा सके। वित्तीय मानदंडों में साफ–साफ कहा गया है कि ग्राम शिक्षा समिति द्वारा अनेक हस्तक्षेपकारी उपाय किये जायेंगे। यह भी सुनिश्चित किया जायेगा कि ग्राम शिक्षा समिति का गठन प्रक्रिया आधारित हो। प्रक्रिया–आधारित का अर्थ यह है कि चयन, नामांकन सम्बन्धी सरकारी आदेशों के बजाय क्रियाकलापों और सहभागिता के माध्यम से हो।

एक कारगर प्रारंभिक चरण सुनिश्चित करने के लिए किसी जिले विशेष की वास्तविक आवश्यकता के आधार पर ऐसे क्रियाकलापों के लिए पचास लाख रुपये तक की राशि उपलब्ध कराई गयी है।

प्रारंभिक चरण मांग–आधारित है और जिलों की मांगों को लेकर काफी भिन्नताएं हैं। वैसे जिले जो पहले से ही डी पी ई पी/एल जे

पी कार्यान्वित कर रहे हैं, उन्हें प्रारंभिक क्रियाकलापों के लिए सीमित संसाधनों की आवश्यकता होगी। एक राज्य घटक योजना भी तैयार की जाएगी जिसमें इन आवश्यकताओं का विशेष उल्लेख किया गया हो। राज्य स्तरीय संसाधन समूहों से ऐसी आशा की जाती है कि वे कार्यक्रम कार्यान्वयन को सरल बनायेंगे।

राज्य सरकारें, राज्य स्तर पर व्यवसायिक और प्रचालनात्मक सहायता के लिए कार्यक्रम तैयार करेंगी जिससे यह सुनिश्चित हो सके कि प्रारंभिक चरण में जिले की क्षमता विकास की जरूरतों को सर्वोच्च प्राथमिकता मिल सके।

जबकि उपर्युक्त कार्यनीतियों और हस्तक्षेपणीय उपायों में से कुछ सहभागिता, बच्चों को शिक्षा में बनाये रखने और गुणवता में भी सहयोग देते हैं, योजना निर्माताओं को सर्वसुलभ पहुँच के लिए इन सभी बातों को ध्यान में रखना होगा जिससे सर्वसुलभ पहुंच के लिए एक व्यापक परिणामोन्मुखी योजना तैयार की जा सके।

समुदाय – आधारित नियोजन प्रक्रिया

एस एस ए में नीचे से ऊपर की ओर जाने वाले विकेंद्रीकृत, आवश्यकता–आधारित और सहभागिता पूर्ण नियोजन की परिकल्पना की गयी है। इस अभियान की सफलता, समुदाय आधारित आयोजना प्रक्रिया के स्तर पर निर्भर करेगी। एस एस ए का निर्माण इस धारणा पर किया गया है कि समुदाय कोई योजना बना सकता है, फिर भी यह इस तथ्य को स्वीकार करता है कि ऐसा करने के लिए समुदाय के भीतर क्षमता विकसित करने की भारी आवश्यकता है। नियोजन की इकाई के रूप में गाँव के बजाय बस्ती को मान्यता देना अधिक तर्कपूर्ण है क्योंकि एक बस्ती के भीतर सामुदायिक एकता अधिक मात्रा में मिलती है। इसी प्रकार, शहरी क्षेत्रों में नियोजन की इकाई एक ही मलिन बस्ती में रहने वाले परिवारों का समूह हो सकती है। नियोजन प्रक्रिया के प्रारंभिक बिंदु के रूप में सरकारी और गैर–सरकारी व्यक्तियों के एक ऐसे कोर दल का गठन किया जायेगा जिसे एस एस ए को कार्य रूप देने का काम सौंपा जायेगा।

यू ई ई के लिए नियोजन अन्य बातों के अलावा सर्वसुलभ पहुँच, समदृष्टि, सहभागिता और गुणवत्ता के लिए नियोजन पर ध्यान केन्द्रित करेगा। नियोजन प्रक्रिया में स्कूलों को एक महत्वपूर्ण भूमिका निभानी होती है जिसके लिए स्कूल में सामुदायिक नेताओं की प्रतिभागिता के

प्रयासों को बढ़ावा देना चाहिए। योजना के लिए प्रधानाध्यापक और उसके दल को स्थानीय संसाधन की तरह काम करना होगा। आर टी ई अधिनियम के खंड 21 के अनुसार गैर– सहायता प्राप्त स्कूलों को छोड़कर सभी स्कूलों के लिए स्कूल प्रबंध समिति का गठन किया जायेगा। आदर्शतः स्कूल विकास योजना निकटवर्ती स्कूल के आवास क्षेत्र के भीतर आने वाली सभी बस्तियों के सम्बन्ध में सहभागितापूर्ण तरीके से किये गए सूक्ष्म नियोजन की प्रक्रिया से उभरनी चाहिए। इसके अंतर्गत बस्ती के सभी परिवार के साथ गहरा वैचारिक आदान– प्रदान और संवाद किया जाना चाहिए तथा बेहतर प्रस्तावों का प्रारूप तैयार किया जाना चाहिए। ये उपाय अनुशासनात्मक हैं और उन्हें लागू करने के लिए क्षेत्रीय स्थिति के साथ समायोजन किये जाने की जरूरत है। एस एम सी को सूक्ष्म नियोजन प्रक्रिया आयोजित करते समय इन स्थानीय विशिष्ट परिवर्तों को ध्यान में रखने की जरूरत होगी।

सामुदायिक दलों के दिशा–अनुकूलन के बाद सूक्ष्म आयोजन की प्रक्रिया शुरू की जानी चाहिए। इसके लिए छात्रवृत्ति और वर्दियों जैसे प्रोत्साहन की आवश्यकता राज्य मानदंडों के आधार पर निर्धारित की जाएगी। ये एस एस ए कार्यक्रम का नहीं, बल्कि एस एस ए कार्यतंत्र का अंग होगी क्योंकि इनका वित्तपोषण राज्य योजना से होगा। नियोजन प्रक्रिया में मध्यान्ह भोजन की योजना पर भी विचार किया जायेगा हालाँकि यह जिला योजना के रूप में बनी रहेगी।

एस एम सी को सूक्ष्म नियोजन तथा पारिवारिक सर्वेक्षण आयोजित करने, एस डी पी तैयार करने के लिए और यह सुनिश्चित करने के लिए प्रशिक्षण की जरूरत होगी कि सभी बच्चे स्कूलों में दाखिल हों, उपस्थित हों और उनकी शिक्षा–पर्यंत उनकी प्रगति पर निगाह रखी जाए। सूक्ष्म नियोजन प्रक्रिया का अनुसरण करते हुए ब्लॉकों और जिलों को यह देखना होगा कि कौन सी अपेक्षाएं मौजूदा संसाधनों के पुनः प्रवर्तन/युक्तियुक्तकरण द्वारा की जा सकती हैं। संकुल स्तरीय यूनिटों द्वारा ब्लॉक दलों के परामर्श से एस डी पी का आकलन किया जा सकता है। जिला यूनिट ब्लॉक स्तरीय योजनाओं का आंकलन करेंगे जोकि जिला योजना के आधार का निर्माण करेंगी। यह सुनिश्चित करने के लिए समुचित ध्यान रखना चाहिए कि अध्यापकों, क्लास रूमों आदि की मांग सर्व शिक्षा अभियान तथा आर टी ई अपेक्षाओं के व्यापक मानदंडों के अनुरूप हों।

संदर्श योजनायें और वार्षिक योजनायें

ऐसे प्रावधान किये गए हैं कि सभी जिलों में एक संदर्श एवम् एक वार्षिक योजना तैयार की जाएगी। संदर्श योजना एस एस ए की समय सीमा के भीतर प्रारंभिक शिक्षा के सार्वजनीकरण के लिए एक योजना होगी और यह योजना बच्चों की उपस्थिति, उनके शिक्षा में बने रहने, शिक्षा बीच में छोड़ने वाले बच्चों और अधिगम उपलब्धि के मौजूदा हालातों के मद्देनजर, आधारित होगी। शैक्षिक सुविधाओं की सुलभता में सुधार लाने, बच्चों को शिक्षा में बनाए रखने की स्थिति बेहतर बनाने तथा उपलब्धि सुनिश्चित करने की एक सुस्पष्ट योजना संदर्श योजना का अंग होगी। यह योजना कोई अंतिम रूप–रेखा होने के बजाए एक परिवर्तनात्मक दस्तावेज होगी और कार्यक्रम कार्यान्वयन पर प्राप्त प्रतिक्रिया के आधार पर उसमे संशोधन किये जा सकेंगे। संदर्श योजना पूर्व खंड में निर्धारित सामान्य वित्तीय मानदंडों का पालन करेगी। गैर–सरकारी क्षेत्र की मौजूदगी और इस दिशा में उनके योगदानों को भी ध्यान में रखा जायेगा। क्षेत्र अनुभवों के आधार पर संशोधनों के लिए स्थान होगा तथा इनमें अंतिम रूप से सुधार भी किया जा सकेगा।

वार्षिक योजनायें, किसी वर्ष विशेष में किसी जिले के लिए संसाधनों की उपलब्धता के सामान्य संकेतों पर आधारित होगी। जिला संसाधनों की संभावित उपलब्धता के प्रकाश में प्राथमिकता निर्धारित करेगा। वार्षिक योजना संसाधनों की संभावित उपलब्धता के सन्दर्भ में प्राथमिकता प्राप्त योजना होगी। राष्ट्रीय/राज्य मिशन इन वार्षिक योजनाओं का परीक्षण करेगा तथा संसाधन उपलब्धता को ध्यान में रखते हुए उनमें बदलाव ला सकेगा।

जबकि संदर्श योजना का लक्ष्य किसी जिला विशेष में प्रारंभिक शिक्षा के सार्वजनीकरण की अधूरी कार्यसूची का निर्धारण करना और उसके निमित्त योजना बनाना है, वार्षिक योजना प्राथमिकता निर्धारण की एक प्रक्रिया है।

संदर्श और वार्षिक योजनाएं तैयार करने के लिए सभी स्तरों पर क्षमताओं का निर्माण किया जाना जरूरी है। राष्ट्रीय/राज्य मिशन के संसाधन व्यक्तियों के दलों के अलावा नियोजन सहायता के लिए राज्य विशिष्ट संस्थागत तालमेल विकसित करने के भी प्रयास किये जायेंगे। विशिष्ट कार्यसूची तैयार करने के लिए अनुसन्धान संगठनों के साथ पहले

ही परामर्श की प्रक्रिया शुरू की जा चुकी है। इस प्रक्रिया को अंतिम रूप राज्य सरकारों से परामर्श के बाद ही दिया जाएगा। अनुसन्धान, मूल्यांकन, अनुश्रवण और क्षमता निर्माण के लिए सर्व शिक्षा अभियान को प्रमाणित उत्कृष्टता वाले संस्थानों की सहायता की जरूरत होगी। राज्यों में ऐसी किसी भी प्रक्रिया का आरंभिक बिंदु यह होना चाहिए कि मौजूदा सरकारी कर्मियों में से सावधानी पूर्वक चयन और साथ ही एस एस ए के अधीन प्रदत्त प्रबंध लागतों में से संविदा आधारित विशेषज्ञों की तैनाती की आवश्यकता स्वीकार की जाए।

आयोजन प्रक्रिया में अध्यापक समुदाय को शामिल करना भी जरूरी है ताकि यह सुनिश्चित हो सके कि स्कूली प्रणाली सामुदायिक भागीदारी के लिए एक प्रमुख संस्थान के रूप में उभर सके। जिला शिक्षा और प्रशिक्षण संस्थानों (डाएट) में एक नियोजन और प्रबंध उचित होता है। इन इकाईयों को पूरी तरह सक्रिय बनाये जाने की जरूरत है। इस दिशा में किये गए प्रयासों में राज्य सरकारों के साथ किये गए समझौता ज्ञापन (एम् ओ यू) का स्थान प्रमुख है। संदर्श एवं वार्षिक योजनाओं के निर्माण में सी आर सी, बी आर सी और डाइटों की बहुत बड़ी भूमिका होती है और इसलिए कार्यक्रम के कार्यान्वयन में उनका व्यवस्थित क्षमता विकास एक प्राथमिकता होनी चाहिए। जैसा कि पिछले खण्डों में कहा जा चुका है, सर्व शिक्षा अभियान सभी स्तरों पर संस्थानगत क्षमता निर्माण को बढ़ावा देता है।

शैक्षिक प्रबंध सूचना प्रणाली– ई एम आई एस एवं डी आई एस ई

वार्षिक योजनायें शैक्षिक प्रबंध सूचना प्रणाली (ई एम् आई एस) का प्रभावी प्रयोग करेंगी। सभी जिलों में एक ई एम आई एस इकाई होगी। इस इकाई की एक मुख्य डाटा प्रणाली जिला शिक्षा सूचना प्रणाली (डी आई एस ई) के नाम से जानी जाने वाली स्कूल– आधारित वार्षिक सूचना प्रणाली तथा पारिवारिक सर्वेक्षण रिपोर्ट होगी। इन प्रणालियों के माध्यम से संकलित डाटा का प्रयोग नियोजन के लिए किया जायेगा। इनका प्रयोग न सिर्फ नियोजन बल्कि मानीटरन और मूल्यांकन तथा मध्यावधिक संसाधनों के लिए भी किया जायेगा। डी आई एस ई डाटा शिक्षा बीच में छोड़ने वाले बच्चों, शिक्षा में बने रहने, अगली कक्षा में प्रोन्नति और परिवर्तन के बारे में भी जानकारी प्रदान करता है। प्रवाह दरों को प्रभावित करने वाले समस्या क्षेत्रों की पहचान करने तथा ठीक–ठीक पता लगाने के लिए इन

प्रवाह दरों का प्रयोग जिला और ब्लॉक स्तरों पर किया जा सकता है। इन डाटा को सभी स्कूलों से जानकारी समाविष्ट और संकलित करनी चाहिए। राज्यों को प्रारंभिक स्तर के लिए डाटा की एक एकीकृत प्रणाली की दिशा में आगे बढ़ाना चाहिए, पहले से चली आ रही समानांतर प्रणालियों को डी आई एस ई के साथ मिला दिया जाना चाहिए।

राष्ट्रीय शैक्षिक आयोजना और प्रशासन विश्वविद्यालय ने सार्वजनिक प्रारंभिक शिक्षा (यू ई ई) की दिशा में राज्यों की प्रगति का जाएजा लेने के प्रयोजन से प्राथमिक और अपर – प्राथमिक स्तरों के लिए, और साथ ही प्रारंभिक शिक्षा पर एक संयुक्त दृष्टि डालने के लिए एक शैक्षिक उन्नति सूचकांक (ई डी आई) तैयार किया है। राज्य, जिला और उप–जिला के लिए यह सूचकांक तैयार करेंगे। ऐसी आशा की जाती है कि ई डी आई सर्व शिक्षा अभियान को सर्वाधिक जरूरतमंद क्षेत्रों की ओर और अधिक कारगर ढंग से लक्षित होने योग्य बना देगी।

विशेष ध्यातव्य जिले

सर्व शिक्षा अभियान आधारिक तंत्र विषयक कमी तथा अन्य विषमताओं को ध्यान में रखने के साथ–साथ अन्तः क्षेत्रीय और अंतर्राज्यीय तथा अंतर्जिला विषमताओं को स्वीकार करता है और यह इन विषमताओं की ओर ध्यान केन्द्रित करने की कोशिश कर रहा है। इस तरफ एक महत्वपूर्ण कदम है विशेष ध्यातव्य जिलों की पहचान करना। ऐसे जिले स्कूल न जा सकने वाले बच्चों की बड़ी संख्या, भारी लैंगिक अंतराल, और आधारिक–तंत्र विषयक कमियों और साथ ही अनुसूचित जाति/जनजाति/अल्पसंख्यक समुदाय की बहुलता के आधार पर चिन्हित किये जाते हैं। इन जिलों में मूल्यांकन के समय गहरी छान–बीन के अलावा आवश्यकता के आधार पर स्कूल भवन और क्लास रूम प्राथमिकता के आधार पर मंजूर किये जाते हैं। एस एस ए–आर टी ई में भी वर्गीकरण के लिए वही दृष्टिकोण जारी रहेगा। अनुमोदनों के बाद राज्यों को एस एफ डी में कार्यान्वयन का सतत रूप से मानीटरन करना होगा।

शहरी नियोजन

शहरी क्षेत्रों की कुछ अपनी विशेषताएं होती हैं, जैसे – जनसंख्या का उच्च घनत्व, सजातीय समुदाय, भूमि की अधिक कीमत, आवास की कमी, ज्यादा बड़ी प्रवासी आबादी, बेघर आबादी, स्कूल के लिए आधारिक

बाधाएँ, शहरी सुविधावंचित बच्चे आदि। इसलिए आर टी ई के सन्दर्भ में नियोजन भी कुछ भिन्न ही होगा जो इन समूहों की समस्यायों को ध्यान में रख कर बनाई जाये। वार्षिक योजनाओं में इन बच्चों की जरूरतों एवं समस्याओं का विशेष रूप से ध्यान रखा गया है। विशाल आबादी यानी दस लाख या इससे अधिक वाले शहरों के लिए अलग योजना होगी जबकि अन्य शहर और शहरी क्षेत्र प्रत्येक जिला योजना का एक अंग होंगे। राज्य स्पष्टतः शहरी मुद्दों पर केन्द्रित होगा। शहरों में निकटवर्ती स्कूलों के लिए योजना बनाते समय स्कूल के लिए सांगत और जरूरत आधारित मानदंड तथा स्कूल और समुदाय के बीच अन्तः–संबंधों को अंतिम रूप देना होगा। अनुभव के आधार पर यह कहा जा सकता है कि शहरों में स्कूल की मुख्य योजना नगर–निगम क्षेत्रों में ज्यादा की जाती है जबकि इन स्कूलों में पढ़ने वाले अधिकांश बच्चे शहर के किनारे या अलग बसे मलिन बस्तियों से आते हैं। इसका परिणाम यह होता है कि ऐसे बच्चे स्कूल की आधारभूत योजना तथा भावना से कटे – कटे रहते हैं। अतः मूल रूप से चिन्हित वर्गों को ही लाभ नहीं मिल पाता है। इसलिए यह जरूरी है कि इन मुद्दों को न सिर्फ समझाना होगा बल्कि इनकी ओर ध्यान केन्द्रित करना होगा ताकि इन योजनाओं की मूल भावना का निर्वहन हो सके।

आवारा एवं शहरी सुविधावंचित बच्चों के लिए इन स्कूलों में विशेष प्रशिक्षण की योजना बनायीं जानी होगी क्योंकि ऐसे बच्चे न सिर्फ अपनी स्कूली शिक्षा के बहुत सारे वर्ष खो चुके होते हैं बल्कि इन्हें देख–भाल एवं सुरक्षा की विशेष जरूरत होती है। एस एस ए में ऐसे केन्द्रित और कठोर नियोजन के लिए प्रतिबद्ध स्टाफ और विशेषज्ञों की जरूरत होगी। इसे कार्यरूप देने के लिए एस पी ओ तथा महानगरों में शहरी नियोजन सेलों और साथ ही राज्य तथा महानगर स्तरों पर शहरी संसाधन समूह एक पूर्वापेक्षा होंगे।

आर टी ई अधिनियम के अंतर्गत प्रशासकों के क्षमता निर्माण हेतु नियोजन

यह अधिनियम प्रारंभिक शिक्षा की पूर्त्ति का बाल – अधिकार की गारंटी प्रदान करता है। इसलिए ऐसे पक्षों पर विचार करना जरूरी होगा जो दुर्बल वर्गों, सुविधावंचित समूहों तथा बालिकाओं को प्रारंभिक शिक्षा पूर्ति

से रोकते हैं। इसके अलावा इस अधिनियम का एक सबल पहलू यह भी है कि यह बच्चों को भय, दबाव, चिंता आदि से मुक्त वातावरण उपलब्ध करने को भी प्रतिबद्ध है। इसलिए अधिनियम में स्पष्ट निर्देश हैं जो बच्चों को शारीरिक दंड देने, फेल करने या स्कूल से निकालने को प्रतिबंधित करते हैं। ऐसे में यह आवश्यक है कि इन स्कूलों के अध्यापकों को इस बाबत प्रशिक्षित किया जाए ताकि वे इस योजना को सही दिशा तथा निर्देश दे सकें। अधिनियम में अध्यापकों की शैक्षणिक जिम्मेदारियां निर्धारित की गयी हैं जिसमें उनके लिए यह सुनिश्चित करना जरूरी होगा कि बच्चे पढ़ रहे हैं और यह कि एक दबाव और चिंता से मुक्त वातावरण में पढ़ने के उनके अधिकार का उल्लंघन न हो। इसके साथ–साथ अधिनियम में प्रत्येक स्कूल में रखे जाने वाले छात्र – अध्यापक अनुपात (पी टी आर) दिए गए हैं। एस एस ए में सभी स्तरों पर शैक्षिक प्रशासकों के प्रशिक्षण का प्रावधान है और बाल – अधिकारों के प्रति शैक्षिक प्रशासकों का पुनः दिशा – अनुकूलन और प्रशिक्षण जरूरी होगा। इस सन्दर्भ में राज्यों को शैक्षिक प्रशासकों के लिए प्रशिक्षण डिजाईन और प्रक्रियाओं की योजना एक सुस्पष्ट परिप्रेक्ष्य में बनानी होगी।

जिला योजनाओं का मूल्यांकन

सर्व शिक्षा अभियान के लिए जिला योजनाओं का मूल्यांकन महत्वपूर्ण है। राष्ट्रीय/राज्य मिशन के कार्य सहायताइकाई द्वारा स्थापित संसाधन दलों की सहायता से राष्ट्रीय/राज्य मिशन, योजनाओं का मूल्यांकन करेगा। इन व्यक्तियों को मूल्यांकन का कार्य करने के लिए पूरी तरह दिशा – अनुकूलित किया जायेगा। प्रारंभिक क्रियाकलापों की गुणवत्ता का अनुश्रवण करने के लिए मूल्यांकन मिशन जिलों के नियमित दौरे करेंगे। मूल्यांकन दलों का खर्च पूर्णतः राष्ट्रीय/राज्य मिशन द्वारा किया जायेगा। इन दलों का गठन राष्ट्रीय/राज्य स्तरीय मिशन के अनुश्रवण और कार्य सहायतादलों द्वारा किया जायेगा। राष्ट्रीय मिशन के मनोनीत व्यक्तियों में से एक उस अनुसन्धान संस्थान का प्रतिनिधि हो सकता है जो राज्य की जिम्मेदारी उठाता है। राष्ट्रीय मिशन, डी पी ई पी और लोक जुम्बिश के अधीन प्राप्त पूर्व–अनुभव के आधार पर संसाधन व्यक्तियों की एक सूची परिचालित करेगा। राज्य मिशन के मनोनीत व्यक्तियों का अनुमोदन राष्ट्रीय मिशन द्वारा भी किया जायेगा। मूल्यांकन दलों के मार्गदर्शन के

लिए क्रियाकलापों की एक पड़ताल सूची तैयार की जाएगी। ऐसे दलों में गैर–सरकारी प्रतिनिधियों के लिए सरकारी कर्मचारियों को दिए जाने वाले यात्रा/दैनिक भत्ते के अलावा उचित मानदेय भी उपलब्ध होगा।

मूल्यांकन प्रक्रिया की मुख्य विशेषताएं निम्न प्रकार हैं –

- प्रारंभिक चरण में एन यू ई पी ए/एन सी ई आर टी/एस सी ई आर टी/एस आई ई एम टी द्वारा चयनित विशेषज्ञों सहित केंद्रीय और राज्य सरकार के प्रतिनिधियों द्वारा संयुक्त रूप से मूल्यांकन किया जायेगा।
- राज्यों द्वारा मूल्यांकन राष्ट्रीय स्तर के संस्थानों के साथ नेटवर्क निर्माण के जरिये पर्याप्त संस्थानात्मक क्षमताएं विकसित किये जाने के बाद किया जायेगा।
- मूल्यांकन यह सुनिश्चित करने के लिए किया जायेगा कि योजना का आधार अभिप्रेरण रहा है और यह कि योजना में सहभागितापूर्ण प्रक्रिया परिलक्षित है।
- योजनाओं के मूल्यांकन में सामुदायिक स्वामित्व का स्तर महत्वपूर्ण होगा।
- गैर – सरकारी संगठनों, संस्थानों, व्यक्तियों, पंचायतीराज संस्थानों और शहरी स्थानीय निकायों की सहभागिता।
- स्कूल क्रियाकलापों में समुदाय के योगदान का मूल्यांकन।
- स्थानीय संसाधन संस्थानों में निर्णय लेने की विकेंद्रीकृत प्रक्रिया और क्षमता निर्माण के हेतु संस्थागत व्यवस्थाओं का मूल्यांकन।
- नियोजन प्रक्रिया में शिक्षकों की सहभागिता का मूल्यांकन।
- आर टी ई अधिनियम की भावना और शर्तों के अनुपालन का मूल्यांकन।
- आर टी ई अधिनियम द्वारा अधिदेशित प्रणालीगत सुधारों का मूल्यांकन।
- शिक्षा तथा कल्याण हेतु सम्बंधित केंद्रीय/राज्य स्कीमों के साथ अभिसरण का मूल्यांकन।

अनुमोदित योजनाओं एवं निधि प्रवाहों के अनुसार संसाधनों का आबंटन

ध्यातव्य है कि संसाधनों का आबंटन कई मानदंडों पर निर्भर करेगा, जैसे – जिला प्रारंभिक शिक्षा योजनाओं का निर्माण और उनका मूल्यांकन या राज्य के हिस्से को लेकर राज्य सरकार की प्रतिबद्धता या पूर्व – उपलब्ध संसाधनों के सम्बन्ध में राज्य सरकार का निष्पादन या शिक्षा के विकेंद्रीकरण को सरल बनाने के लिए राज्यों में संस्थागत सुधार या कार्यक्रम कार्यान्वयन के स्तर के सम्बन्ध में पर्यवेक्षण दलों की रिपोर्टें या तथा किसी वर्ष विशेष में वित्तीय संसाधनों की उपलब्धता। इस बात की संभावना हमेशा होती है कि निम्न – स्तर के आधारिक तंत्र वाले जिलों को अपेक्षाकृत अधिक संसाधनों की जरूरत होगी। वैसे निधियों का प्रदान किया जाना निष्पादन के साथ सीधे तौर पर जुड़ा हुआ है। यदि शैक्षिक रूप से पिछड़ा हुआ कोई जिला संसाधनों का प्रयोग उचित ढंग से नहीं कर पाता तो उसके प्राथमिकता प्राप्त करते रहने की संभावना समाप्त हो जाएगी। इस योजना में देश के सभी जिलों को नौवीं योजना की समाप्ति के पूर्व शामिल कर लिया जायेगा। उनकी योजनाओं का मूल्यांकन भी किया जायेगा और ऊपर वर्णित शर्तों पर उन्हें संसाधन भी उपलब्ध कराये जायेंगे। संसाधनों के आबंटन के कोई निश्चित मानदंड नहीं हैं, वास्तविक आबंटन, संसाधनों की उपलब्धता सहित अनेक कारकों पर निर्भर करेगा। एस एस ए प्रारंभिक शिक्षा के लिए राज्य वित्तपोषण का स्थान नहीं लेगा बल्कि यह केंद्रीय सरकार द्वारा उच्चतर आबंटन के साथ – साथ राज्यों को प्रारंभिक शिक्षा पर अधिकाधिक निवेश करने को प्रोत्साहित करेगा। राष्ट्रीय स्तर का मिशन भी प्रारंभिक शिक्षा सम्बन्धी व्यय का अनुश्रवण करेगा। प्रारंभिक शिक्षा पर व्यय के नियमित अनुश्रवण के लिए एन यू ई पी ए व्यवसायिक सहायता प्रदान करेगा।

निधियां प्रदान करने के लिए एस एस ए की परिकल्पना केंद्रीय और राज्य/संघ राज्य क्षेत्रों की सरकारों के बीच एक भागीदारी के रूप में की गयी है। सर्व शिक्षा अभियान के लिए राज्य स्तरीय कार्यान्वयन सोसायटी ने एक संयुक्त दल द्वारा उनका मूल्यांकन किये जाने के बाद निधियां प्रदान किये जाने के लिए इन प्रस्तावों को एस एस ए के राष्ट्रीय मिशन को भेज दिया। केंद्रीय सरकार ने सीधे ही राज्य कार्यान्वयन सोसायटी को निधियां प्रदान की। राज्य सरकारों से यह अपेक्षा की गयी थी कि सर्व शिक्षा अभियान के सम्बन्ध में अपने योगदान के लिए वे लिखित

प्रतिबद्धता प्रस्तुत करेंगे। राज्य/संघ राज्य क्षेत्र को पहली किश्त प्रदान किये जाने की कार्रवाई इन लिखित प्रतिबद्धताओं की प्राप्ति के बाद की जाएगी। इसके लिए योजनाओं का मूल्यांकन और अनुमोदन समय पर कर लिया जाना चाहिए जिससे कि पिछले छह महीनों के प्रस्तावित खर्च की पूर्ति की जा सके। यह प्रावधान किया गया है कि प्रति वर्ष दो किश्तों का भुगतान किया जायेगा। जिलों की तरफ से राज्यों को उपयोगिता प्रमाण – पत्र जब भी निधियों का प्रयोग कर लिया जाये, लेकिन अगली किश्त प्रदान किये जाने से पहले, प्रस्तुत किये जाने चाहिए। पिछले वर्ष प्रदान की गयी निधियों के सम्बन्ध में राज्य से राष्ट्रीय मिशन को प्रदान किये जाने वाले उपयोगिता प्रमाण – पत्र अगले वर्ष दूसरी किश्त प्रदान किये जाते समय देने होंगे।

प्रबंधन के लिए वित्तीय प्रावधान

एस एस ए समग्र कार्यक्रम लागत के 6 प्रतिशत तक प्रबंधन लागत उपलब्ध करता है। इस सीमा के अंतर्गत पूर्वोत्तर क्षेत्र के राज्यों और संघ शासित राज्यों के छोटे जिलों को 40 लाख रुपये तक उपलब्ध कराये जाते हैं। इस राशि का उपयोग विशिष्ट कार्यों एवं विशिष्ट अवधियों में कार्यालयी खर्चों के लिए किया जाता है। विशिष्ट कार्यों के लिए विशेषज्ञों की सहायता प्राप्त करने के पहले जिलों/राज्यों के लिए मौजूदा क्षमताओं का मूल्यांकन करना जरूरी होता है। इन व्यावसायिकों को अनिवार्यतः मुख्य धारा के कार्मिकों के लिए काम करना चाहिए। कार्यक्रम के प्रभावी मूल्यांकन के लिए सभी स्तरों पर समुचित, अनुभव प्राप्त और प्रशिक्षित प्रबंध तंत्र जरूरी है।

क्रियाकलापों का पर्यवेक्षण

सर्व शिक्षा अभियान में क्रियाकलापों के नियमित पर्यवेक्षण का प्रावधान किया गया है। आदर्श पर्यवेक्षण के लिए सी आर सी, बी आर सी और डाईटों को प्रभावी रूप से विकसित किया जाना होगा। राष्ट्रीय/राज्य मिशन द्वारा प्रायः छह महीनों में एक बार नियतकालिक आधार पर पर्यवेक्षण दल भेजे जायेंगे। इस प्रकार के दौरों में वह राज्य विशिष्ट संसाधन/अनुसन्धान संस्थान भी शामिल होगा जिसने कि उस राज्य/संघ शासित क्षेत्र में अनुसन्धान और पर्यवेक्षण का कार्य किया है। राष्ट्रीय/राज्य स्तरीय मिशन द्वारा प्रति वर्ष प्रत्येक राज्य के दो पर्यवेक्षण

दौरे होंगे जिनमें से प्रत्येक दौरा तीन दिन का होगा। आरम्भ में इन दलों का गठन राष्ट्रीय मिशन द्वारा होगा, परन्तु बाद में राज्य स्वयं अपने पर्यवेक्षण दलों का गठन कर सकेंगे। इन दौरों का समन्वय एस एस ए के राज्य और राष्ट्रीय मिशन द्वारा किया जायेगा। राष्ट्रीय/राज्य स्तरीय संसाधन संस्थानों द्वारा आयोजित कार्यशालाओं के माध्यम से उपयुक्त पर्यवेक्षण प्रपत्र तैयार किये जायेंगे। इस तरह के दौरों के लिए सभी सदस्यों को यात्रा/दैनिक भत्ता एवम् उचित मानदेय दिया जाना चाहिए।

अध्याय–8

प्रबंधन तथा मानीटरन

प्रबंधन

भारत के प्रत्येक राज्य में प्राथमिक शिक्षा के प्रशासन के लिए अत्यंत चिरकालीन प्रणालियाँ मौजूद हैं। पिछले कुछ वर्षों के दौरान सर्व शिक्षा अभियान ने इन प्रणालियों पर एक ऐसा प्रबंधन तंत्र स्थापित किया है जिसने अधिक अथवा कम रूप में इस परियोजना की जरूरतों को सफलतापूर्वक पूरा किया है। अधिकाँश राज्यों में मौजूदा प्रशासनिक तंत्र और सर्व शिक्षा अभियान के कार्यान्वयन के लिए बनाया गया तंत्र साथ–साथ बने हुए हैं। आर टी ई ने एक ऐसी परिस्थिति पैदा कर दी है जिसमें वर्तमान दो–आयामी प्रणाली की समीक्षा अवश्य की जानी चाहिए और पहले से चली आ रही सर्व शिक्षा अभियान परियोजना के लिए कोई अवरोध उत्पन्न किये बिना, यथासंभव कम-से-कम समय में एक ऐसी प्रणाली तैयार की जानी चाहिए जोकि नए कानून की आवश्यकताओं की तरफ समुचित रूप से ध्यान देती हो। राष्ट्रीय, राज्य, जिला, ब्लाक और संकुल स्तरों पर प्रबंध तंत्रों की स्टाफ व्यवस्था और उनका सुदृढ़ीकरण कार्यक्रम के सामयिक और प्रभावी कार्यान्वयन के लिए एक पूर्वापेक्षा होगी। आर टी ई अधिनियम के प्रकाश में निधियों की व्यापक उपलब्धता तथा सर्व शिक्षा अभियान के क्रियाकलापों के समुचित विस्तार को ध्यान में रखते हुए परियोजना प्रबंधतंत्र और जनशक्ति, प्रत्यायोजन तथा क्षमता निर्माण की आवश्यकताओं की समीक्षा करनी होगी।

राष्ट्रीय स्तर पर विभागीय तथा सर्व शिक्षा अभियान तंत्रों का सम्मिलन

केंद्र में सर्व शिक्षा अभियान प्रधानमंत्री की अध्यक्षता में एक साधारण निकाय, एक कार्यकारी समिति तथा एक परियोजना अनुमोदन बोर्ड द्वारा शासित होता है। राज्यों में यह राज्य सरकार की प्रतिनियुक्ति पर अथवा संविदा पर नियुक्त स्टाफ सहित अलग–अलग रूप से पंजीकृत सोसायटियों के माध्यम से कार्यान्वित किया जाता है। प्रत्येक राज्य में एक शासी निकाय और एक कार्यकारी समिति भी काम करती है। राज्य स्तर पर पहले से उपस्थित निदेशक/शिक्षा आयुक्त के अलावा एक राज्य परियोजना निदेशक सर्व शिक्षा अभियान पर नजर रखता है।

आर टी ई अधिनियम में अधिनियम के कार्यान्वयन के लिए केंद्र में एक सलाहकार परिषद् और राज्य सलाहकार परिषदों की परिकल्पना की गई है ताकि समय–समय पर सर्व शिक्षा अभियान के कार्यान्वयन के मुद्दे पर सलाह–मशविरा किया जा सके। जहाँ तक मानीटरन का सम्बन्ध है अधिनियम में यह सुनिश्चित करने के लिए कि बच्चों के अधिकारों का हनन न किया जाए, एन सी पी सी आर और एस सी पी सी आर (आर टी ए) को नामित किया गया है।

हर छह महीने में परियोजना की प्रगति की समीक्षा करने के लिए सर्व शिक्षा अभियान में एक संयुक्त समीक्षा मिशन (जे आर एम) की व्यवस्था की गयी है। सर्व शिक्षा अभियान के विकासात्मक भागीदार अर्थात विश्व बैंक, डी एफ आई डी तथा यूरोपीय आयोग जे आर एम प्रक्रिया का एक हिस्सा है।

आर टी ई में यह अपेक्षा की गई है कि पूरे शिक्षा विभाग को इस प्रकार से एकीकृत ढंग से उत्प्रेरित किया जाना चाहिए कि वह इस कार्य का उत्तरदायित्व लम्बे समय के लिए वहां कर सके। अंततः इसके लिए मौजूदा सर्व शिक्षा अभियान तंत्रों को नियमित शिक्षा विभाग तथा एस सी ई आर टी के साथ सर्व शिक्षा अभियान तंत्रों का वास्तविक सम्मिलन तत्काल प्रारम्भ किया जाना चाहिए, आपस में विरोधाभासी तंत्रों को समाप्त कर दिया जाना चाहिए विशेषकर उस परिस्थिति में जब वे कहीं व्यापक तौर पर मौजूद हों और कार्यक्रम पर प्रतिकूल प्रभाव डाल रहे हों। तथापि, सर्व शिक्षा अभियान और प्रारम्भिक शिक्षा विभाग तंत्रों के पूर्ण समेकन में कुछ समय लग सकता है। अतः आन्तरिक कार्यनीति को कार्यरूप में परिणत करना समझदारी होगी जिसके अधीन संशोधित सर्व शिक्षा

अभियान की एक ऐसी प्रविधि बनी रहेगी जिसे 12 वीं योजना अवधि के मध्य से अधिनियम के प्रावधानों के अनुकूल नई योजना द्वारा प्रतिस्थापित किया जा सके। तब तक सर्व शिक्षा अभियान आर टी ई अधिनियम के कार्यान्वयन का माध्यम रहेगा।

इस प्रकार आर टी ई अधिनियम के अधीन एन ए सी/एस ए सी तक सर्व शिक्षा अभियान के साधारण निकाय और कार्यकारी समिति तंत्र के साथ बने रहेंगे, जब तक कि 11 वीं योजना के अंत तक एन ए सी/एस ए सी पूरी सलाहकारी भूमिका अपने हाथ में नहीं ले लेते। इसी प्रकार जैसे–जैसे एन सी पी सी आर/एस सी पी सी आर (आर ई पी ए) मानीटरन की भूमिका अपने हाथ में लेते हैं और यह स्पष्ट हो जाता है कि 11 वीं योजना अवधि के बाद विकासात्मक भागीदारों की भावी भूमिका क्या होगी, तब तक जे आर एम जारी रहेगा। इस बीच 11 वीं योजना के बाद समीक्षा और मानीटरन की वास्तविक प्रकृति ऐसे ढंग से तैयार की जानी चाहिए जो कि अधिनियम के प्रावधानों की पूर्ति करती हो अथवा अधिनियम के प्रावधानों को संतुष्ट करती हो।

राज्य स्तरीय तंत्र

सर्व शिक्षा अभियान और एस सी ई आर टी सहित राज्य सरकारों के शिक्षा विभागों की निश्चित रूप से यह सीधी जिम्मेदारी बनती है कि वे स्कूल आधारिक सुविधाएँ, प्रशिक्षित अध्यापक, पाठ्यचर्या और अध्यापन अधिगम सामग्री तथा मध्यान्ह भोजन उपलब्ध कराएँ। लेकिन प्रारंभिक शिक्षा के सर्व सुलभीकरण के समग्र लक्ष्य की पूर्ति में सहायक तत्वों से एक मूल अधिकार के रूप में यह अपेक्षा की जाती है कि वे अपने कार्यान्वयन के लिए सरकार को बाध्य करें। अन्तः क्षेत्रीय सहयोग और अभिसरण के लिए एक सुसमन्वित तंत्र की जरूरत है। आर टी ई अधिनियम से सम्बद्ध कुछ ऐसे कार्य हैं जो अनिवार्यतः एम एच आर डी अथवा राज्य शिक्षा विभागों तक ही सीमित नहीं हैं, इनका विस्तार व्यापक है।

जिला स्तरीय तंत्र

नई प्रणाली में यही तर्कपूर्ण है कि जिला शिक्षा अधिकारियों (डी ई ओ) और जिला परियोजना समन्वयकर्ताओं (डी पी सी) के कार्यों को पूर्णतः सम्बद्ध कर लेना चाहिए। ऐसा होने के बाद अपर डी पी सी के पद की कोई जरुरत नहीं रहेगी। डी ई ओ के पास कम–अधिक ऐसे सभी यूनिट

होंगे जिनकी राज्य स्तर पर परिकल्पना की गई है। वह डाईट के साथ संपर्क करेगा/करेगी और उस संस्था के साथ मिलकर बी आर सी और सी आर सी के कार्यकरण पर नजर रखेगा/रखेगी। डीईओ तंत्र में 6-8 यूनिट अध्यक्षों में से प्रत्येक मैट्रिक्स पद्धति में काम करेंगे जिसका अर्थ यह है कि प्रत्येक यूनिट अध्यक्ष एक अथवा एक से अधिक विषयों के लिए और साथ ही एक या एक से अधिक ब्लाकों (बी ई ओ और साथ ही बी आर सी/सी आर सी) के लिए जिम्मेदार होगा।

स्थानीय प्राधिकरण

आर टी ई अधिनियम के कार्यान्वयन की जिम्मेदारी 'समुचित सरकार' (मुख्यतः राज्य सरकारें और संघशासित प्रशासन) और स्थानीय प्राधिकरण को सौंपी गयी है। 'स्थानीय प्राधिकरण' का आशय नगर निगम अथवा नगर परिषद् अथवा जिला परिषद् अथवा नगर पंचायत या पंचायत से है चाहे उसे कोई भी नाम दिया गया हो और उसमें ऐसे अन्य प्राधिकरण तथा निकाय शामिल हैं जिनका विद्यालय पर प्रशासनिक नियंत्रण है और जिन्हें फिलहाल प्रभावी किसी विधि द्वारा अथवा उसके अधीन किसी भी शहर, कस्बे अथवा गाँव में स्थानीय प्राधिकरण के रूप में काम करने के लिए अधिकृत किया गया है।

विद्यालय प्रबंध समिति (एस एम सी)

बच्चे के शिक्षा के अधिकार को सुनिश्चित करने की जिम्मेदारी विद्यालय प्रबंध समिति और विद्यालय अध्यक्षों पर है। आर टी ई अधिनियम एक विकेंद्रीकृत तंत्र के रूप में तथा एक ऐसे तंत्र के रूप में जिसमें माता–पिता की एक अत्यंत महत्वपूर्ण भूमिका रहती है, एस एम सी को अत्यधिक महत्व प्रदान करता है।

राज्य सरकारों को यह सुनिश्चित करने के लिए और आगे मार्गदर्शी सिद्धांत जारी करने हैं कि एस एम सी को प्रभावी रूप से काम करने में समर्थ बनाया जा सके और समुचित क्षमता निर्माण के लिए व्यवस्था की जाए। आर टी ई के अधीन विद्यालय अनुदान को विद्यालय विकास योजनाओं के साथ जोड़ने से विद्यालय अनुदानों के उपयोग के लिए एक नया आयाम जुड़ गया है। इसमें यह परिकल्पना की गयी है कि पूर्व–निर्धारित योजनाबद्ध बजट उपलब्ध कराने की मौजूदा परिपाटी प्रतिस्थापित की जाए और विद्यालय विकास समितियों द्वारा योजनाओं के आधार पर सहयोग प्रदान किया जाए।

मानीटरन

समुदाय/ग्राम, विद्यालय, ब्लाक, जिला, राज्य और राष्ट्रीय स्तरों पर स्थिर किए गए मानीटरन तंत्रों और प्रक्रियाओं के एक व्यापक समूहीकरण निम्नानुसार है–

प्रथम चरण में एस एम सी द्वारा मानीटरन की प्रक्रिया पूरी की जाती है। इसके तहत समुदाय–आधारित मानीटरन प्रणाली स्थापित करने का प्रावधान है जो निम्न प्रकार से मानीटरन में अपनी भूमिका का निर्वहन करेगा–

1. यह सुनिश्चित करना कि सभी बच्चों, विशेष रूप से सुविधावंचित समूहों तथा दुर्बल वर्गों के बच्चों का विद्यालयों में नामांकन और उपस्थिति हो;
2. यह सुनिश्चित करना कि सुविधावंचित समूहों तथा दुर्बल वर्गों के बच्चों के साथ कोई भेदभाव नहीं किया जाता और उन्हें प्रारंभिक शिक्षा में भाग लेने तथा उसे पूरा करने से नहीं रोका जाता;
3. इस बात का मानीटरन करना कि जो बच्चे कभी भी विद्यालय में नामांकित नहीं हुए हैं तथा जिन बच्चों ने शिक्षा बीच में ही छोड़ दी है, उनके लिए आर टी ई अधिनियम के खंड 4 के अनुसार नियमित विद्यालय में आयु–उपयुक्त दाखिले के लिए विशेष प्रशिक्षण में भाग लेने को सुविधापूर्ण बनाया जाए;
4. निःशक्त बच्चों की पहचान, नामांकन और प्रारंभिक शिक्षा में उनकी सहभागिता का मानचित्रण करना और यह सुनिश्चित करना कि उनकी शिक्षा के लिए सुविधायें उपलब्ध कराई जाएँ;
5. यह सुनिश्चित करना कि आर टी ई अधिनियम के अधीन बाल–अधिकारों, विशेष रूप से शारीरिक और मानसिक प्रताड़ना, विद्यालय से निकालने तथा फेल करने के निषेध संबंधी अधिकारों, किसी भी समय दाखिले के प्रावधान कि पूरी निष्ठा के साथ पालन किया जाता है और यह कि वर्दियों, पाठ्यपुस्तकों, मध्यान्ह भोजन आदि सहित बच्चों की हकदारियों की समय पर पूर्ति की जाती है। इस सम्बन्ध में विचलन के बारे में मुख्य अध्यापक से संपर्क किया जाएगा। बाल–अधिकारों की लगातार अनदेखी के मामले एस एम सी द्वारा स्थानीय प्राधिकरण की जानकारी में लाये जाएंगे;

6. आर टी ई अधिनियम की अनुसूची में निर्दिष्ट मानदंड और मानकों के अनुरक्षण का मानीटरन करना;
7. इस बात का मानीटरन करना कि अध्यापकों पर आर टी ई अधिनियम के खंड 27 में यथानिर्दिष्ट जैसे कि दशकीय जनगणना, आपदा राहत तथा संसद, विधानसभा और स्थानीय निकायों के चुनाव को छोड़कर गैर–शैक्षणिक कार्यों का भार न डाला जाए;
8. यह सुनिश्चित करना कि अध्यापक खंड 24 (क) के अनुसार नियमित रूप से उपस्थित होते हैं और समय के पाबन्द रहते हैं, माता–पिता के साथ नियमित बैठकें आयोजित करते हैं जिससे कि उन्हें खंड 24 (ड.) के अनुसार उनके बच्चों की प्रगति के बारे में अवगत कराया जा सके तथा आर टी ई अधिनियम के खंड 28 के अनुसार निजी ट्यूशनों में प्रवृत्त तो नहीं होते हैं।

दूसरे चरण में ब्लाक तथा संकुल कार्मिकों द्वारा विद्यालय का पर्यवेक्षण किया जाता है। आधारिक सुविधाओं तथा अन्य सुविधाओं और प्रशासनिक पक्षों का प्रेक्षण करने के लिए विद्यालयों का नियतकालिक निरीक्षण/पर्यवेक्षण महत्वपूर्ण होता है। इसके अलावा शैक्षणिक और पाठ्यचर्या सहयोग की एक समुचित प्रणाली तैयार की जाती है जोकि अध्यापकों के सतत व्यवसायिक स्तरोन्नयन और यह देखने के लक्ष्य की पूर्ति करेगी कि विद्यालय की पाठ्यवस्तु तथा छात्र–मूल्यांकन प्रणाली अपेक्षा के अनुसार कार्यान्वित किए जाते हैं। प्रत्येक ब्लाक शिक्षा अधिकारी के पास सहायक ई ओ (चाहे उनका पदनाम कोई भी हो) का एक दल होना चाहिए जिससे यह अपेक्षा की जायेगी कि वह प्रत्येक वर्ष में प्रत्येक विद्यालय में कम-से-कम दो दौरे करेगा। अन्य बातों के साथ–साथ उन्हें अध्यापकों/मुख्याध्यापकों द्वारा रखे जाने के लिए अपेक्षित रिकार्ड, विद्यालय भवन और आधारिक सुविधाओं की स्थिति और छात्रों के बैठने की व्यवस्था पर नजर डालनी होगी। उन्हें पेयजल की उपलब्धता, टायलेट, किचन जहाँ एम डी एम पकाया जाता है, की प्रयोज्यता तथा इस बात की ओर विशेष ध्यान देना होगा कि क्या विद्यालय में अच्छी तरह से बनायीं गई चारदीवारी है या नहीं। इन दौरों का उद्देश्य अध्यापकों को पाठ्यचर्यात्मक सहयोग प्रदान करना होगा – विशेष रूप से पाठ्यवस्तु संबंधी प्रगति के सम्बन्ध में, जिस ढंग से पाठ्यपुस्तकों तथा अन्य सामग्री का प्रयोग किया जा रहा है, मूल्यांकन करना और टी एल

एम तैयार करने के लिए अध्यापक को सहयोग प्रदान करना और वह तरीका जिससे सतत और प्रभावी मूल्यांकन को कार्यरूप दिया जा रहा है। मुख्य अध्यापकों/अध्यापिकाओं को इन दौरों पर आधारित टिप्पणियों पर कार्रवाई करनी चाहिए। इसके अलावा सर्व शिक्षा अभियान के तहत जिस बी आर सी को मानीटरन के लिए स्थापित किया गया है, उसे उच्च प्राथमिक कक्षाओं के विषय अध्यापकों के साथ कार्यशालाओं का आयोजन अवश्य करना चाहिए और उनके साथ–साथ मानीटरन के लिए स्थापित एक अन्य यूनिट सी आर सी को उनसे अपेक्षित प्रशिक्षण भी आयोजित करना चाहिए।

तीसरा चरण जिला स्तर पर मानीटरन का है। जिला स्तर पर कार्यक्रम का मानीटरन करने के लिए सर्व शिक्षा अभियान के पास निम्न तंत्र उपलब्ध होंगे –

1. सामाजिक विज्ञान मानीटरन संस्थानों द्वारा निष्पादन का मूल्यांकन करने के लिए स्वतंत्र और नियमित क्षेत्रीय दौरे।
2. संसाधन व्यक्तियों तथा टी एस जी परामर्शदाताओं द्वारा क्षेत्र का नियमित दौरा।
3. जिलों में सर्व शिक्षा अभियान कार्यक्रम के कार्यान्वयन का मानीटरन करने के लिए स्थानीय/जनप्रतिनिधियों से युक्त जिला स्तरीय समिति द्वारा दौरे।
4. जिला शिक्षा सूचना प्रणाली (डी आई एस ई)।

डी आई एस ई के माध्यम से मानीटरन

विद्यालय– आधारित वार्षिक सूचना प्रणाली जिसे जिला शिक्षा सूचना प्रणाली (डी आई एस ई) कहते हैं देश के भीतर कार्यान्वित की जाती रहेगी। इस प्रणाली के माध्यम से विद्यालय के महत्वपूर्ण पक्षों जैसे कि भौतिक आधारिक सुविधायें, अध्यापकों की उपलब्धता, सामाजिक श्रेणी–वार नामांकन, बच्चे की आयु, शिक्षा का माध्यम, अध्यापकों के प्रशिक्षण आदि सम्बन्धी डाटा वार्षिक रूप से एकत्र किया जाएगा, सन्दर्भ तारीख 30 सितम्बर होगी।

विद्यालय में आर टी ई अधिनियम के सभी पक्षों का मानीटरन सुनिश्चित करने के लिए डी आई एस ई डाटा कैप्चर फोर्मेट (डी सी एफ) में कतिपय नए परिवर्ती जोड़ दिए गए हैं। इन नयी मदों में ये शामिल हैं–

1. एस एम सी के गठन तथा कार्यात्मकता संबंधी जानकारी;
2. शिक्षण दिवसों की संख्या;
3. आयु–उपयुक्त दाखिलों के सन्दर्भ में विशेष प्रशिक्षण;
4. टी एल एम;
5. परिवहन सुविधा;
6. औसत उपस्थिति आदि।

डी आई एस ई डाटा सभी विद्यालयों को शामिल करता है चाहे विद्यालय किसी भी प्रकार का हो अर्थात मान्यता प्राप्त हो या गैर–मान्यताप्राप्त तथा इसका प्रबंधन चाहे सरकारी हो अथवा निजी। डी आई एस ई के आधे एकत्र किये गए डाटा का प्रयोग सभी प्रयोजनों के लिए किया जाना चाहिए और उसे राज्य के लिए औपचारिक डाटा समझा जाना चाहिए। राज्यों को प्रारंभिक स्तर के लिए डाटा संग्रह की एकीकृत प्रणाली की दिशा में आगे बढ़ना चाहिए। अनेक राज्यों में पहले से चली आ रही समानांतर प्रणालियों के एकीकृत तथा डी आई एस ई में समेकित कर दिया जाना चाहिए।

डी आई एस ई आधारित सूचना और विश्लेषण आधारिक सुविधाओं, पहुँच, बच्चों के शिक्षा में बने रहने, अध्यापक संबंधी मुद्दों पर प्रकाश डालता है तथा मानीटरन, नियोजन और मध्यावधिक संशोधनों के लिए अत्यंत उपयोगी होता है। डी आई एस ई डाटा के माध्यम से अध्यापकों के युक्तियुक्तकरण, भौतिक आधारिक सुविधाओं और अध्यापकों के प्रशिक्षण के मुद्दों की प्राथमिकता के निर्धारण की ओर ध्यान दिया जा सकता है।

डी आई एस ई डाटा की सुसंगत जाँच और परिगणना के पश्चात अपेक्षित सर्वेक्षण अवश्य करवाया जाना चाहिए। पारदर्शिता बढ़ाने के लिए विद्यालयों द्वारा डी आई एस ई को उपलब्ध कराई गई जानकारी प्रत्येक विद्यालय में सार्वजनिक रूप से प्रदर्शित की जानी चाहिए। डी आई एस ई साफ्टवेयर में विद्यालय रिपोर्ट कार्ड, जिन्हें प्रत्येक स्कूल के नोटिस बोर्ड में प्रदर्शित किया जा सकता है छापने की सुविधा उपलब्ध है। इसके अलावा विद्यालय के रिपोर्ट कार्ड www.schoolreportcards.in नामक वेबसाईट से भी छापे जा सकते हैं। इसके अलावा एस एम सी द्वारा प्रत्येक विद्यालय के सम्बन्ध में शिक्षा ग्राम सभा अथवा जनवाचन के माध्यम से डी आई एस ई डाटा को समुदाय को पढ़कर सुनाने की एंक प्रणाली भी कार्यान्वित की जानी चाहिए।

न्यूपा द्वारा राज्यों से प्राप्त डाटा के आधार पर प्रति वर्ष प्रकाशनों की एक श्रृंखला निकाली जा रही है जिनके नाम हैं 'फ्लैश स्टटैटिस्टिक्स', 'एनालिटिकल रिपोर्ट्स', 'स्टेट रिपोर्ट कार्ड्स', 'डिस्ट्रिक्ट रिपोर्ट कार्ड्स', 'एलीमेंट्री एजुकेशन इन इंडियाःरूरल/अर्बन' तथा 'एनालिटिकल टेबल्स'। परिणामों का मानीटरन करने के लिए इन रिपोर्टों को ध्यान में रखा जाना चाहिए।

राज्य स्तर पर मानीटरन

राज्य स्तर पर निम्न मानीटरन तंत्र उपलब्ध कराया गया है–

1. राज्य बाल–अधिकार सुरक्षा आयोग अथवा शिक्षा के अधिकार की सुरक्षा प्राधिकरण
2. सर्व शिक्षा अभियान की राज्य कार्यकारी समिति की आवधिक बैठकें
3. प्रमुख कार्यात्मक क्षेत्रों जिनमें वित्तीय प्रबंध शामिल हैं, के राज्य समन्वयकर्ताओं के साथ राज्य स्तरीय तिमाही समीक्षा बैठकें
4. राज्यों द्वारा आंतरिक लेखा–परीक्षा
5. पर्यवेक्षण, मानीटरन, मूल्यांकन और अनुसंधान क्रियाकलापों के लिए अनुसंधान और संसाधन संस्थानों की राज्य विशिष्ट जिम्मेदारियां

राज्य सरकार सोसाइटियां गहन मानीटरन भी करेंगी। यू ई ई के लिए राष्ट्रीय आयोग तथा एन सी टी ई, न्यूपा, एन सी ई आर टी तथा टीएसजी जैसे राष्ट्रीय स्तर के संस्थानों के प्रतिनिधि भी आवधिक मानीटरन करेंगे और नियोजन, प्रबंध तथा मानीटरन प्रणालियों को सुदृढ़ बनाने के लिए एसआईएस को संसाधन सहयोग प्रदान करेंगे। अनुसंधान और मूल्यांकन के लिए राज्य विशिष्ट जिम्मेदारियां हाथ में लेने के इच्छुक स्वायत्त संस्थानों को सहयोजित करने के प्रयास जारी रहेंगे। उपलब्धि परीक्षण आयोजित करने, कार्यक्रम कार्यान्वयन के गुणवत्तात्मक पक्षों का मानीटरन करने, मूल्यांकन और अनुसंधान अध्ययन करने के लिए प्रभावी साधन तैयार करने में स्वतंत्र संस्थानों को भी सहयोजित किया जाएगा।

राष्ट्रीय स्तर पर मानीटरन

राष्ट्रीय स्तर पर मानीटरन में आर टी ई अधिनियम के निम्न पक्ष शामिल होंगे–

- सभी बस्तियों में प्राथमिक स्तर तथा उच्च प्राथमिक स्तर – दोनों स्तरों पर स्कूली शिक्षा सुविधा की उपलब्धता जिससे कि आसपड़ोस में भौतिक और सामाजिक पहुँच सुनिश्चित की जा सके।
- अत्यंत छोटे स्थानों (दूरस्थ, रेगिस्तानी/जनजातीय क्षेत्रों में) जहाँ विद्यालयों का खोलना व्यवहार्य नहीं है, रहने वाले बच्चों की जरूरतों की ओर ध्यान देना तथा विद्यालय जाने के लिए और वहां से लौटने के लिए निःशुल्क परिवहन उपलब्ध कराकर आवासीय सुविधा के माध्यम से पहुँच सुनिश्चित करना जिससे कि ऐसे बच्चों के लिए पहुँच सुनिश्चित की जा सके।
- जो राज्य चार वर्षीय प्राथमिक शिक्षा चक्र का और सात वर्षीय उच्च प्राथमिक चक्र का अनुपालन करते हैं उनमें कक्षा 8 को उच्च प्राथमिक विद्यालयों के साथ और कक्षा 5 को प्राथमिक विद्यालयों के साथ समेकित करना।
- एस एम सी द्वारा तैयार की जाने वाली विद्यालय विकास योजनाओं को यह सुनिश्चित करना होगा कि विद्यालयों में सभी सुविधायें हैं जैसे कि उत्तम अधिगम वातावरण सहित आधारिक सुविधाएं, अध्यापक, टी एल ई तथा बाल–अनुकूल और बाधामुक्त पहुँच।
- सर्व शिक्षा अभियान, एन पी ई जी ई एल तथा के जी बी वी के क्षेत्राधिकार के अधीन लैंगिक और सामाजिक अपवर्जन, लिंग–आधारित भेदभाव जैसे मुद्दे सामाजिक आडिट का अभिन्न अंग बनने चाहिए।
- बच्चों के लिए, विशेषकर ऐसे बच्चों के लिए जोकि सुविधावंचित वर्गों से आते हैं जैसेकि दलित–और जनजातीय समुदायों के बच्चे, मुस्लिम तथा अन्य अल्पसंख्यक, बालिकाएं, शहरी सुविधावंचित बच्चे, आवारा बच्चे, बाल श्रमिक तथा ऐसे बच्चे जिन्हें वयस्कों की देखरेख प्राप्त नहीं है आदि के लिए आयु–उपयुक्त नामांकन सुनिश्चित करना चाहिए।
- जिन बच्चों को विद्यालयों में दाखिल कर लिया जाता है, उन्हें अन्य बच्चों के बराबर लाने के लिए विशेष प्रशिक्षण उपलब्ध करने की प्रक्रिया।
- आर टी ई अधिनियम, 2009 कार्यान्वित करने के लिए बाल–अधिकार आधारिक नीतियाँ तथा समर्थनकारी प्रावधानों का निर्माण

जैसे कि दाखिले के लिए परीक्षा पर रोक लगाना, कोई बोर्ड परीक्षा नहीं, किसी को फेल नहीं करना, शारीरिक दंड पर रोक लगाना आदि।

इसके अलावा सर्व शिक्षा अभियान निम्न का आयोजन जारी रखेगा–

1. राज्य शिक्षा सचिवों तथा राज्य परियोजना निदेशकों के साथ राष्ट्रीय स्तर की छमाही समीक्षा बैठकें और तिमाही क्षेत्रीय समीक्षा बैठकें।
2. राष्ट्रीय, क्षेत्रीय तथा राज्य विशिष्ट समीक्षा बैठकें, क्षमता निर्माण प्रशिक्षण कार्यक्रम।
3. भारत सरकार, राज्य सरकारों तथा (किसी) बाह्य वित्तपोशी एजेंसी द्वारा छमाही संयुक्त समीक्षा मिशन।
4. कार्यक्रम के कार्यान्वयन के सम्बन्ध में स्वतंत्र फीडबैक के लिए स्वतंत्र मूल्यांकन/अध्ययन किए जायेंगे।
5. न्यूपा द्वारा प्रारंभिक शिक्षा के सर्वसुलभीकरण (यू ई ई) की दिशा में राज्य/जिलों की प्रगति का मूल्यांकन करने के लिए एक शैक्षिक विकास सूचकांक (ई डी आई) पद्धति।
6. गुणवत्ता संबंधी सूचकों के बारे में तिमाही और वार्षिक जानकारी प्रदान करने के लिए एन सी ई आर टी के सहयोग से तैयार किया गया गुणवत्ता मानीटरन साधनों का एक सेट।
7. न्यूपा द्वारा एक ऐसी कम्प्यूटरीकृत शैक्षिक प्रबंध प्रणाली जोकि विद्यालय और जिला रिपोर्ट कार्डों सहित वार्षिक विद्यालय–आधारित डाटा उपलब्ध कराएगी।
8. पूर्व–निर्धारित लक्ष्यों और बेसलाईन के सन्दर्भों में परिणामों को मापने के लिए परिणाम रूपरेखा।
9. सनदी लेखाकारों की कंपनियों (सी ए जी द्वारा अनुमोदित पैनल में से) द्वारा सर्व शिक्षा अभियान लेखाओं की वार्षिक रूप से सांविधिक लेखा–परीक्षा।
10. इंस्टिट्यूट आफ पब्लिक आडिटर्स आफ इंडिया (आई पी ए आई) द्वारा सर्व शिक्षा अभियान लेखाओं की समवर्ती वित्तीय लेखा समीक्षा।

11. टीएसजी परामर्शदाताओं द्वारा कार्यक्रम की भौतिक और आर्थिक प्रगति की आवधिक समीक्षा।
12. एन सी ई आर टी द्वारा सभी राज्यों में प्राथमिक स्तर और उच्च प्राथमिक स्तर पर अधिगम उपलब्धियों का बेसलाईन मूल्यांकन।
13. ई ई ब्यूरो तथा टी एस जी के सदस्यों द्वारा क्षेत्रीय दौरे।
14. मानीटरन संस्थानों (एम आई) द्वारा क्षेत्र–आधारित मानीटरन।

मानीटरन संस्थान

राज्यों और संघ राज्य क्षेत्रों में सर्व शिक्षा अभियान कार्यान्वयन के आवधिक मूल्यांकन का कार्य विश्वविद्यालय शिक्षा विभागों, सामाजिक विज्ञान और राष्ट्रीय स्तर के संस्थानों सहित अन्य कई संस्थानों को सौंपा गया है। बड़े राज्यों में मानीटरन का काम एक से अधिक संस्थानों को सौंपा गया है। मानीटरन सस्थानों (एम आई) से यह अपेक्षा की जाती है कि वे क्षेत्रीय दौरा करेंगे और जमीनी स्तर पर सर्व शिक्षा अभियान की प्रगति के बारे में हर छह महीने में रिपोर्ट देंगे। यह चक्र हर दो साल बाद दोहराया जाएगा। मानीटरन संस्थानों से प्राप्त छमाही मानीटरन रिपोर्टें www.ssa.nic.in पर उपलब्ध हैं। सर्व शिक्षा अभियान आवश्यकतानुसार एवं मानीटरन संस्थानों के विचारार्थ विषयों को संशोधित करता है।

वेब पोर्टल

मानीटरन और कार्यक्रम प्रबंध को सुविधापूर्ण बनाने के लिए राष्ट्रीय सूचना विज्ञान केंद्र (एन आई सी) की सहायता से सर्व शिक्षा अभियान का वेब पोर्टल (www.ssa.nic.in) परिचालित किया गया है। इस पोर्टल के दो इंटरफेस हैं:

(क) सरकार से नागरिकों को (जी से सी को) तथा (ख) सरकार से सरकार को (जी से जी को)

(क) जी से सी का इंटरफेस इसलिए तैयार किया गया है कि देश के नागरिकों को सर्व शिक्षा अभियाम के विभिन्न घटकों में की गई प्रगति का मानीटरन करने में समर्थ बनाया जा सके। इस इंटरफेस पर परियोजना अनुमोदन बोर्ड (पी ए बी) बैठकों के कार्यवृत्त और राज्यों को मंजूरियों जैसी महत्वपूर्ण जानकारी अपलोड कर दी गई है।

(ख) जी से जी के इंटरफेस में एक प्रबंध सूचना प्रणाली (एम आई एस) है जो कि कार्यक्रम के सभी हस्तक्षेपणीय उपायों की जानकारी रखती है। प्रत्येक राज्य द्वारा की गई प्रगति का तिमाही आधार पर मानीटरन किया जाता है।

परिणाम रूपरेखा

अभिज्ञात मापने योग्य संकेतकों, बेसलाईन तथा लक्षित परिणामों और परिणामों को मापने की आवृत्ति सहित एक परिणाम रूपरेखा तैयार कर ली गई है और पिछले कुछ समय से उसका प्रयोग किया गया है। राज्यों/जिलों से यह अपेक्षा की जाती है कि वे प्रस्तावित संकेतकों पर जिला विशिष्ट परिणाम रूपरेखा तैयार करेंगे।

सर्वेक्षण और अनुसंधान अध्ययन

नामांकन, छात्र/अध्यापक उपस्थिति और बच्चों के शिक्षा में बने रहने आदि जैसे शिक्षा संकेतकों पर राज्यों के बीच सर्व शिक्षा अभियान के प्रभाव का मूल्यांकन करने के लिए सर्व शिक्षा अभियान का राष्ट्रीय मिशन, सर्वेक्षण और अनुसंधान अध्ययन हाथ में लेता है। इन सर्वेक्षणों और अध्ययनों के निष्कर्ष प्रमुख संकेतकों पर सर्व शिक्षा अभियान की सफलता की मात्रा का पता लगाने तथा पाठ्यक्रम संशोधन और अनुवर्ती कार्रवाई के लिए जरूरतों और अंतरालों का मूल्यांकन करने में मदद करते हैं।

तकनीकी अनुसमर्थन समूह (टी एस जी)

सुलभता, समदृष्टि और शिक्षा की गुणवत्ता से सम्बंधित कार्यात्मक क्षेत्रों में तकनीकी सहयोग प्रदान करने के लिए एडसिल में टीएसजी की स्थापना की गई है। टीएसजी में विभिन्न यूनिट बहुत नजदीक से नियोजन और प्रबंध, वित्तीय पक्षों, सुलभता, समदृष्टि और गुणवत्ता में सुधार लाने की प्रक्रियाओं और उनमें हुई प्रगति का मानीटरन भी करते हैं। सर्व शिक्षा अभियान का परियोजना अनुमोदन बोर्ड प्रति वर्ष टीएसजी के लिए एड ब्ल्यू पी तथा बी को मंजूरी प्रदान करता है।

शैक्षिक विकास सूचकांक (ई डी आई)

डी आई एस ई डाटा से बहुत बड़ी संख्या में प्राप्त किये गए परिवर्तियों के आधार पर ई डी आई की गणना की जाती है। प्रत्येक जिले के लिए ई

डी आई इस बात का संकेत देते हैं कि प्रारंभिक शिक्षा के सर्वसुलभीकरण (यू ई ई) के समग्र लक्ष्य की पूर्ति करने की दिशा में जिले को कितना लम्बा सफर तय करना है। सम्बंधित प्राचलों का अध्ययन जिला/राज्य में प्रारंभिक शिक्षा में सुधार लाने के लिए हस्तक्षेपणीय उपायों और क्रियाकलापों और साथ ही मानीटरन के ऐसे प्राचलों, जिनका ई डी आई मान न्यून है, के प्राथमिकता निर्धारण के लिए समुचित जानकारी प्रदान करता है। राज्यों द्वारा उप–जिला तथा स्कूल–आधारित ई डी आई तैयार करने की दिशा में प्रयास किए जाने चाहिए।

उपर्युक्त पक्षों के सम्बन्ध में प्रगति का मानीटरन करने के लिए सर्व शिक्षा अभियान अपनी मौजूदा बहु–स्तरीय मानीटरन प्रणाली का सुदृढ़ीकरण करेगा। तथापि, ऐसा करने में यह सुनिश्चित किया जाना चाहिए कि अध्यापकों, सी आर पी तथा बी आर पी पर जानकारी एकत्रित करने और उसका मिलान करने की जिम्मेदारी का भार न डाला जाए जिससे कि वे बच्चों के समुचित स्तर के अधिगम पर ध्यान केन्द्रित कर सके। यह आवश्यक नहीं है कि जमीनी स्तर पर एकत्र की गई समूची जानकारी को प्रबंध के उच्चतम स्तर तक के सभी स्तरों से गुजारा जाए। बल्कि प्रत्येक स्तर को केवल उस विशिष्ट स्तर पर सांगत जानकारी पर ही ध्यान केन्द्रित करना चाहिए। ऐसा करने से सर्व शिक्षा अभियान केवल मानीटरन के लिए ही नहीं, बल्कि अनुवर्ती कार्रवाई और उसके साथ–साथ किन्हीं अंतरालों को पाटने तथा अवरोधों की तरफ समय पर और उचित तरीके से ध्यान देने के लिए विकेंद्रीकरण और प्रत्यायोजन करने में समर्थ हो सकेगा।

गुणवत्ता मानीटरन साधन

एन सी ई आर टी के सहयोग से गुणवत्ता मानीटरन साधनों का एक सेट तैयार कर लिया गया है जिससे कि निम्न को शामिल करते हुए आर टी ई एस एस ए के अनेक गुणवत्ता संबंधी सूचकों के बारे में छमाही और वार्षिक जानकारी प्रदान की जा सके –

1. छात्र नामांकन और वास्तविक उपस्थिति
2. छात्र उपलब्धि स्तर
3. अध्यापक उपलब्धता और अध्यापक प्रशिक्षण
4. क्लासरूम परिपाटियाँ

5. संकुल और ब्लाक संसाधन केन्द्रों द्वारा विद्यालयों का शैक्षणिक पर्यवेक्षण
6. विद्यालय कार्यकारण के सम्बन्ध में समुदाय की सोच

राज्यों को यह सुनिश्चित करने के लिए प्रयास करने चाहिए कि क्यू एम टी द्वारा तैयार किया गया डाटा सार्वजनिक क्षेत्र में है।

अनुसंधान, मूल्यांकन, मानीटरन तथा पर्यवेक्षण (आर ई एम एस) के लिए वित्तपोषण

अनुसंधान, मूल्यांकन, मानीटरन तथा पर्यवेक्षण (आर ई एम एस)के लिए प्रति वर्ष प्रति विद्यालय 2000 रुपए तक का प्रावधान किया गया है। इसमें से प्रति विद्यालय 500 रूपए राष्ट्रीय स्तर पर कार्यक्रम के एन सी पी सी आर द्वारा मानीटरन के लिए उपलब्ध कराए जाएंगे। प्रति विद्यालय 50 रूपए राज्य स्तर पर एस सी पी सी आर के लिए उपलब्ध कराए जाएंगे जिसे अनुमोदित क्रियाकलापों को कार्यान्वित करने के लिए संचित रखा जाना चाहिए। राज्य सर्व शिक्षा अभियान की कार्यकारी समिति प्रति विद्यालय बाकी 1450 रूपए की राशि में से राज्य से विद्यालय तक के विभिन्न स्तरों पर संसाधनों के विभाजन के बारे में तय करेगा। मानीटरन के लिए निधियां निम्न क्रियाकलाप कार्यान्वित करने के लिए खर्च की जायेंगी–

1. प्रभावी क्षेत्र–आधारित मानीटरन के लिए राष्ट्रीय, राज्य, जिला, उप–जिला स्तर तक संसाधन व्यक्तियों का समूह तैयार करना
2. आर टी ई अधिनियम के अधीन बाल–अधिकारों के संरक्षण के लिए एन सी पी सी आर तथा एस सी पी सी आर को सहयोग प्रदान करना
3. समुदाय–आधारित डाटा तैयार करना
4. उपलब्धि–परीक्षण, मूल्यांकन, अध्ययन आदि आयोजित करना
5. कार्य अनुसंधान सहित अनुसंधान क्रियाकलापों को हाथ में लेना
6. न्यून महिला साक्षरता दर वाले जिलों के लिए तथा बालिकाओं, अनुसूचित जाति, अनुसूचित जनजाति के विशेष मानीटरन के लिए विशेष कार्यबल का गठन
7. डी आई एस ई पर खर्च करना
8. मानीटरन के लिए संसाधन व्यक्तियों को यात्रा अनुदान और एक समुचित मानदेय (प्रत्येक राज्य–विशिष्ट मानदंड के अनुसार) प्रदान करना

9. दृश्य मानीटरन प्रणालियों के लिए आपातिक व्यय करना

10. मूल्यांकन/आकलन दलों के क्रियाकलाप तथा उन्हें तैयार करने के लिए सहयोग प्रदान करना

11. विभिन्न स्तरों पर डाटा का विश्लेषण करना

छात्रों को राज्य अधिगम परिणामों, अध्यापक निष्पादन, लिंग तथा सामाजिक श्रेणी–वार छात्र–अध्यापक उपस्थिति दरों और साथ ही क्लासरूम परिपाटियों में बदलावों को मापने के लिए प्राचलों, अध्यापक प्रशिक्षण को प्रभाव, पाठ्यपुस्तकों तथा पाठ्यपुस्तकीय सामग्री की प्रभावोत्पादकता, बी आर सी/सी आर सी/डाईटों आदि द्वारा उपलब्ध कराए गए शैक्षणिक पर्यवेक्षण की गुणवत्ता संबंधी परिणामों को मापने के लिए राज्यों को मानीटरन प्रणालियाँ तैयार करने और कार्यान्वित करने को प्राथमिकता देने की जरुरत होगी।

डी आई एस ई के लिए राज्य और जिला प्रावधानों में अन्य बातों के साथ–साथ निम्नांकित भी शामिल होंगे: विद्यालयों में स्थान के लिए नियमित विद्यालय मानचित्रण/सूक्ष्म नियोजन, अन्य विद्यालय–आधारिक सुविधाओं तथा 6-14 वर्ष की आयु के बच्चों के शैक्षिक स्तर के सम्बन्ध में पारिवारिक डाटा को अद्यतन बनाए जाने के लिए आबंटन शामिल होंगे–

1. इस घटक को कार्यरूप देने के लिए राज्य एस सी ई आर टी, डाईट तथा सीमैट (जहाँ कहीं सीमैट काम कर रहे हैं) का सहयोजन जरूरी होगा।

2. आर ई एम एस क्रियाकलाप आयोजित करने के लिए अन्य स्वतंत्र राष्ट्रीय और राज्य स्तरीय संसाधन संस्थानों के सहयोजन को समुचित एम ओ यू/संविदाओं के माध्यम से बढ़ावा दिया जाना चाहिए।

3. राज्य स्तर पर हाथ में लिए जाने वाले सभी अनुसंधान और मूल्यांकन अध्ययनों को संसाधित करने और मंजूरी प्रदान करने के लिए प्रत्येक राज्य/संघ राज्य क्षेत्र आर टी ई एस एस ए मिशन के अनुसंधान अनुमोदन समिति का गठन करेगा।

4. सर्व शिक्षा अभियान स्वायत्त अनुसंधान संस्थानों द्वारा स्वतंत्र अनुसंधान और पर्यवेक्षण को बढ़ावा देगा। प्रमाणित उत्कृष्टता वाले संस्थानों को/से राज्य विशिष्ट जिम्मेदारियां वहन करने का अनुरोध किया गया है। अनुसंधान और मूल्यांकन कार्य करने के उद्देश्य से संस्थानों

के साथ भागीदारी में एन सी ई आर टी/एसआईएमएटी/डाईटों में वैचारिक आदान–प्रदान के जरिए क्षमताएं विकसित करने पर भी ध्यान केन्द्रित किया जाएगा। विश्वविद्यालयों में संकाय/शिक्षा विभाग को भी सर्व शिक्षा अभियान के अधीन ऐसे क्रियाकलापों में भाग लेने का अनुरोध किया जाएगा। एन सी ई आर टी के क्षेत्रीय शिक्षा संस्थानों (आर आई ई) को भी इन कार्यों के साथ सम्बद्ध किया जाएगा।

अध्याय–9

सर्व शिक्षा में आर टी ई एवम् निःशुल्क और अनिवार्य बाल–शिक्षा का अधिकार अधिनियम 2009 की भूमिका

आर टी ई अधिनियम एक ऐसा न्यायिक/विधिक तंत्र का प्रावधान उपलब्ध करता है जो आवश्यकता पड़ने पर बच्चों के अधिकारों की सुरक्षा हेतु न्यायालयों में वाद स्थापित किये जाने की अनुशंसा करता है। इसके दायरे में 6 से 14 वर्ष की आयु के सभी बच्चे समाहित हैं तथा इन्हें निःशुल्क शिक्षा उपलब्ध करायी जाएगी, ऐसा इस अधिनियम की भावना है। यह अधिनियम समानता तथा गैर – भेद भाव के सिद्धांत पर आधारित उचित स्तर की शिक्षा का बाल अधिकार उपलब्ध कराता है। सर्वाधिक महत्वपूर्ण बात यह है कि यह ऐसी शिक्षा के बाबत बाल अधिकार उपलब्ध कराती है जो कि भय, तनाव एवं चिंता से मुक्त है।

आर टी ई अधिनियम, 2009 की मुख्य विशेषताएं–

- बच्चों को समीपवर्ती स्कूल में निःशुल्क और प्रारंभिक शिक्षा का मूल अधिकार।
- 6 से 14 वर्ष तक की आयु के सभी बच्चों को निःशुल्क तथा अनिवार्य प्रारंभिक शिक्षा उपलब्ध कराना तथा उसकी पूर्ती सुनिश्चित करना सम्बंधित सरकार की जिम्मेदारी होगी।
- दाखिले से वंचित बच्चों को आयु के अनुसार कक्षा में दाखिल किये जाने का प्रावधान।

- इसके लक्ष्य की पूर्ती के लिए केंद्रीय और राज्य सरकारों के बीच हिस्सेदारी के लिए सम्बंधित सरकारों, स्थानीय प्राधिकरण तथा माता – पिता के कर्तव्य और जिम्मेदारियां निर्धारित करना।
- छात्र – अध्यापक अनुपात (पी टी आर), भवनों तथा आधारिक सुविधाओं स्कूल के कार्यदिवसों, शिक्षकों के कार्यसमय से सम्बंधित मानदंड और मानक निर्धारित करना।
- यह भी निर्धारित करना कि किसी प्रकार का शहरी – ग्रामीण विभाजन न रहे तथा शिक्षकों का गैर – शिक्षण कार्यों में नियोजन को हतोत्साहित करना।
- समुचित रूप से प्रशिक्षित यानी अपेक्षित प्रवेश और शैक्षणिक अहर्ताओं से युक्त शिक्षकों की नियुक्ति का प्रावधान।
- बच्चों को शारीरिक दंड दिए जाने, दाखिले के लिए छंटाई क्रियाविधियों, प्रति व्यक्ति शुल्क, शिक्षकों द्वारा निजी ट्यूशन तथा मान्यता के बिना स्कूल चलने पर रोक लगाना।
- ऐसी पाठ्यचर्या का विकास करना जो बच्चे के ज्ञान, क्षमता, और प्रतिभा का पूर्ण उपयोग करते हुए उसके समग्र विकास तथा उन्हें भय, आघात तथा चिंता से मुक्त रखे।

आर टी ई कार्य योजना

इस अधिनियम के लक्ष्य अति स्पष्ट प्रावधानों से युक्त हैं जो सरकार को एक प्रवर्तनीय विधिक तन्त्र के माध्यम से अपनी जिम्मेदारियों के प्रति अधिक सजग बनाता है। इन प्रावधानों का अनुपालन सरकार के लिए अनिवार्य होगा तथा इनमें कोई ढील नहीं बरती जाएगी। सर्वप्रथम सरकार यह सुनिश्चित करेगी कि जिन क्षेत्रों में प्राथमिक स्कूल नहीं है, वहां तीन वर्ष के भीतर सरकार या स्थानीय निकाय एक प्राथमिक स्कूल की स्थापना करेगी। अतः सभी बच्चे एवं बालिकाएं तथा सुविधावंचित और कमजोर वर्ग के बच्चे, आवारा तथा बालश्रम में सन्निहित बच्चे आदि 1 अप्रैल 2010 से शुरू करते हुए तीन वर्ष के भीतर अवश्य ही स्कूल में होने चाहिए। आर टी ई अधिनियम का यह प्रावधान शिक्षा की पहुँच तथा सर्वसुलभीकरण सम्बन्धी एस एस ए के लक्ष्यों पर लागू होता है तथा इसमें अधिदेशित निम्न समय सीमा तत्काल प्रभाव से लागू होती है।

आर टी ई कार्यान्वयन की समितियां एवं सर्व शिक्षा अभियान में सुधार

सरकार ने आर टी ई अधिनियम के सन्दर्भ में सर्व शिक्षा अभियान पर अनुवर्ती कार्रवाई हेतु पूर्व शिक्षा सचिव श्री अनिल बोर्डिया की अध्यक्षता में सितम्बर, 2009 में एक समिति का गठन किया गया था। इस समिति ने राज्य शिक्षा सचिवों, शिक्षाविदों, अध्यापक संघों, स्वैच्छिक संगठनों और सिविल समाज संगठनों के प्रतिनिधियों के साथ बड़े पैमाने पर विचारों का आदान –प्रदान किया। 'आर टी ई अधिनियम का कार्यान्वयन और उसके फलस्वरूप एस एस ए में सुधार' नामक रिपोर्ट अप्रैल 2010 में प्रस्तुत की गयी। यह रिपोर्ट निम्न सिद्धांतों पर आधारित थी–

1. शिक्षा का साकल्पवादी दृष्टिकोण जिसमें शिक्षा की समूची अंतर्वस्तु और प्रक्रिया में सुधार लाया जाना शामिल था। इसमें पाठ्यचर्या, अध्यापक शिक्षा, शैक्षिक आयोजन और प्रबंध के लिए व्यापक प्रावधान थे।

2. समदृष्टि का आशय सिर्फ समानता ही नहीं था बल्कि इसमें यह भी शामिल था कि इसके अंतर्गत लक्षित वर्गों के लिए ऐसी स्थितियों का निर्माण किया जाये ताकि वे उन अवसरों का लाभ उठा सकें।

3. सुलभता का अर्थ सिर्फ यह नहीं था कि सभी बच्चों के लिए स्कूल पहुँच के भीतर हो बल्कि इसकी भावना में यह भी शामिल था कि इन लक्षित समूहों की शैक्षिक जरूरतों और दुर्दशा को समझा जाये तथा उनका निवारण हो।

4. लैंगिक चिंता से तात्पर्य सिर्फ बालकों एवं बालिकाओं की समानता भर से नहीं वरन इसकी जरूरत पर बल दिया गया कि शिक्षा को राष्ट्रीय शिक्षा नीति, 1986-92 में यथावर्णित परिप्रेक्ष्य में देखा जाये। यानी महिलाओं के दर्जे में एक आधारभूत बदलाव लाने के लिए निर्णायक उपाय किये जाएँ।

5. अध्यापक की केंद्रीय भूमिका का अर्थ यह है कि उन्हें क्लास रूम में तथा उससे आगे नयापन लाने तथा ऐसी संस्कृति का निर्माण करने के लिए प्रेरित किया जाये जोकि बच्चों के लिए, खास तौर से दलित तथा सीमान्त बालिकाओं के लिए एक समावेशी माहौल पैदा कर सके।

6. आर टी ई अधिनियम के माध्यम से दंडात्मक प्रक्रियाओं पर बल देने के बजाय माता – पिता, अध्यापकों, शैक्षिक प्रशासकों तथा अन्य हितधारकों पर नैतिक दबाव डाला जाता है।

7. आर टी ई विधि के कार्यान्वयन के लिए शैक्षिक प्रबंध की अभिसारी तथा एकीकृत प्रणाली एक पूर्वापेक्षा है। सभी राज्यों को इस दिशा में जितना जल्दी हो सके, कदम बढ़ाना चाहिए।

आर टी ई अधिनियम के अधीन शिकायत निवारण अधिनियम

आर टी ई अधिनियम ने स्थानीय अधिकारियों को शिकायत निवारण एजेंसियां बना दिया है और राज्य स्तर पर एस सी पी सी आर को अपीलीय निकाय बना दिया है। इस सन्दर्भ में ऐसी प्रविधियां स्थापित करना जरूरी है जिनके माध्यम से उल्लंघनों पर कार्रवाई की जा सके। शिकायत निवारण के लिए एक सुपरिभाषित संस्थानगत तंत्र में पंजीकरण की एक प्रणाली, एक सुनिर्धारित समय–सीमा के भीतर जांच करना और जवाबी कार्रवाई करना शामिल है। यह काम कार्यान्वयन एजेंसी के साथ जिसे शिकायतों के वास्तविक निवारण की जिम्मेदारी सौंपी गई है यह सुनिश्चित करके किया जाना होगा कि विचाराधीन अधिकार वस्तुतः बहाल कर दिया गया है।

ऐसे तंत्र की स्थापना के लिए निम्नांकित मुद्दों को दृष्टिगत रखे जाने की जरूरत है–

1. अधिनियम में जिन कानूनी हकदारियों का आश्वासन दिया गया है उनके एक सेट की सूची तैयार करनी होगी और इस जानकारी को व्यापक रूप से उपलब्ध करना होगा तथा सार्वजनिक रूप से प्रदर्शित करना होगा।

2. इसमें से प्रत्येक कानूनी हकदारी उपलब्ध करने के लिए जिम्मेदार अधिकारियों को पदनामित करना होगा। तब इन हकदारियों के विरुद्ध शिकायतों के निवारण के लिए पर्यवेक्षण अधिकारी जिम्मेदार होगा। साथ ही ऐसी जानकारी सार्वजनिक रूप से – विद्यालय की दीवारों पर अथवा पंचायत की दीवारों पर प्रदर्शित की जानी चाहिए।

3. राज्य सरकार द्वारा आर टी ई के अधीन जिन अधिकारियों को शिकायतें सुनने के लिए अधिकृत किया गया है उन्हें ऐसे व्यक्ति अथवा व्यक्तियों को पदनामित करना होगा। ऐसा/ऐसे व्यक्ति विशिष्ट रूप से शिक्षा विभाग से होंगे और जिला/ब्लाक/पंचायत स्तर पर उपलब्ध होंगे।

4. शिकायत की प्रकृति को दृष्टिगत रखते हुए शिकायतों के निवारण के लिए एक समय–सीमा विनिर्दिष्ट करनी होगी जिसमें अधिनियम के खंड 32 में यथानिर्धारित तीन महीने की अधिकतम अवधि तय की गई हो। शारीरिक दंड अथवा दाखिले से सम्बंधित शिकायतें अवश्य ही कम समय में निपटाई जानी चाहिए।

5. रिकार्ड प्रबंध की प्रणाली में आमूल–चूल सुधार लाना होगा। एक ऐसी प्रणाली उपलब्ध करनी होगी जिसमें जिला और उप–जिला – दोनों स्तरों पर शिकायतों का पंजीकरण किया जा सके। स्थानीय प्राधिकारी शिकायतों का पंजीकरण करने और रसीद जारी करने के लिए शिक्षा विभाग के किसी व्यक्ति की नियुक्ति कर सकता है किन्तु यह सुनिश्चित किया जाना चाहिए कि ऐसा अधिकारी वह व्यक्ति नहीं है जिसके खिलाफ शिकायत दर्ज कराई जा रही है। कार्यालय को प्राप्त हुई जिन शिकायतों के बारे में कार्रवाई की गई उनकी संख्या, शिकायतों की स्थिति, की गई कार्रवाई नियमित आधार पर प्रदर्शित की जानी चाहिए।

6. यदि सम्बंधित शिकायत निवारण प्राधिकारी ऐसा समझता है कि शिकायतकर्ता/बच्चे की पहचान गोपनीय रखना सर्वाधिक हितकर है तो वह शिकायतकर्ता की पहचान प्रकट नहीं करेगा।

7. शिकायतों के पंजीकरण के लिए विभिन्न विधियों के प्रयोग की अनुमति दी जानी चाहिए जैसेकि डाक, टेलीफोन, इन्टरनेट, व्यक्तिगत आदि। एक निर्धारित प्रपत्र उपलब्ध कराया जाना चाहिए लेकिन वह जरूरी नहीं होना चाहिए। शिकायतों के पंजीकरण की प्रक्रिया में ये क्रियाकलाप शामिल होने चाहिए– शिकायत की रसीद जिसमें तारीख, ऐसी समय–सीमा दी गई होगी जिसके भीतर शिकायत पर कार्रवाई की जाएगी तथा शिकायत पर कार्रवाई करने के लिए जिम्मेदार व्यक्ति के ब्योरे दिए गए होंगे। इस रसीद में ऐसे विवरण भी दिए जाने चाहिए कि यदि शिकायत पर निर्धारित समय–सीमा के भीतर कार्रवाई नहीं की गई तो किस अधिकारी को अपील की जाए।

8. यदि शिकायत का निवारण स्थानीय अधिकारी के स्तर पर नहीं किया जा सकता तो उसे एक निर्धारित समय–सीमा के भीतर उपयुक्त अधिकारी को भेज दिया जाना चाहिए।

9. शिकायत की एक प्रति एस सी पी सी आर अथवा आर ई पी ए को भेजी जानी चाहिए (तथा वहां रिकार्ड की जानी चाहिए) और साथ ही उसे एम आई एस के साथ जोड़ा जाना चाहिए।
10. शिकायत और समय–सूचि को ध्यान में रखते हुए शिक्षा विभाग, सर्व शिक्षा अभियान प्रबंध के ऐसे अधिकारी को शामिल करके जोकि जिस व्यक्ति के खिलाफ शिकायत दर्ज की गई है, उसकी अपेक्षा वरिष्ठ हो, जांच की जानी चाहिए।
11. जांच की प्रक्रिया में शिकायतकर्ता और साथ ही अपराधी को सुनवाई की अनुमति अवश्य दी जानी चाहिए और जहाँ तक हो सके ऐसी कार्रवाई सार्वजनिक रूप से की जानी चाहिए।
12. जांच के परिणाम की सूचना अनिवार्यतः लिखित रूप में शिकायतकर्ता को दी जानी चाहिए और उसमें एक निर्धारित समय–सीमा के भीतर हकदारी उपलब्ध करने के लिए जिम्मेदार अधिकारी द्वारा निवारण की समय–सूचि के भीतर निवारण की सिफारिश अवश्य की जानी चाहिए।
13. एस सी पी सी आर को पहला अपीलीय अधिकारी बनाया गया है। वे अपना कार्य किस प्रकार करेंगे, इस आशय के नियम निर्दिष्ट किए जाने की अभी भी जरूरत है। क्या शिकायतों के सम्बन्ध में वे अंतिम अधिकार होंगे .....यह बात स्पष्ट किए जाने की जरूरत है कि उनके निर्णय निवारण अधिकारियों/विभाग को किस प्रकार प्रभावित करेंगे।
14. राज्य सरकार को प्राप्त होने वाली शिकायतों की प्रकृति की बार–बार समीक्षा करनी चाहिए और उपचारात्मक उपाय करने चाहिए जिससे कि भविष्य में अतिरिक्त शिकायतों की सुनवाई न करनी पड़े। दूसरे शब्दों में शिकायतों के मानीटरन को प्रणालीगत स्तर पर नीति/कार्यक्रम समीक्षा को प्रेरित करना चाहिए।

सर्व शिक्षा अभियान के लिए उक्त कुछ प्रभाव इस प्रकार हैं–

1. जिस तंत्र के माध्यम से शिकायतें संबोधित की जाएंगी, उसे मजबूत बनाने में शिक्षा विभाग को सर्व शिक्षा अभियान और स्थानीय अधिकारियों की जिम्मेदारियां स्पष्टतः निर्धारित करनी चाहिए। इस तरह का तंत्र एक बार स्थापित किए जाने के बाद मानीटरन एजेंसियों के लिए शिकायतों को समुचित स्तरों तक भेजना संभव

हो जाएगा। उदाहरण के लिए यदि शारीरिक दंड का कोई मामला एन सी पी सी आर को यह पता होना चाहिए कि मामला किसे भेजा जाए अथवा कौन सी वह प्रणाली है जिसके द्वारा अधिकारों के उल्लंघन के ऐसे मामले पर कार्रवाई की जाएगी तथा किस स्तर पर की जाएगी?

2. आर टी ई के अधीन अधिकारों के प्रवर्तन में जनजातीय मामले अथवा सामाजिक न्याय तथा कल्याण जैसे अन्य विभागों द्वारा स्थापित विद्यालयों को शामिल करते हुए अन्तर्विभागीय संपर्क किए जाने होते हैं। ऐसे विद्यालयों से प्राप्त होने वाली शिकायतों का निवारण राज्य शिक्षा विभाग/सर्व शिक्षा अभियान द्वारा किया जाएगा जोकि प्रारंभिक शिक्षा का प्रावधान सुनिश्चित करने के लिए अधिनियम के अधीन समुचित सरकार है, भले ही विद्यालयों का संचालन कोई भी करता हो। इसलिए शिकायत निवारण तंत्र को इन विभागों के साथ भी समन्वय स्थापित करना होगा।

3. विशिष्ट श्रेणी के विद्यालयों और निजी विद्यालयों को शामिल करने के लिए भी इस तरह के संपर्क स्थापित करने होंगे।

निःशुल्क और अनिवार्य बाल शिक्षा का अधिकार अधिनियम, 2009

संसद के इस अधिनियम को 26 अगस्त, 2009 को राष्ट्रपति द्वारा स्वीकृति प्रदान की गयी और फिर इसे सामान्य जानकारी हेतु प्रकाशित किया गया। 6 से 14 वर्ष तक की आयु के सभी बच्चों के लिए निःशुल्क और अनिवार्य शिक्षा का उपबंध करने के लिए इस अधिनियम को अधिनियमित किया गया है। इस अधिनियम के कुछ मुख्य धाराओं/प्रावधानों को यहाँ संदर्भित किया जाता है।

धारा 3 खंड (1) के अनुसार 6 से 14 वर्ष तक की आयु के प्रत्येक बालक को, प्रारंभिक शिक्षा पूरी होने तक किसी आस – पास के विद्यालय में निःशुल्क और अनिवार्य शिक्षा का अधिकार होगा। खंड/उपधारा (1) के प्रयोजन हेतु, कोई बालक किसी प्रकार की फीस या ऐसे प्रभार या व्यय का संदाय करने के लिए उत्तरदायी नहीं होगा, जो प्रारंभिक शिक्षा लेने और पूरी करने से उसे निवृत करे।

धारा 4 में इस बात के प्रावधान किये गए हैं कि जहाँ 6 वर्ष से अधिक आयु के किसी बालक को किसी स्कूल में प्रवेश नहीं दिया गया

है या प्रवेश तो दिया गया है किन्तु उसने अपनी प्रारंभिक शिक्षा पूरी नहीं की है, तो उसे उसकी आयु के अनुसार समुचित कक्षा में प्रवेश दिया जायेगा। परन्तु जहाँ किसी बालक को, उसके आयु के अनुसार समुचित कक्षा में सीधे प्रवेश दिया जाता है, वहां उसे अन्य बालकों के समान होने के लिए, ऐसी रीति में और ऐसी समय – सीमा के भीतर, जो विहित की जाये, विशेष प्रशिक्षण प्राप्त करने का अधिकार होगा। साथ ही साथ, प्रारंभिक शिक्षा के लिए इस प्रकार प्रवेश प्राप्त कोई बालक, 14 वर्ष की आयु के पश्चात् भी प्रारंभिक शिक्षा पूरी करने तक निःशुल्क शिक्षा का हकदार होगा।

धारा 5(1) के अनुसार जहाँ किसी विद्यालय में, प्रारंभिक शिक्षा पूरी करने की व्यवस्था नहीं है वहां किसी बालक को, धारा 2 के खंड (ढ) के उपखंड (iii) और उपखंड (iv) में विनिर्दिष्ट विद्यालय को छोड़कर, अपनी प्रारंभिक शिक्षा पूरी करने के लिए अन्य किसी विद्यालय में, स्थानांतरण कराने का अधिकार होगा।

इसी प्रकार अध्याय 3 में समुचित सरकार और स्थानीय प्राधिकारी तथा माता – पिता के कर्तव्यों का उल्लेख किया गया है। समुचित सरकार और स्थानीय प्राधिकारी का विद्यालय स्थापित करने तथा वित्तीय और अन्य उत्तरदायित्वों में हिस्सा बंटाने के कर्तव्यों की व्याख्या की गयी है।

अध्याय 4 शिक्षकों एवं स्कूलों के उत्तरदायित्व का सीमा–निर्धारण करता है। धारा 13 में ऐसे प्रावधान किये गए हैं कि कोई विद्यालय या व्यक्ति, किसी बालक को प्रवेश देते समय कोई प्रति व्यक्ति फीस संगृहीत नहीं करेगा और बालक या उसके माता – पिता अथवा संरक्षक को किसी अनुवीक्षण प्रक्रिया के अधीन नहीं रखेगा।

धारा 16 में यह बात कही गयी है कि किसी विद्यालय में प्रवेश प्राप्त बालक को किसी कक्षा में नहीं रोका जायेगा या फिर विद्यालय से प्रारंभिक शिक्षा पूरी किये जाने तक निष्कासित नहीं किया जायेगा।

धारा 17(i) बच्चों को शारीरिक दंड दिए जाने अथवा उसका मानसिक उत्पीड़न किये जाने को प्रतिबंधित करता है।

धारा 18(i) यह व्यवस्था देता है कि समुचित सरकार या स्थानीय प्राधिकारी द्वारा स्थापित, उसके स्वामित्व या नियंत्रणाधीन किसी विद्यालय से भिन्न कोई विद्यालय, इस अधिनियम के प्रारंभ के पश्चात, ऐसे प्राधिकारी से, ऐसे प्रारूप में और ऐसी रीति में, जो विहित की जाये, कोई

आवेदन करके मान्यता प्रमाण – पत्र अभिप्राप्त किये बिना स्थापित नहीं किया जायेगा या कार्य नहीं करेगा।

धारा 21 में ऐसे प्रावधान हैं कि धारा 2 के खंड (ढ) के उपखंड (iv) में उल्लिखित किसी स्कूल से भिन्न विद्यालय स्थानीय प्राधिकारी, ऐसे विद्यालय में प्रवेश प्राप्त बालकों के माता – पिता या संरक्षक और शिक्षकों के निर्वाचित प्रतिनिधियों से मिलकर बनने वाली एक विद्यालय प्रबंध समिति का गठन करेगा, परन्तु ऐसी समिति के कम-से-कम तीन चौथाई सदस्य माता – पिता या संरक्षक होंगे।

इस अधिनियम में शिक्षकों की नियुक्ति के लिए अधिसूचित अर्हताएं धारा 23 में समावेशित की गयी हैं। ऐसे भी प्रावधान किये गए हैं कि शिक्षकों की अनुपलब्धता की स्थिति में केंद्रीय सरकार इन न्यूनतम अर्हताओं को शिथिल भी कर सकती है। हालाँकि उसकी भी एक सीमा निर्धारित की गयी है कि इनमें कितनी ढील दी जा सकती है।

धारा 24 शिक्षकों के कर्तव्यों की व्याख्या के साथ-साथ उनके शिकायतों के निवारण की भी व्यवस्था करता है। इस बात की ताकीद की गयी है कि कोई शिक्षक/शिक्षिका निजी ट्यूशन या निजी शिक्षण क्रियाकलापों में स्वयं को नहीं लगाएगा/लगाएगी।

अध्याय–5 के धारा 29 एवं 30 में प्रारंभिक शिक्षा के पाठ्यक्रम और उसके पूरा किए जाने संबंधी प्रावधानों को रेखांकित किया गया है। प्रारंभिक शिक्षा के लिए पाठ्यक्रम और उसकी मूल्यांकन प्रक्रिया समुचित सरकार द्वारा, अधिसूचना द्वारा, विनिर्दिष्ट किए जाने वाले शिक्षा प्राधिकारी द्वारा अधिकथित की जाएगी। किसी बालक से प्रारंभिक शिक्षा पूरी होने तक कोई बोर्ड परीक्षा उत्तीर्ण करने की उम्मीद नहीं की जाएगी। प्रत्येक बालक को शिक्षा पूर्ति उपरान्त, ऐसे प्रारूप और ऐसी रीति में जो विहित की जाए, एक प्रमाणपत्र दिया जाएगा।

इस अधिनियम के अध्याय 6 में बच्चों के शिक्षा अधिकार के संरक्षण एवम् उसके मानीटरन हेतु प्रावधान किए गए हैं जोकि 'बालक अधिकार संरक्षण आयोग अधिनियम 2005 की यथास्थिति से निर्देशित होंगे। धारा 32 के अनुसार कोई व्यक्ति जिसे इस अधिनियम के अधीन किसी बालक के अधिकार के सम्बन्ध में कोई शिकायत है, अधिकारिता रखने वाले स्थानीय प्राधिकारी को लिखित में शिकायत कर सकेगा। शिकायत प्राप्त होने के पश्चात स्थानीय प्राधिकारी सम्बंधित पक्षों को सुनने के बाद

मामले का तीन महीने की अवधि के भीतर निपटारा करेगा। इस निपटारे से उत्पन्न (यदि कोई) किसी भी प्रकार के विवाद के लिए अपीलीय प्रावधान भी किए गए हैं। इस अधिनियम के अध्याय – 7 में मिले–जुले प्रावधानों का उपबंध है। धारा 35 के अनुसार केंद्रीय सरकार, समुचित सरकार या स्थानीय प्राधिकारी को ऐसे मार्गदर्शक सिद्धांत जारी कर सकेगी जो वह इस अधिनियम के उपबंधों के कार्यान्वयन के लिए उचित समझे।

धारा 36 में ऐसा कहा गया है कि अभियोजन के लिए पूर्व–मंजूरी प्राप्त करना आवश्यक होगा। धारा 13 की उपधारा 2, धारा 18 की उपधारा 5 और धारा 19 की उपधारा 5 के अधीन दंडनीय अपराधों के लिए कोई अभियोजन समुचित सरकार द्वारा, अधिसूचना द्वारा, इस निमित्त प्राधिकृत किसी अधिकारी की पूर्व–मंजूरी के बिना स्थापित नहीं किया जाएगा। हालांकि धारा 37 के अंतर्गत सद्‌भावनापूर्वक किए गए कार्यों को उपर्युक्त अभियोजन से संरक्षण प्रदान किया गया है।

अधिनियम की धारा 38 के अनुसार समुचित सरकार अधिनियम के उपबंधों के कार्यान्वयन के लिए अधिसूचना द्वारा नियम बना सकेगी। ऐसे नियम, विशिष्ट और पूर्वगामी शक्तियों की व्यापकता पर प्रतिकूल प्रभाव डाले बिना, बनाए जा सकेंगे।

अध्याय–10

सर्व शिक्षा अभियान के मानदंडों के सम्बन्ध में अक्सर पूछे जाने वाले प्रश्न (एफ ए क्यूज)

प्रश्न– *क्या सर्व शिक्षा अभियान के अधीन विद्यालयों में बाल–अनुकूल तत्वों की अनुमति रहती है?*

उत्तर– स्थाई सिविल निर्माण कार्यों के अतिरिक्त सर्व शिक्षा अभियान के अधीन मौजूदा विद्यालयों में बाल–अनुकूल तत्वों का प्रावधान किया जा सकता है किन्तु शर्त यह है कि आधारिक–तंत्र पूरे होने वाले हों। इन तत्वों की इकाई लागत राज्य सरकार द्वारा विधिवत रूप से अधिसूचित राज्य दर अनुसूचि के अनुसार निकाली जानी चाहिए।

प्रश्न– *क्या सर्व शिक्षा के अधीन ई सी सी ई सुविधाएं अथवा ई जी एस केन्द्रों का निर्माण किया जा सकता है?*

उत्तर– सर्व शिक्षा के अधीन ई सी सी ई सुविधाएं अथवा ई जी एस केन्द्रों का निर्माण नहीं किया जा सकता।

प्रश्न– *क्या सर्व शिक्षा के अधीन चारदीवारी की अनुमति होती है?*

उत्तर– चारदीवारी की अनुमति केवल पर्वतीय प्रदेश, वन क्षेत्र अथवा शहरी क्षेत्रों जैसे अतिवादी मामलों में दी जाएगी। अन्य मामलों में सर्व शिक्षा अभियान निधियों से चारदीवारी के निर्माण को प्रोत्साहित नहीं किया जाएगा।

***प्रश्न**– क्या सिविल निर्माण कार्यों के अधीन आवासीय विद्यालयों का निर्माण किया जा सकता है?*

उत्तर– मौजूदा राजकीय अपर प्राथमिक विद्यालय में निम्न शर्तों के अधीन छात्रावासों का निर्माण किया जा सकता है–

1. प्रत्येक ब्लाक में इस तरह की केवल एक सुविधा की अनुमति दी जाएगी।
2. प्रत्येक छात्रावास में 100 बच्चों तक के लिए स्थान रहेगा।
3. छात्रावासों का निर्माण केवल ऐसे ब्लाकों में किया जाएगा जिनमें जनसंख्या घनत्व दूरस्थ, पर्वतीय, मरुस्थल तथा जनजातीय जिलों में प्रति वर्ग किलोमीटर 20 व्यक्तियों से कम हो, इन ब्लाकों में केंद्रीय/राज्य/संघ राज्य क्षेत्र सरकार द्वारा निर्मित इस तरह की कोई सुविधा उपलब्ध न हो।
4. छात्रावासों के लिए निर्माण मानदंड के जी बी वी वाई मानदंडों के अनुरूप होंगे और बेहतर हो कि इसका प्रारूप सी डब्ल्यू एस एन के लिए भी समावेशी हो।
5. छात्रावासों की सिविल निर्माण कार्य लागत प्रत्येक जिले के लिए सिविल निर्माण कार्यों की मौजूदा ऊपरी सीमा के भीतर होगी।
6. छात्रावास सुविधाओं के संचालन की लागत राज्यों द्वारा अन्य योजनाओं के साथ गठजोड़ के माध्यम से अथवा राज्यों/संघ शासित क्षेत्र सर्व शिक्षा अभियान कार्यक्रम की कार्यकारी समिति द्वारा यथाअनुमोदित मानदंडों के अनुसार सर्व शिक्षा अभियान के तहत बालिकाओं/अनुसूचित जातियों अनुसूचित जनजातियों के बच्चों के लिए नवाचारी निधियों में से वहन की जाएगी।

***प्रश्न**– डी ई ई पी तैयार करने के लिए जिला क्या होना चाहिए? अर्थात क्या जिला स्तर योजना तैयार करने के लिए राजस्व जिला होना चाहिए अथवा शैक्षिक जिला होना चाहिए?*

उत्तर– जिला स्तर पर आयोजन की इकाई के रूप में राजस्व जिला लिया जाना चाहिए। राजस्व जिलों की संख्या 31.3.2002 को स्थिर कर दी गई है और आयोजना के लिए कोई और आगे विभाजन ध्यान में नहीं रखा जाएगा। बाद में विभाजित किए जाने वाले जिलों की योजनाएं मूल अविभाजित जिले में शामिल की जाएगी।

प्रश्न– *अध्यापकों से इतर पदों के सृजन के लिए कौन से मानदंडो का पालन किया जाना चाहिए?*

उत्तर– नए गैर–अध्यापक पदों को मंजूर करते समय निम्न बातों पर विचार किया जाना चाहिए–

1. कोई भी नया स्थाई पद नहीं बनाया जाना चाहिए।
2. नए पदों की जरूरत की जांच करते समय पहले मौजूदा प्रशासनिक तंत्र – मुख्य शिक्षा विभाग और डी पी ई पी – दोनों में उपलब्ध मानवीय संसाधनों के प्रयोग की व्यवहार्यता का पता लगाया जाना चाहिए। यदि कोई भी क्रियाकलाप मौजूदा तंत्र की सहायता से नहीं किए जा सकते हों, केवल तभी नए पदों के सृजन का सहारा लिया जाना चाहिए।
3. सृजित किए जाने वाले पद केवल संविदा अथवा प्रतिनियुक्ति के माध्यम से भरे जाने चाहिए। इन पदों की भर्ती के कारण सोसायटी पर कोई स्थाई देयता नहीं पड़नी चाहिए।
4. प्रतिनियुक्ति के माध्यम से भरे जाने वाले पदों के लिए कोई प्रतिनियुक्त भत्ता नहीं दिया जाएगा।
5. कुल प्रबंध लागत प्रत्येक जिले के लिए अलग–अलग और साथ ही समूचे राज्य के लिए समग्र लागत के 6% से कम होनी चाहिए।

प्रश्न– *क्या निर्माण कार्यों के पर्यवेक्षण के लिए व्यक्तियों को तैनात किया जा सकता है?*

उत्तर– सिविल निर्माण कार्यों के पर्यवेक्षण के लिए कार्मिकों को एफ ए क्यू संख्या 2 में निर्दिष्ट मार्गनिर्देशों के अधीन विभिन्न पदों पर तैनात किया जा सकता है।

प्रश्न– *क्या प्रत्येक स्कूल में क्लासरूमों के लिए 5000/- रूपये से अधिक की मरम्मत की जा सकती है?*

उत्तर– बड़ी मरम्मत पर खर्च किए जाने के लिए सर्व शिक्षा अभियान के तहत प्रति वर्ष 150 करोड़ रूपये की राशि उपलब्ध रहेगी। यह राशि विद्यालयों की संख्या के अनुसार राज्यों के बीच आनुपातिक रूप से बांटी जाएगी। बड़ी मरम्मत जिला ए डब्ल्यू पी तथा बी का एक अंग होगी और भारत सरकार द्वारा उसका आकलन तथा अनुमोदन किया जाएगा।

परिणामतः वह सिविल निर्माण कार्यों के लिए 33% की निर्धारित ऊपरी सीमा के भीतर होगी। प्रत्येक जिला किसी वर्ष विशेष में बड़ी मरम्मत के तहत शामिल किए जाने के लिए मौजूदा विद्यालयों में से अधिक से अधिक 5% विद्यालयों का प्रस्ताव कर सकता है।

प्रश्न– *जिन मामलों में सर्व शिक्षा अभियान मानदंडों में कुछ नहीं कहा गया है, उनमें सिविल निर्माण कार्यों की इकाई लागत क्या होनी चाहिए?*

उत्तर– जिन मामलों में सर्व शिक्षा अभियान मानदंडों में कोई विशेष उल्लेख नहीं किया गया है, उनमें इकाई लागत राज्य सरकार द्वारा विधिवत रूप से अधिसूचित राज्य दर सूचि (एस ओ आर) पर आधारित होगी। पेयजल सुविधा और टायलेट सुविधा के मामले में भी इकाई लागत राज्य सरकार द्वारा इन कार्यों के लिए विधिवत रूप से अधिसूचित दर अनुसूचि के आधार पर निकाली जाएगी।

प्रश्न– *सिविल निर्माण कार्यों की जो अपरम्परागत मदें पी डब्ल्यू डी राज्य दर अनुसूचि में उपलब्ध नहीं हैं, उनके लिए अनुमोदित दरें क्या होनी चाहिए?*

उत्तर– सर्व शिक्षा अभियान के अधीन इकाई लागत पी डब्ल्यू डी/राज्य दर अनुसूचि के अनुसार होनी चाहिए। तथापि, निर्माण के लिए अनेक नवाचारी और अपरम्परागत प्रारूपों का प्रयोग किया जा रहा है जोकि दर अनुसूचि का अंग नहीं है। अतः एतद् द्वारा आगे यह और स्पष्ट किया जाता है कि ऐसी सभी मदों के लिए जिनके सम्बन्ध में राज्य की निर्धारित दर सूचि उपलब्ध है, उनके मामले में अनुमान दर सूचि में यथाउपबंधित से बढ़कर नहीं होने चाहिए। जो अपरम्परागत मदें दर अनुसूचि का अंग नहीं हैं उनकी दरें राज्य कार्यान्वयन सोसाईटी की कार्यकारी समिति द्वारा इस शर्त के साथ मंजूर की जानी चाहिए कि इस तरह के अनुमान दर अनुसूचि में उपलब्ध परंपरागत मदों के माध्यम से बनाए गए इस प्रकार के प्रारूप की लागत से बढ़कर नहीं होंगे। समिति द्वारा यथाअनुमोदित मानदंडों के अनुसार सर्व शिक्षा अभियान के तहत बालिकाओं/अनुसूचित जातियों अनुसूचित जनजातियों के बच्चों के लिए नवाचारी निधियों में से वहन की जाएगी।

प्रश्न– *मदरसों और उनमें पढ़ने वाले बच्चों को सर्व शिक्षा के अधीन कौन सी सहायता उपलब्ध है?*

उत्तर– ऐसे मदरसे, जिन्हें राज्य के माध्यमिक स्कूल बोर्ड/राज्य के मदरसा बोर्ड का संबंधन प्राप्त है और जो राज्य बोर्ड पाठ्यचर्या आदि का पालन कर रहे हैं वे सर्व शिक्षा अभियान के मानदंडों के अनुसार अन्य नियमित विद्यालयों की उपलब्ध सहायता पाने के पात्र हैं।

बहुत बड़ी संख्या में बच्चे, विशेष रूप से बालिकाएं ऐसे मदरसों में पढ़ रही पाई जाती हैं जो उपर्युक्त पैराग्राफ के अधीन शामिल नहीं होते। इस प्रयोजन के लिए सम्बंधित स्थानीय निकाय/समुदाय–आधारित संगठन द्वारा मदरसों में एक ई एस जी केंद्र अथवा ए आई ई हस्तक्षेपकारी उपाय शुरू किया जा सकता है और इस प्रकार मुफ्त पाठ्यपुस्तकें, एक अतिरिक्त अध्यापक, यदि उसकी जरूरत हो तो तथा अध्यापक को राज्य पाठ्यचर्या में प्रशिक्षण प्रदान किया जा सकता है। इस तरह के हस्तक्षेपकारी उपायों की योजना बनाई जाएगी और उनका वर्णन जिला तथा राज्य सोसाईटियों द्वारा तैयार की जाने वाली संदर्श तथा वार्षिक योजनाओं में किया जाएगा।

***प्रश्न**– क्या कोई विद्यालय सर्व शिक्षा अभियान के अधीन पुस्तकालय के लिए पुस्तकें खरीद सकता है?*

उत्तर– आपरेशन ब्लैक बोर्ड, डी पी ई पी आदि जैसे विभिन्न कार्यक्रमों के अधीन पूर्व में पुस्तकें खरीदी जा चुकी हैं। कुछ विद्यालयों ने स्थानीय स्रोतों से भी पुस्तकें खरीदी हैं। अन्य स्रोतों से प्राप्त की गई पुस्तकें प्रतिस्थापित करने के लिए पुस्तकें खरीदने के लिए प्राथमिक विद्यालयों के लिए 5000 रूपये के तथा अपर प्राथमिक विद्यालयों के लिए 7000 रूपये के विद्यालय अनुदान का प्रयोग किया जा सकता है। सर्व शिक्षा अभियान के अधीन स्वीकृत नए विद्यालय, प्राथमिक और अपर प्राथमिक विद्यालयों के लिए क्रमशः 20,000 रूपये तथा 50,000 रूपये के टी एल ई अनुदान में से भी पुस्तकें खरीद सकते हैं।

***प्रश्न**– प्रशिक्षण माड्यूलों तथा अध्यापक मार्गदर्षिका के वितरण और मुद्रण के लिए सर्व शिक्षा अभियान के अधीन क्या व्यवस्था है?*

उत्तर– प्रशिक्षण माड्यूलों और अध्यापक मार्गदर्शिकाओं के निर्माण की लागत 100 रूपये प्रति अध्यापक प्रतिदिन की समग्र प्रशिक्षण लागत के भीतर रहनी चाहिए। क्योंकि निर्माण लागतें एकबारगी लागतें होती हैं, इस सम्बन्ध में किये जाने वाला खर्च इन माड्यूलों/मार्गदर्शिकाओं से जितने अध्यापकों के लाभान्वित होने की संभावना है, उनके बीच बाँट दिया जाना चाहिए।